古典文獻研究輯刊

三七編

潘美月・杜潔祥 主編

第 9 冊

平定阿爾布巴之亂紀略
——西藏土鼠年衛藏戰爭，七輩達賴遷康史料輯註
（第一冊）

蔡 宗 虎 輯註

國家圖書館出版品預行編目資料

平定阿爾布巴之亂紀略——西藏土鼠年衛藏戰爭，七輩達賴遷
康史料輯註（第一冊）／蔡宗虎 輯註 -- 初版 -- 新北市：花
木蘭文化事業有限公司，2023〔民112〕
序 8+ 目 50+142 面；19×26 公分
（古典文獻研究輯刊 三七編；第 9 冊）
ISBN 978-626-344-472-0（精裝）
1.CST：史料 2.CST：清代 3.CST：西藏自治區
011.08   112010513

ISBN-978-626-344-472-0

9 786263 444720

古典文獻研究輯刊
三七編 第 九 冊   ISBN：978-626-344-472-0

平定阿爾布巴之亂紀略
——西藏土鼠年衛藏戰爭，七輩達賴遷康史料輯註（第一冊）

作　　者　蔡宗虎（輯註）
主　　編　潘美月、杜潔祥
總 編 輯　杜潔祥
副總編輯　楊嘉樂
編輯主任　許郁翎
編　　輯　張雅淋、潘玟靜　美術編輯　陳逸婷
出　　版　花木蘭文化事業有限公司
發 行 人　高小娟
聯絡地址　235 新北市中和區中安街七二號十三樓
　　　　　電話：02-2923-1455／傳真：02-2923-1400
網　　址　http://www.huamulan.tw 信箱 service@huamulans.com
印　　刷　普羅文化出版廣告事業
初　　版　2023 年 9 月
定　　價　三七編 58 冊（精裝）新台幣 150,000 元

平定阿爾布巴之亂紀略
——西藏土鼠年衛藏戰爭，七輩達賴遷康史料輯註
（第一冊）

蔡宗虎　輯註

作者簡介

蔡宗虎，甘肅省平涼市人，二〇〇〇年畢業於哈爾濱工業大學，獲工學學士學位，二〇〇五年畢業於西安交通大學，獲工學碩士學位，史地愛好者。

提　　要

　　康熙五十九年清軍定藏，清廷完成對西藏之統一，建殊勳於中國歷史，其功厥偉。當清聖祖之末年尚可堅持定見駐軍西藏，一防準噶爾部之再次侵襲，二者穩定西藏之局勢。清廷既統有西藏，封後藏貴族康濟鼐、頗羅鼐及前藏貴族阿爾布巴、隆布鼐、扎爾鼐五人為噶倫以理藏務。清世宗繼位之初寵信年羹堯，採年羹堯之議撤軍西藏以省糜費，繼有青海羅卜藏丹津之亂。青海之亂既平即羅織罪名興大獄以除政敵允禩、允禟、允䄉、允祉及於其繼位過程與謀之隆科多、延信、年羹堯之流。雖疊據奏報西藏前後藏貴族間不睦之情形已同水火，但清世宗處置失措，陞康濟鼐為貝子總理藏務，招阿爾布巴等之忌愈深。雍正五年六月十八日（藏曆），前藏貴族阿爾布巴、隆布鼐、扎爾鼐夥同七世達賴喇嘛之父殺總理藏務貝子康濟鼐於大昭寺，且遣兵追殺避往後藏之頗羅鼐，頗羅鼐集後藏阿里兵以拒之，時清廷於西藏無兵可資彈壓，西藏陷內戰之中，雍正五年為藏曆土鼠年，藏人稱此次內戰為土鼠年衛藏戰爭。西藏既陷內亂，然清廷出兵甚難，出兵則恐七世達賴喇嘛及五世班禪額爾德尼為阿爾布巴等裹挾入準噶爾部，則西藏蒙古西域皆搖動矣，後清廷措置得宜，平息內亂，頗羅鼐總理藏政。康濟鼐之被殺七世達賴喇嘛之父實預其中，且其時七世達賴喇嘛年幼，不免為其父操縱，亂雖已平然總理藏務頗羅鼐與七世達賴喇嘛父子裂隙已深，清廷知七世達賴喇嘛若居藏藏局必亂，故遷七世達賴喇嘛入西康惠遠廟居之以穩藏政，兼有避準噶爾於西藏威脅之意。繼之清廷與準噶爾疊次作戰，互有勝負，雙方力疲，盟誓罷兵，準噶爾於西藏之威脅解除，雍正十三年清廷允七世達賴喇嘛返藏。今史料陸續公佈，本書將散見於諸書關涉之奏摺一一輯錄，彙為一書，實雍正一朝關涉西藏之奏摺粗備於此，仿清代紀略體名之《平定阿爾布巴之亂紀略》，於翻譯異名之人名地名稍加校註，以為歷史研究者所取資。

自　序

　　有清一代之前期，文治武功均臻極盛，尤以武功為甚，滿人起自白山黑水而近中華，以漁獵民族之質樸勇敢益以中華之文化，滿蒙結姻而為一家，終建不朽之偉業而立大一統之中華。吳豐培先生曾撰《清代方略考》一文，列清代官修方略二十四種，以乾隆朝為夥，計十一種，專記歷次軍事行動之始末，雖具官書之通病，多頌辭而諱敗績，間有篡改史實者，甚或所記之軍事行動無甚偉績，然瑕不掩瑜，究屬珍貴之史料也。然亦有重大之軍事征伐，建殊勛於青史而未修撰方略者，若清聖祖晚年之統一西藏，清世宗初年之平定青海之亂，皆為可書之重大軍事行動，然因政治鬥爭之故，而未修撰專書，致使史實泯滅不聞，誠為憾事者。

　　清之前期諸君，清世宗武功稍遜，清世宗繼位本不服眾，執政亦復不久，當其執政之前期以鎮壓政敵穩固政權為急務，軍事征伐非其所願。政權既穩，則謀攻滅準部而遂其父未竟之遺業，且可比肩政敵允禵統一西藏之偉業，故重用傅爾丹、岳鍾琪以從事之，然雍正九年傅爾丹和通呼爾哈諾爾之大敗，喪師甚鉅，舉國震動，即七世達賴喇嘛亦有自惠遠廟遷入成都之預計。雍正一朝即無方略之編纂，而清世宗可紀之武功者二，一為平定青海羅布藏丹津之亂，一為平定西藏阿爾布巴之亂。

　　當康熙五十九年清軍定藏，有三事乃為急務，一者是否擇隨同清軍入藏之青海和碩特蒙古一首領繼為汗位以踐清聖祖之前言，二者西藏政府之措置，三者西藏之駐官與駐兵否。以今日之觀點視之，此三事清廷所措置者皆不妥也。是否擇一青海和碩特蒙古為汗，既未明告和碩特蒙古西藏不願繼有和碩特部為汗，亦未明告以青海諸首領無可服眾者，終致羅布藏丹津之懷忿叛清，致有

雍正初年年羹堯、岳鍾琪青海平亂之舉。而於西藏政府之措置，《西藏志》載。

> 其康濟鼐、阿爾布巴、隆布鼐、頗羅鼐、札爾鼐等五人，賜封
> 有差，於大昭寺內設立公所，五人會辦西藏大小事務。康濟鼐係後
> 藏人，昔為拉藏汗仲意，因準噶爾犯藏，努力堅守阿里有功，封為
> 貝勒，管理後藏以西之北一帶地方，竝拉藏罕屬下台吉阿旺雲登、都
> 納爾等二十餘人及蒙古二千餘，住居西藏，均食藏內糧餉，為達賴喇
> 嘛護衛，遇有兵馬事宜，即帶此等行走。阿爾布巴係工布人，昔為噶
> 隆，準噶爾犯藏，堵禦工布口子有功，封為貝子，管理工布以東一帶
> 地方兵馬事務。隆布鼐係本藏人，昔為噶隆，因策冷敦多布侵藏，同
> 札爾鼐赴木魯烏素迎接大兵，嚮導有功，封為公，管理西藏東北一帶
> 地方兵馬事宜。頗羅鼐係後藏人，昔為拉藏汗仲意，準噶爾犯藏，領
> 兵迎敵，被擄，堅心不降，始封為一等噶隆，辦理達賴喇嘛商上事務，
> 旋封為一等台吉，管理後藏札什隆布一帶地方兵馬事務。札爾鼐係本
> 藏人，昔為達賴喇嘛倉儲巴，同隆布鼐嚮導有功，授為噶隆，又封為
> 一等台吉，管理藏內附近地方兵馬事務。〔註1〕

此處說康濟鼐，頗羅鼐均為拉藏汗仲意，仲意《衛藏通志》作中譯，為大
喇嘛或汗王之傳事官而已。而阿爾布巴，隆布鼐於拉藏汗之時即已為噶倫，於
拉藏汗下總管事務。札爾鼐為倉儲巴，乾隆五十七年福康安平定廓爾喀之侵
藏，定藏內章程，噶布倫係三品頂帶，倉儲巴即商卓特巴係四品頂帶，大中譯
係六品頂帶，載之《衛藏通志》卷十二，於此可見此五人昔日為拉藏汗屬下時
地位之懸殊。而據藏文史料拉藏汗時康濟鼐為阿里總管，頗羅鼐乃為拉藏汗之
金字使，類同起草文稿之秘書，其地位亦較前藏阿爾布巴三人為低遠矣，而此
三人均詣青海入藏之清軍投誠嚮導，自恃有功。且黃教之掌權，乃為固始汗與
前藏僧俗貴族滅後藏藏巴汗而得之，故和碩特蒙古統治西藏之時後藏貴族頗
為前藏貴族抑制之，此亦諸噶倫不合之另一因也。

而駐軍與否，乃因糧餉運輸之困難而搖擺不定，當西藏平定，平逆將軍延
信、定西將軍噶爾弼率軍返川之時留策旺諾爾布為總統率兵三千駐藏，此後是
否將此駐兵撤回，清聖祖彌留之二年尚堅持定見而駐之，康熙六十年三月清聖
祖命已回京之延信返西藏率軍駐藏，延信因病未赴，後又命署四川總督噶爾弼
赴藏統帥駐軍，噶爾弼亦因病未赴。康熙六十一年七月已陞任川陝總督之年羹

〔註1〕《西藏志》頁33。

堯奏駐藏官兵不睦，應否自藏撤兵而留駐官員，存川藏之驛站並於察木多（今西藏昌都）駐兵遙為聲援，議政大臣議以年羹堯輕信喇嘛知府微員之捏報，擅奏撤兵，冒昧已極而嚴加議處，清聖祖即令在藏不睦之官員返內地以他員易之，而駐兵如故。

　　然年羹堯屢奏自西藏撤軍，亦有因也，西藏之平定，行軍難而運糧更難也，焦應旂之《藏程紀略》記其於青海道上督運糧秣，人畜屍填道路，莫可勝計，其之僕從十日內死者八人，此尚七八月之時也，及至冬令可想而知也。果冬冷之時青海至藏之驛站馬匹皆乏食凍斃，驛站無薪柴，驛卒皆以雪和麵而食，驛卒死者眾，且果洛玉樹之遊牧民竊掠甚厲，即文報亦不通，糧餉之運輸更無論矣，故青海之驛站康熙五十九年冬即裁撤矣。而雲南入藏之路亦險，雲南糧秣本不充裕，尚需鄰省接濟，康熙五十九年雲南兵入藏，雲貴總督蔣陳錫、雲南巡撫甘國璧皆因誤糧運而革職，清聖祖令二人自備資斧運糧入藏，後蔣道死，雲南之驛亦撤，故駐藏之兵馬糧餉皆賴四川以入。而自川運糧入藏道至五千里，亦跬步皆危，祇可謂稍強於青滇二途也，其糜費之鉅據《欽定巴勒布紀略》載，清聖祖統一西藏時自打箭爐運藏之糧每石腳價達七十八兩之譜，非川省所可負擔也。及至清世宗即位，寵信年羹堯，而任用延信以代允禵大將軍職，延信與年羹堯即於雍正元年正月初二日聯銜會奏西藏撤兵並設第巴一職總理藏事。

　　　署理大將軍事務宗室公臣延信、四川陝西總督臣年羹堯謹奏。臣等查得，西藏係自古以來大軍未到之地。先是策旺阿拉布坦派兵作亂，先帝弘揚天威，遣將軍大軍兩路進剿，賊大敗遠遁。臣延信昔率軍入藏之時，先帝諭臣，爾進軍定藏後，達賴喇嘛青海之人若不請求留軍，大軍悉數撤回，方纏於事有益等語。平定西藏之後，呼必爾罕，唐古特人等皆請求暫留軍守衛，臣等遂留駐大軍。今料賊斷然不敢復來藏地。如此大軍駐守已二年有餘，然運糧至數千里之端，頗為艱難，而且錢糧亦多糜費。目今雖令彼等在當地採買，發給兵丁，但因藏地狹小，糧食等物價格亦漸漸昂貴。再我軍在外日久艱辛，而唐古特軍民亦希望事情完竣，況且大軍久留絕域，滋事生非，亦難預料。惟達賴喇嘛年幼，坐床不久，西藏又無總理事務之人，倘不安撫彼等之心，亦不合先帝撫綏遠方之至意。以臣等愚意，令達賴喇嘛，各地堪布，番首等共同保舉一名可靠忠厚，平

日遂唐古特人之心願者，為西藏迪巴，命其總理事務。此迪巴並非所封，後日若辦事不力，即令更換，亦不難也。今駐藏大軍將於雍正元年四五月間青草長出之時，蒙古兵丁由穆魯烏蘇路撤回，滿洲綠旗兵丁由巴爾喀木路撤回。又木多之四川綠旗兵丁暫留駐一千，選一賢能副將統轄，防守西藏地方。又曉諭達賴喇嘛聖主仁愛唐古特之至意，並向達賴喇嘛明白宣諭，令彼等自招地至又木多沿途設立驛站，以備報告軍機事務。倘賊萬一又進藏地，火速報告又木多，可即率軍進救等語。如此既能保護達賴喇嘛，又可得唐古特人之心，錢糧亦多節儉。策旺阿拉布坦派使者認罪，誠心歸降以後，再將又木多官兵悉數撤回。惟軍機事務所關甚為重大，應否如此辦理，奉聖上指示後，臣等再另繕摺奏聞，為此謹密奏請旨。

雍正元年正月初二日

硃批：爾等此奏朕意亦未決定，事關重大，朕已諭召年羹堯，年羹堯若前來，地方上一切事務，爾愈勤勉上心，恭謹効力。〔註2〕

　　時清世宗尚猶豫未決，而此後直至阿爾布巴之亂發，清世宗於西藏之政策搖擺不定。雍正元年二月十八日駐西藏之定西將軍策旺諾爾布密奏羅布藏丹津謀亂，然清世宗年羹堯初皆不以為然，及羅布藏丹津亂已發，而撤兵如故，雍正元年七月初二日策旺諾爾布率兵離藏，吳納哈率雲南兵返滇。而未幾，羅布藏丹津亂萌愈顯，年羹堯遣四川提督周瑛率兵赴藏以防羅布藏丹津兵敗入藏，十二月十八日周瑛率兵抵藏，嚴冬入藏，徒使官兵跋涉，此乃清世宗年羹堯西海用兵之失也。及至羅布藏丹津之亂平，清世宗仍採年羹堯之奏，命周瑛率兵自西藏撤回，於雍正三年七月二十九日自藏起程，至此西藏復無駐軍矣。

　　而自雍正元年七月初二日駐藏清軍撤回內地至阿爾布巴之亂發，清世宗亦屢次遣官入藏看視情形及辦理藏務。雍正元年七月十五日二等侍衛納蘭以熬茶為名抵藏，十月初一日起程自青海路返回，十二月二十九日抵西寧，其於雍正二年正月初五日之奏疏可見諸噶倫不睦及康濟鼐跋扈之情形，康濟鼐於其同僚動輒脅之以辭。

────────────────

〔註2〕《年羹堯滿漢奏摺譯編》滿文第一號文檔《奏請由西藏撤軍設驛站摺》（雍正元年正月初二日），亦見本書第一部分第一號文檔《署理大將軍事務延信等奏請西藏設第巴總理藏務摺》（雍正元年正月初二日）。

　　我等在西藏時，阿里地方之貝子康濟鼐曾三次行文給貝子阿爾布巴、公隆布鼐等，聞得其文內開，前拉藏在世時由於我內部不和睦，故而西藏陷落。康熙大皇帝眷念黃教，即出內地大軍，復克西藏，令達賴喇嘛坐床，以廣行黃教，使眾生逸安。又封我三人為貝子公，授為噶隆，以辦理西藏事務，如今我等理當一心守地，維持黃教，以報大皇帝之恩眷，我等之中若有人懷有異志，在禦敵之前我先討伐其人，如今我等凡事多加勤奮為是等語。〔註3〕

　　及至羅布藏丹津亂萌已熾，清世宗除遣周瑛率軍入藏堵禦羅布藏丹津之外，復遣內閣學士鄂賴入藏辦事，鄂賴曾於康熙五十八年由部郎隨軍征藏，經理軍需，此次於雍正元年八月二十九日抵藏，鄂賴入藏後除召集藏人備兵防禦外，亦命七世達賴另封二噶倫，即頗羅鼐與札爾鼐，並由七世達賴喇嘛給以文憑。及至周瑛率軍抵藏，常保亦抵藏後，鄂賴即於雍正二年正月二十八日起程返回。派往藏打探消息之理藩院員外郎常保於雍正元年九月初一日抵藏，後於雍正三年七月二十九日隨周瑛自藏返回。此周瑛，鄂賴及常保三人均為備禦羅布藏丹津而至藏，未見其於諸噶倫關係之奏報。雍正二年清世宗亦遣札薩克喇嘛羅卜藏巴爾珠爾噶布楚，員外郎勝柱齎金冊印二次封七世達賴喇嘛為西天大善自在佛所領天下釋教普通瓦赤喇怛喇達賴喇嘛，此二人之行亦未見於西藏情形之奏報。

　　後副都統鄂奇、學士班第雍正四年六月二十二日抵藏，八月初三日自藏起程返回，鄂奇、班第之入藏，本為傳旨西藏川藏滇藏劃界事，並傳旨以康濟鼐為首辦事，鄂奇於雍正四年八月初三日之奏摺亦可見諸噶倫不睦之情形。

　　奴才等看得伊等不和睦，互相提防而行，康濟鼐極為孤獨，索諾木達爾扎娶隆布鼐之二女，故二人結黨。隆布鼐行多背逆。阿爾布巴亦依附此二人，同心行事。札爾鼐為人不及，無多邪術，頗羅鼐為人明白，材技優長，但中立。頃奉旨以康濟鼐為首，伊雖不敢表露，但似乎有厭惡之心，康濟鼐此間去內地，亦恐三人合夥施計傷害伊。阿爾布巴未出痘是實。索諾木達爾扎、隆布鼐因行為怪異，故甚畏去內

〔註3〕《雍正朝滿文硃批奏摺全譯》第一〇九二號文檔《二等侍衛納蘭奏報進藏熬茶及沿途所見所聞等事摺》（雍正二年正月初五日），即本書第一部分第三十一號文檔。

地，並非真病，奴才等見伊等之情形，亦未催促之。〔註4〕

清世宗既得此信，決頒康濟鼐印信以昭威重，雍正五年四月十八日瑪喇、僧格攜頒賜七世達賴喇嘛之敕書康濟鼐之印信自成都起程，同行者為川陝總督岳鍾琪所派之副將顏清如及康濟鼐之使臣崔尺達巴，崔尺達巴先行已投書康濟鼐言瑪喇、僧格攜印信前來頒賜，藏內阿爾布巴等亦聞是信，瑪喇一行於八月初一日抵藏。而藏曆六月十八日當瑪喇一行尚未抵藏時康濟鼐即被殺於大昭寺，阿爾布巴等人言殺死康濟鼐之因乃為康濟鼐欲於本年七月初四日至初八日設宴殺死七世達賴與諸噶倫矣，阿爾布巴等且遣兵赴後藏欲殺頗羅鼐，頗羅鼐舉兵抵之，藏內陷內戰矣，且達賴喇嘛，阿爾布巴，頗羅鼐爭訟於清廷言彼方之非。

自雍正元年納蘭入藏至雍正四年鄂奇入藏均具報藏內諸噶倫之不睦情形，清世宗先是困於羅布藏丹津之亂，繼則殘害兄弟，興年羹堯之獄，於藏政處置失措，大兵撤而復遣，遣而復撤，入藏辦事之員頻遣而無一人駐藏，終致亂發。亂既發，清世宗初意趁其不意遽遣兵入藏，然細思之，遣兵入藏必致阿爾布巴挾達賴入準噶爾，則更難措置，此於清世宗於岳鍾琪雍正五年九月十五日之奏摺硃批言之甚晰。

達鼐一奏聞此事，朕甚密而未露，祇與怡王、張廷玉、公鄂齊、富寧安密商，不料富寧安茫然一無所知，滿口亂言。其三人亦無主見，後朕得此主意，自以為無出此策者，後三人亦以為是，固有前諭。次日夜間夢寐中似有使然，忽然得一主意，取藏料彼未敢抗拒，若挾達賴喇嘛躲離藏地，或投諄噶兒，若取一空藏，則又甚難措置矣。一得此主見，則取藏務更當慎，不如暫安西藏人心，祇得再看光景，所以又改諭，止派兵。諭達賴喇嘛之敕諭甚屬妥協，譯出漢文發與卿看，此事朕意總尚未定，俟卿到京當面通盤籌畫，三四月內總難用兵，便遣兵，亦不為遲。近日使與鄂洛斯議界之圖理琛奏言，薩瓦向伊言，伊之人向伊言，策妄云去年已死，但信未確云云。鄂洛素女主言已故，其十四歲子承繼其國云云。朕意策妄若果死，西藏之事恐其無知輩多事，反不如策妄之老成慎重也。總俟卿到來

面議，印務隨來甚好。路上萬不可勉強過勞，目下無不可緩之事也，

西藏朕此諭到之先，若未及勾連諢噶兒，可保暫無事矣。〔註5〕

雍正六年清世宗遣查郎阿率兵自青海入藏，周瑛率兵自川入藏，而遣兵入藏，必致阿爾布巴疑懼，故查郎阿岳鍾琪設一密計，查郎阿寫蒙古文二封，一者令隆布鼐協辦噶倫事務之旨，一者勸雙方休戰以候裁奪之文，選把總馬元勛齎此二文於雍正六年三月十九日自西安起程赴藏，交瑪喇等與阿爾布巴看視，以安其心。而將與頗羅鼐之旨令馬元勛口述，令頗羅鼐知大兵入藏意在剿辦阿爾布巴，免致頗羅鼐疑懼也，並令頗羅鼐將馬元勛拘留故作悖逆狀以惑阿爾布巴也，此情並未令瑪喇等知之。既遣弁入藏以安藏內之心，查郎阿雍正六年五月初一日自西寧率軍起程，周瑛率軍四月二十一日自成都起程，查郎阿周瑛尚未抵藏，頗羅鼐之兵已於雍正六年藏曆五月二十六日進踞拉薩，二十八日喇嘛等已將退守布達拉之阿爾布巴、隆布鼐、札爾鼐縛獻頗羅鼐，頗羅鼐並未傷及七世達賴喇嘛且無悖逆清廷之舉動，故查郎阿周瑛減帶兵丁於八月初一日抵藏。頗羅鼐將阿爾布巴、隆布鼐、札爾鼐交查郎阿，查郎阿誅此三人及其子等從逆者十七人，藏地復安。而此時頗羅鼐獨大，清廷即委藏地由其總理，頗羅鼐亦頗恭謹，清廷後屢褒崇之，位至郡王。

阿爾布巴之殺康濟鼐，致藏亂，七世達賴喇嘛之父索諾木達爾扎實為阿爾布巴之同黨，甚或索諾木達爾扎為禍首，且七世達賴多祖護其父及阿爾布巴，故頗羅鼐與七世達賴喇嘛父子勢同水火，頗羅鼐甚至認七世達賴喇嘛為不祥之徵，此於頗羅鼐上奏清廷一奏疏可見一斑。

噶倫扎薩克台吉頗羅鼐與後藏地方頭領齊奏天命文殊師利大皇帝陛下。該達賴喇嘛抵達青海後扎西巴圖爾亡故，抵達塔爾寺後塔爾寺已毀，於土伯特地方坐床之年聖祖皇帝殯天，今康濟鼐同準噶爾起戰端，仰念黃教屢辦大善事，雅布〔註6〕、阿爾布巴、隆布鼐、扎爾鼐等會同前藏頭領等於六月十八日〔註7〕暗殺康濟鼐，聞此我即念聖主之事，收後藏之兵駐紮時阿爾布巴等發兵去，我俱斬之，為矜念班禪額爾德尼、我等唐古特眾生祈禱繕書，於七月十八

〔註5〕《雍正朝漢文硃批奏摺彙編》第十冊第四四〇號文檔《陝西總督岳鍾琪奏遵旨酌籌料理明春進兵西藏事宜摺》（雍正五年九月十五日），即本書第一部分第一六三號文檔。
〔註6〕即七世達賴喇嘛之父索諾木達爾扎。
〔註7〕藏曆，雍正五年六月十八日。

日〔註8〕具奏。〔註9〕

　　及至頗羅鼐勝而藏亂定，頗羅鼐於七世達賴喇嘛身邊諸侍從喇嘛之威脅公然付諸辭色，見《頗羅鼐傳》。清廷知若七世達賴喇嘛父子居藏，西藏必亂，故清廷以七世達賴喇嘛朝覲清世宗為藉口，遷七世達賴喇嘛入川居於新建之惠遠廟。召七世達賴喇嘛之父索諾木達爾扎入京朝覲，斥其干預藏政，然封其為輔國公以安七世達賴喇嘛，但命索諾木達爾扎常住桑耶寺而免其干預藏政也。經此藏亂，清廷知西藏不可無駐藏官員及兵也，命入藏辦事之瑪喇、僧格為首任駐藏辦事大臣，此即清廷自康熙五十九年平定西藏以來駐藏辦事大臣設置之始也。七世達賴喇嘛駐錫惠遠廟，青海諸蒙古之朝拜自不待言，喀爾喀蒙古哲卜尊丹巴呼圖克圖轉世亦請之於七世達賴喇嘛，即遠在歐洲之土爾扈特蒙古亦不憚萬里之遙而請賜汗號於七世達賴喇嘛也，七世達賴喇嘛一人實關係蒙藏二族，進而關係清帝國之統一與穩定也。

　　清世宗之平阿爾布巴之亂，雖未對壘敵軍，然以出兵策略之得當，免致七世達賴被挾入準噶爾而致蒙古西藏皆陷亂局矣，然此事件亦無方略傳世，《清世宗實錄》載之極略，不具事之始末，後乾隆朝編纂《平定準噶爾方略》，於此史實稍有揀入，然亦疏略，今檔案史料陸續公佈，修書之史料雖不及當日之豐，然加以整理，以免學人讀者蒐羅之煩而有所參稽，是為編纂是書之初衷也。

丁酉年正月樵夫謹識

〔註8〕藏曆，雍正五年七月十八日。
〔註9〕《雍正朝滿文硃批奏摺全譯》第五三四五號文檔《扎薩克台吉頗羅鼐奏報緝拏戮害康濟鼐等三人摺》之附件《附扎薩科台吉頗羅鼐奏書底稿》，即本書第一部分第一四五號文檔。

目次

第三冊

第四冊

凡　例

一、本書乃為仿清代紀略之體而編輯之，故取材均輯自檔案史料文獻，野史雜說概棄之不錄。

一、今日編輯是書，患資料之不豐也，故看似無關緊要之文檔亦輯入，若請安摺，實細考之，即簡單之請安摺亦可見當事人之處所時間等信息也。

一、布魯克巴（今不丹）於雍正朝時內亂，西藏乘機收歸藏屬，為西藏屬部之一，此部分奏摺已於《清季布魯克巴（布丹）漢文史料輯註》一書錄之，本書不錄。

一、七世達賴喇嘛自雍正七年以朝覲清世宗名遷康，雍正十三年返藏，返藏之先清世宗命果親王允禮代其赴惠遠廟與七世達賴喇嘛相見，踐前言意也。允禮此行著有《西藏日記》及《奉使紀行詩》以記其行，《西藏日記》記允禮自京往返之途，文末節錄成都至惠遠廟往返之途，《紀行詩》不錄。

一、奏摺中滿蒙藏等族人物之名稱採清時期之翻譯，若七世達賴喇嘛之父今多譯作索南達吉或索南達結，本書以清代檔案史料譯名仍作索諾木達爾扎，以符歷史檔案之原貌。

一、清代滿蒙藏回（維吾爾）族人名與地名翻譯多有異寫，本書據一二種常用之舊籍史料考據之，以期據此舊檔而知此人之身份，而不據多種史料以作某一人繁瑣之考證。

一、所輯錄之奏摺，間有原書所擬標題錯誤者，為便於與原書查核，未改正。

一、奏摺之編排以時間為序，僅有錄自《五色四藩》關於土爾扈特蒙古請七世達賴喇嘛賜其汗號之奏摺，為遠處歐洲之土爾扈特蒙古與西藏關係珍貴之史料，為一組完整之交通史料，排在一起。

一、文中（）〈〉[ ]皆原書所有，本次輯錄於文內不增加此類符號，輯者皆於
　　腳註中註之，僅於無法辨識之字以□代之。

一、目錄之編輯，本書所引錄之奏摺，其資料來源與編號規則如下。

　　〔1〕《雍正朝滿文硃批奏摺全譯》，[1]-原書序號

　　〔2〕《雍正朝漢文硃批奏摺彙編》，[2]-[原書冊號]-原書冊內序號

　　〔3〕《元以來西藏地方與中央政府關係檔案史料彙編》，[3]-原書序號

　　〔4〕《清宮珍藏歷世達賴喇嘛檔案薈萃》，[4]-原書序號

　　〔5〕《清宮珍藏歷世班禪額爾德尼檔案薈萃》，[5]-原書序號

　　〔6〕《五色四藩》[6]-原書頁碼

　　〔7〕《年羹堯滿漢奏摺譯編》[7]-《滿》-原書序號

　　〔8〕《清朝的準噶爾情報收取與西藏王公頗羅鼐家族》[8]-原書編號

　　〔9〕《康熙朝滿文硃批奏摺全譯》[9]-原書序號

第一部分　平定阿爾布巴之亂史料

〔1〕署理大將軍事務延信等奏請西藏設第巴總理藏務摺（雍正元年正月初二日）[1]-1

署理大將軍事務宗室公臣延信〔註1〕、四川陝西總督臣年羹堯謹奏。

臣等查得西藏自古以來兵即不到，先前策妄阿喇布坦〔註2〕派兵作亂，先皇天威遠播，遣將軍兵丁分兩路進討，逆賊皆敗亡遠遁，臣延信先前領兵入藏奉先皇之旨，爾進兵平定西藏後倘達賴喇嘛〔註3〕、青海之人未求留兵，大軍全部撤回，事情方可清楚，欽此。嗣後平定西藏，呼畢勒罕〔註4〕、唐古特〔註5〕之人皆懇稱請大軍暫留保護我等等語，故臣等方留下大軍，現今思之賊斷不敢復進藏，派兵駐守二年餘，往數千里地之遙運糧甚難，且錢糧糜費亦

〔註1〕《平定準噶爾方略》卷六頁十二作都統延信。延信，清宗室，皇太極曾孫，肅武親王豪格之孫，父猛峨多羅溫郡王，延信為猛峨第三子，康熙五十九年清軍定藏，允禵護送七世達賴至木魯烏蘇河邊止，延信被授以平逆將軍，率青海路軍護七世達賴入藏，西藏平，率師駐藏，為當時藏地清軍之首，故奏摺多以其為首。清世宗即位初，尚用其制允禵，代允禵撫遠大將軍職以剝允禵軍權，及允禵被囚，延信亦被羅織罪名擬斬，改圈禁於暢春園，雍正六年死於囚所。《清史列傳》卷三宗室王公傳三有其傳記。

〔註2〕《平定準噶爾方略》卷一頁一作策妄阿喇布坦。

〔註3〕即七世達賴喇嘛，清廷初封其為弘法覺眾第六輩達賴喇嘛，後默認為第七世。《欽定西域同文志》卷二十三頁二載，羅布藏噶勒藏佳木磋，蒼揚佳木磋之呼畢勒汗，出於裡塘，至衛座布達拉、布賴賁、色拉寺床，賜冊印為第六世達賴喇嘛。

〔註4〕原文作嗣後平定西藏呼畢勒罕，誤，今改正。呼畢勒罕即七世達賴喇嘛。

〔註5〕即西藏。

多，目今雖令伊等於彼處採買，按兵丁給發，然西藏地方較小，米穀等物價亦漸漲。再我大軍在外日久甚受苦累，而唐古特兵民亦盼望事畢，況且命兵丁久留異域妄加滋事之處亦不可料，惟達賴喇嘛年歲尚小，坐床未久，西藏又無總理事務之人，倘不撫慰其心亦不副先皇撫遠至仁，臣等愚意令達賴喇嘛、各地堪布〔註6〕、番目等保舉一名忠厚可靠平素遂〔註7〕唐古特人意者作為西藏第巴，總理其事可也，此第巴並非封給，故嗣後倘不能辦事〔註8〕，即行更換亦不難，目今駐藏大軍於雍正元年四五月內出青草之時將蒙古兵丁經木魯烏蘇〔註9〕路撤回，滿洲綠旗兵丁經巴爾克木〔註10〕路撤回，駐察木多〔註11〕之四川綠旗兵暫駐一千名，簡選賢能副將一員管理，防守西藏地方。再曉諭達賴喇嘛聖主惠愛唐古特至意，命伊等由招〔註12〕至察木多地方沿途修建烏拉〔註13〕，以備報軍機之事可也，萬一逆賊又進藏則作速報至察木多，即可領兵前往救援等語。若如此既能保護達賴喇嘛亦可得唐古特人心，錢糧亦可多有節省，俟策妄阿喇布坦遣使認罪，誠意來投後再將駐察木多官兵全部撤回，惟軍機之事所關最為重大，應否如此辦理之處，俟上指示後臣等再另繕摺奏聞，為此謹密奏請訓旨。

　　雍正元年正月初二日〔註14〕

〔註6〕藏傳佛教大寺院扎倉（僧學院）及小寺院主持。
〔註7〕原文作隨，據《年羹堯滿漢奏摺譯編》滿文第一號文檔改為遂。
〔註8〕原文作事，據《年羹堯滿漢奏摺譯編》滿文第一號文檔改為辦事。
〔註9〕蒙人於金沙江之稱謂。《水道提綱》卷八頁八載，金沙江即古麗水，亦曰繩水，亦曰犁牛河，番名木魯烏蘇，亦曰母蘺烏素，音之轉也，岷江最上源也，出西藏衛地之巴薩通拉木山東麓，山形高大類乳牛，即古犁石山也。
〔註10〕西藏舊分衛、藏、喀木、阿里四大區，喀木即今以今昌都為中心的藏東地區。巴爾喀木常簡寫作喀木，此處譯作巴爾克木，《大清一統志》（嘉慶）卷五百四十七載，喀木，在衛東南八百三十二里，近雲南麗江府之北，東自鴉龍江西岸，西至努卜公拉嶺衛界，一千四百里，南自噶克拉岡里山，北至木魯烏蘇南岸，一千七百里，東南自雲南塔城關，西北至索克宗城西海部落界，一千八百五十里，東北自西海部落界阿克多穆拉山，西南至塞勒麻岡里山，一千五百里。
〔註11〕今西藏昌都縣，清代此地為察木多帕克巴拉呼圖克圖管轄，統屬於達賴喇嘛與駐藏大臣。
〔註12〕即拉薩，因大昭寺故，清代檔案文獻常以昭代指拉薩，此處寫作招。
〔註13〕西藏地區平民向政府及寺院提供的運輸勞役，包括人畜等。
〔註14〕《雍正朝滿文硃批奏摺全譯》一書之滿文奏摺，具奏時間均置於翻譯者所擬之標題處，據《年羹堯滿漢奏摺譯編》一書，滿文奏摺之格式應為具奏時間置於文末，硃批之前，故本書據《年羹堯滿漢奏摺譯編》將所有滿文奏摺時間補出。

硃批：爾等此奏是，朕意尚未定，事屬重大，朕已寄信召年羹堯，若年羹堯前來，地方諸事爾更應勤奮留心，謹慎効力。

〔2〕定西將軍策旺諾爾布等奏請萬安摺（雍正元年二月十八日）[1]-71

奴才策旺諾爾布〔註15〕率臣等官員兵丁跪請聖主萬萬歲安。

雍正元年二月十八日

公奴才策旺諾爾布。

額駙奴才阿保〔註16〕。

都統奴才武格〔註17〕。

副都統奴才常淩〔註18〕。

副都統奴才吳納哈〔註19〕。

厄魯特公奴才沙必多爾濟〔註20〕。

原任侍郎色爾圖〔註21〕。

布政使奴才塔林〔註22〕。

員外郎奴才馬爾汗。

〔3〕雲貴總督高其倬等奏解送駐藏官兵俸餉數目及起程日期摺（雍正元年二月二十八日）[2]-[1]-91

雲貴總督臣高其倬雲南巡撫臣楊名時謹奏，為奏聞事。

〔註15〕《平定準噶爾方略》卷三頁二十二作公策旺諾爾布，《蒙古世系》表三十一作策旺諾爾布，喀爾喀蒙古人，扎薩克鎮國公托多額爾德尼嗣子。《欽定外藩蒙古回部王公表傳》卷七十二有其身世之簡介。

〔註16〕《平定準噶爾方略》卷一頁十作阿寶，《蒙古世系》表三十六作阿寶，顧實汗圖魯拜琥第三子巴延阿布該阿玉什之孫，父和囉理。

〔註17〕《欽定八旗通志》卷三百二十四作蒙古正白旗都統五格。《平定準噶爾方略》卷六頁二十三作都統武格。

〔註18〕《欽定八旗通志》卷三百二十四作蒙古鑲藍旗副都統常齡。

〔註19〕《欽定八旗通志》卷三百三十一作江寧副都統吳納哈。

〔註20〕《蒙古世系》表三十六作沙畢多爾濟，顧實汗圖魯拜琥第三子巴延阿布該阿玉什之曾孫，父玉木楚木，祖和囉理，和囉理亦為額駙阿寶之父。

〔註21〕《清代職官年表》部院滿侍郎年表作吏部滿左侍郎色爾圖，康熙五十八年為胤禎奏革。

〔註22〕《陝西通志》卷二十三頁十四作塔琳，正紅旗滿洲，康熙六十年署理。《清代職官年表》按察使年表陝西布政使雍正元年作永太，雍正元年二月二十四日革，王景灝，雍正元年二月二十四日由臨洮知府擢，無塔琳名。

臣等查得藏地距雲南遼遠，駐藏官兵所需俸餉口糧等項銀兩必須預行解送方無遲誤，康熙陸拾年陸月內臣等委遊擊李化龍預解餉銀柒萬壹千陸百餘兩已經具摺奏明在案，續於康熙陸拾壹年拾貳月內據駐藏管理支放同知丁棟成報稱，除原領雲南省俸餉官兵外。再額駙阿寶〔註 23〕所帶駐藏官兵共伍百叁拾員名，奉署定西將軍令牌亦令在雲南貯藏錢糧內動給，統計壹年滿足共需銀壹拾壹萬叁千餘兩，計以前所解之銀，只敷次年夏季有餘之用等語到臣。臣等會議此項銀兩應急行照數解送，但藏地遙遠，往來多需時日，又酌量多解銀貳萬陸千餘兩，以備不時支給之用，共撥動藩庫銀壹拾肆萬兩，委援剿右協遊擊汪仁，永順鎮守備宋世誥帶領千把兵丁於雍正元年貳月貳拾壹日起程解運訖，俟到藏之日交署定西將軍公策旺諾爾布查明交同知丁棟成加謹收貯，其支給之處統聽署將軍造冊奏銷。再解餉官兵通事跟役共壹百玖拾玖員名，俱照上年之例折給馬匹口糧鹽菜盤費賞賚等項及僱覓駝餉馬匹腳價共動給銀貳萬陸千餘兩，其細數另文報部查核，又駐藏官兵久居遠塞，臣等商酌附解銀捌千餘兩以為添補衣鞋之用，以上動用銀兩俟事竣後分別應銷應捐具奏，應捐之項於俸工內通融捐補，所有解送銀兩數目竝起程日期臣等謹會同具摺奏聞。

雍正元年貳月貳拾捌日雲貴總督臣高其倬雲南巡撫臣楊名時。

硃批：知道了，兵已調回矣。

〔4〕川陝總督年羹堯奏請擇員駐防察木多摺（雍正元年三月十二日）[1]-94

四川陝西總督臣年羹堯謹奏，為請旨事。

議政處議得，領兵駐守察木多一事，由總督年羹堯於川陝兩處總兵官副將內薦舉奏請等因，故臣於兩省總兵官副將內選出三人，開列名職具奏，伏乞皇上指派一人，建昌總兵官王志君〔註 24〕、遵義副將張羽〔註 25〕、華臨副將周瑛〔註 26〕。

雍正元年三月十二日

〔註 23〕《平定準噶爾方略》卷一頁十作阿寶，《蒙古世系》表三十六作阿寶，顧實汗圖魯拜琥第三子巴延阿布該阿玉什之孫，父和囉理。

〔註 24〕《四川通志》（乾隆）卷三十二頁四十作建昌鎮總兵王之俊。

〔註 25〕此人正確名為張玉。《四川通志》卷三十二頁四十二作建昌鎮標右營遊擊張玉，應即此人陞任者。

〔註 26〕《四川通志》（乾隆）卷三十二頁五十六作化林營副將周瑛。

硃批：調盧正陽〔註 27〕為重慶總兵，周瑛補為松潘總兵，領兵駐防察木多。

〔5〕達賴喇嘛奏報先帝駕崩誦經悼念摺（雍正元年三月〔註28〕） [1]-5330

弘法覺眾達賴喇嘛〔註 29〕虔心叩奏奉天承運神聖文殊師利皇帝〔註 30〕陛下。

眾佛教生靈之大恩神聖文殊師利父汗〔註 31〕為真正文殊師利，雖不分生死，惟天下眾生靈及我西方眾生靈之福減，聞聖主昇天，心憂甚為悲傷，聖主無窮之鴻恩，眾生靈及我本人實難報答，真正文殊師利佛身，殮潔等項，並無另需，然我眾以淨潔善之心，誠心為二招釋迦牟尼等有靈三寶佛，大舉祭品，齊集沙拉、噶爾丹、哲蚌等寺〔註 32〕萬餘小喇嘛等，於招地誦經三日，佈施熬茶，我亦親往誦經所，仰副聖上皇帝之意，以誠心向三寶祈禱，再令衛、藏、阿里、喀木、貢布〔註 33〕等地三千四十三寺廟之三十萬小喇嘛，於各自寺廟誦經，撥給熬茶所需等潔物，除造作福善事，勤於誦經事外，並無另報之策，惟聖上自身節哀，遵照天降先聖祖等善道，共同推廣佛教生靈及黃教，以大仁扶持我等西方生靈，請鑒之鑒之，以奏書之禮備辦哈達，一併於三月吉日〔註 34〕謹奏。

〔6〕川陝總督年羹堯奏請賞給駐站土司兵丁鹽菜銀摺（雍正元年四月初九日）[1]-141

四川陝西總督公臣年羹堯謹奏。

〔註 27〕《四川通志》（乾隆）卷三十二頁二十九作重慶鎮總兵路振揚。
〔註 28〕時間為輯者補出。
〔註 29〕指七世達賴喇嘛羅布藏噶勒藏佳木磋，清廷初封七世達賴喇嘛為弘法覺眾第六輩達賴喇嘛，後默認為第七世。
〔註 30〕指清世宗。
〔註 31〕指清聖祖。
〔註 32〕指格魯派色拉寺、甘丹寺、哲蚌寺三大寺，《大清一統志》（嘉慶）卷五百四十七頁二十八載三寺名分別為色喇廟、噶爾丹廟、布雷峰廟。
〔註 33〕今常作工布，《大清一統志》（嘉慶）卷五百四十七載，恭布部落，番夷三千餘戶，每歲進馬二匹於達賴喇嘛。入清後此地區已設宗，非部落狀態，位於尼洋曲流域，為西藏氣候溫和、物產豐饒、人口繁庶之區。包括今西藏林芝縣、工布江達縣、米林縣等地。
〔註 34〕雍正元年三月。

因西藏軍務打箭爐以西沿路安設臺站，為協助我內地之師，亦令土司嘉克瓦司之兵駐站，我內地兵丁皆有鹽菜銀，而土司之兵沒有，伊等多年來生計艱難，祈請聖主施恩亦照內地兵丁之例同樣賞給土司兵丁鹽菜銀，為此謹奏請旨。

雍正元年四月初九日

硃批：該部議奏。

〔7〕侍郎常壽奏報馳送公策旺諾爾布等密奏摺子摺（雍正元年四月十六日）[1]-167

侍郎奴才常壽〔註35〕謹奏，為密奏事。

署理定西將軍印務公策旺諾爾布等派委護軍校七十、侍衛多爾濟萬舒克齎送密奏軍機之摺於四月十五日晚到達西寧，公策旺諾爾布等照此密摺給奴才及西寧總兵官合咨一書到臣。又另書咨請撥給委護軍校七十等人驛站馳送京城，奴才除給七十等人勘合，令乘驛前往外，因慮摺子若交伊等齎送必會遲延，故將公策旺諾爾布等之奏摺套以夾板，交驛站筆帖式等令其馳遞前去。奴才問七十、多爾濟萬舒克等，爾等何時從招動身的，招地有何消息。據其告稱，我等於二月十九日從招地起程前來，行程五十五日到此，我等來時住在阿里的貝子康濟鼐〔註36〕的人曾寄書現居招地之貝子康濟鼐言稱，昔日貝子你派到葉爾奇木〔註37〕地方探信的一名喀七〔註38〕人、二名拉達克〔註39〕

〔註35〕《清代職官年表》滿缺侍郎年表作理藩院右侍郎常授。

〔註36〕康濟鼐，後藏南木林人，拉藏汗時期任阿里總管，準噶爾蒙古侵西藏時堅守阿里抵抗準噶爾，康熙五十九年清軍定藏，詔封貝子，任職噶布倫，雍正元年命為總理藏事，招阿爾布巴之嫉，雍正五年被謀殺。《欽定西域同文志》二十四頁三載，康臣鼐索特納木佳勒博，轉音為康濟鼐索諾木扎爾布，初為阿里噶爾本，封貝子，辦理噶卜倫事，後為阿坡特巴多爾濟佳勒博所害，按康臣鼐為索特納木佳勒博所居室名，蓋人以地名者，漢字相沿止從轉音稱康濟鼐。

〔註37〕即清代史料所稱之葉爾羌，今新疆莎車縣。

〔註38〕通常作卡契，藏人於週邊回教徒之統稱，此處似指克什米爾回教徒。《衛藏通志》卷十五頁九載，纏頭，一名克什米爾，西域回民，其部落在廓爾喀西南，往來藏中貿易，亦有在藏久住安有家室者，其人以白布纏頭，穿大領氈衣，不食豬肉，前藏設有大頭人三名，後藏大頭人一名管轄。

〔註39〕今印度拉達克地區，清時期為西藏所屬部落，後為印度錫克人奪佔，今為印度所併。《大清一統志》（嘉慶）卷五百四十七載，拉達克城，在喇薩西南三千七百五十餘里，其所屬有札石岡，丁木岡，喀式三城。

人返回稟告，我等到達喀七那邊的雪山後，以前內地之兵已經被殺，準噶爾都喀爾之子察罕領一千五百兵駐於雪山另側，伊等遇見我等將我等抓起來，施以各種刑法逼問消息，我等只說我等是喀七、拉達克主子派遣與葉爾奇木首領通商之人，什麼都不知道，遂將我等送到策妄阿喇布坦處，策妄阿喇布坦派人婉言探問，我等仍答如前供，因沒有別的把柄，將我等放回，我等在策妄阿喇布坦處時聽從吐魯番抓來的一回人女子說，策妄阿喇布坦之子噶爾丹策零〔註40〕在距吐魯番三日程處之塔爾會地方屯兵萬餘等語，我等來時公及諸臣業已寄書去問康濟鼐矣，我等是十九日起程，令護軍泰平二十一日起程，自喀木〔註41〕一路前去，此消息或許交付泰平具奏耳等語，故此奴才除照此奏疏及公策旺諾爾布等咨給奴才之書抄錄密咨署理大將軍印務之貝子延信，將軍大學士富寧安〔註42〕、總督公年羹堯等人外，為此謹密奏以聞。

雍正元年四月十六日

〔8〕川陝總督年羹堯奏請補放打箭爐官員喇嘛等員摺（雍正元年五月十一日）[1]-240

太保公四川陝西總督年羹堯謹奏，為請旨事。

准理藩院來文內開，將奏報駐打箭爐喇嘛、官員取信事奏覽時奉旨，此事伊等理合奏實，並無實據之事，小民妄傳之語聞之即奏，殊屬非是，辦理彼處之事，探信之事甚要，不可住一輕忽之喇嘛，將此喇嘛帶回，咨文總督年羹堯遣由西藏前來之喇嘛楚爾齊木藏布喇木札巴〔註43〕補此缺，以辦理打箭爐之事及探信事可也，官員亦更換，爾等行文，對此喇嘛嚴加約束訓示，楚爾齊木藏布之缺由此處揀選喇嘛遣往廣仁寺〔註44〕，欽此欽遵。除由我部咨文嚴加約束訓示住打箭爐之喇嘛、官員外，為此咨文等語。竊查於打箭爐

〔註40〕《蒙古世系》表四十三作噶爾丹策凌。

〔註41〕西藏舊分衛藏喀木阿里四大區，喀木為巴爾喀木之簡寫，以今昌都為中心的藏東地區。

〔註42〕《清代職官年表》大學士年表作武英殿大學士富寧安，其時佩靖逆將軍印，帥師駐巴里坤。

〔註43〕《大清一統志》（嘉慶）卷五百四十七載，康熙五十六年遣喇嘛楚兒沁藏布蘭木占巴、理藩院主事勝住等繪畫西海西藏輿圖。《平定準噶爾方略》卷八頁十六作喇嘛楚兒沁藏布喇木占巴。此喇嘛與主事勝住於西藏地理考察及地圖測繪史上為重要之人物。

〔註44〕位於陝西省西安市市區內，建於康熙四十四年，為藏傳佛教喇嘛寺，有清聖祖御製碑。

辦事探信甚為緊要，遣喇嘛楚爾齊木藏布，聖主甚稔知，楚爾齊木藏布五月初九日已抵西安，除稍事休整即遣打箭爐外，惟廣仁寺乃聖主仁皇帝特旨修建之大廟，遣似楚爾齊木藏布之喇嘛住彼處方合，伏乞此間停止由京城另揀送喇嘛遣往，交付楚爾齊木藏布於其屬下留一名可靠辦事之德木齊暫替其辦事可也，用兵完竣後仍將楚爾齊木藏布帶回住廣仁寺。又竊查現四川成都府理事同知伊特格爾〔註45〕原係駐打箭爐探信之筆帖式，嗣後臣將伊特格爾具題放同知，伊特格爾於打箭爐等處辦事甚熟，而人亦謹慎，既然於打箭爐探信事比同知之事緊要，伏乞授伊特格爾為員外郎銜，遣往打箭爐，與喇嘛楚爾齊木藏布同住辦事探信可也，臣衙門八品筆帖式和敏再交付喇嘛楚爾齊木藏布、伊特格爾，於現在打箭爐之筆帖式等人內揀選一員留下，共二名筆帖式駐於打箭爐，打箭爐若駐喇嘛一員章京一員筆帖式二員，則辦事探信之時皆敷用，停止由京城另遣章京筆帖式，理事同知之缺伏乞皇上揀放遣往，為此謹奏請旨。

　　雍正元年五月十一日

　　硃批：該部議奏。

〔9〕川陝總督年羹堯奏報動用庫銀帶往西藏摺（雍正元年五月二十四日）[1]-290

　　太保公四川陝西總督臣年羹堯謹奏，為明白奏聞動用庫銀事。

　　竊臣在京間欽命遣理藩院員外郎常保入藏辦事時諭臣，爾動用西安布政使庫銀一萬兩交付常保，帶往西藏用於公事可也，欽此欽遵。臣一到陝西即行文陝西布政使照數交付常保在案，又接准理藩院來文內開，因康濟鼐超群効力，故施恩賞緞十銀三千兩，所賞之緞交付前往西藏之內閣學士鄂賴〔註46〕帶去，賞銀則由鄂賴自臣所各發往西藏之銀內領取給發等語具奏。奉旨，依議，欽此欽遵送來。竊臣伏思，常保所帶一萬兩銀亦不多，其中若動用三千兩銀給鄂賴，常保恐不敷用，故另動用庫銀三千兩交付鄂賴，於五月初四日起行前往，除此所用銀數行文戶部外，為此恭奏以聞。

　　雍正元年五月二十四日

　　硃批：甚是，好，知道了。

〔註45〕《四川通志》（乾隆）卷三十一頁十九作成都府理事同知伊特格爾。
〔註46〕《清代職官年表》內閣學士年表作內閣學士鄂賴。

〔10〕川陝總督年羹堯奏報西藏情形及處置摺（雍正元年五月二十四日）[1]-291

太保公四川陝西總督臣年羹堯謹奏。

喇嘛楚爾齊木藏布由西藏返回西安，於五月二十日起行前赴打箭爐，除將此請安摺轉交臣替伊具奏外，臣又詳問楚爾齊木藏布西藏諸事情形及民心如何。據楚爾齊木藏布告曰，目今西藏並無事，惟給達賴喇嘛之印較先前達賴喇嘛之印小，唐古特人皆係愚昧不曉事之人，因印小，伊等或許胡言此達賴喇嘛亦較先前之達賴喇嘛小，故已蓋印准行之事，伊等或有逡巡猶疑情形，目今無計，伊等擬私自拿出從前元朝所頒之印使用等語。唐古特人甚愚昧，不懂教化，惟尊崇達賴喇嘛而行，今所給之印稍小，伊等即妄加猜疑，擬復私用元朝所頒之印，此大有關係，臣愚意聖主降旨該部，查出從前達賴喇嘛之印舊型，即照舊型，重澆鑄較大些之印更換之，亦係甚易之事。再又據楚爾齊木藏布告稱，此喇嘛外有文采，心亦明白，唐古特人俱盼其辦事，惟達賴喇嘛謂己係出家之人，甚不管事等語。臣愚意若達賴喇嘛盡心辦事，內閣學士鄂賴前去後雖揀放第巴，亦不及伊，倘聖主將此降敕諭曉諭鼓勵達賴喇嘛，令伊照五世達賴辦事，唐古特人必會遵從，且於事大有裨益，此俱係甚有關係之事，故臣將所聞所見敬謹陳奏，伏祈上裁，為此謹恭奏以聞。

雍正元年五月二十四日

硃批：現由部核查商量，並交部議。

〔11〕松潘總兵周瑛奏謝簡授總兵摺（雍正元年六月初四日）[2]-[1]-384

鎮守四川松潘等處地方副將（硃批：都督僉事）管總兵事臣周瑛謹奏，為恭謝天恩事。

竊臣一介武夫，至愚至賤，由千把微員歷陞化林副將，未有尺寸之功，揣分難安，茲蒙聖主天恩，簡授松潘總兵官，令帶兵駐防叉木多〔註47〕，聞命自天，感激無地，隨恭設香案，望闕叩頭謝恩，臣因未及前往松潘赴任，即由化林領兵出口，是以未敢用本奏謝，爰咨明提臣岳鍾琪代謝天恩，今行次中渡，准提臣咨覆，雖未到任，亦可繕摺謝恩等因，並咨送臣松潘總兵官劄付前來，

〔註47〕清代檔案文獻多作察木多，今西藏昌都縣，清代此地為察木多帕克巴拉呼圖克圖管轄，統屬於達賴喇嘛與駐藏大臣。

——西藏土鼠年衛藏戰爭，七輩達賴邊康史料輯註

隨於行營祗領任事，伏念臣本庸材，過蒙聖恩超擢，駐防邊外，臣惟激勵將士，嚴加約束，宣布皇上德威，務使殊方相率效順，仰報高深於萬一而已，謹繕摺專差隨營把總馬龍，家人何吉成齎捧奏謝天恩，伏祈聖主睿鑒施行，謹摺奏以聞。

雍正元年陸月初肆日鎮守四川松潘等處地方副將管總兵事臣周瑛。

硃批：知道了，賜翎子帶，聞你是將中名器，加力勉之，駐防邊外乃極勞心勞力之任，朕盡體之。再不忍令爾等空費力也，凡是只以安靜防禦，不可報效心切，輕逞兵威而生事圖功，勉之慎之。

〔12〕侍郎常壽奏報達賴喇嘛使者抵達西寧來京城摺（雍正元年六月十九日）[1]-342

侍郎奴才常壽謹奏，為奏聞事。

六月十三日接准署理定西將軍印務之公策旺諾爾布等咨稱，派遣留後效力之正黃旗部委驍騎校之章京阿齊圖攜達賴喇嘛之使戴達爾罕多尼爾阿旺敦多布〔註48〕等齎送奏摺，我自此唯撥給阿齊圖抵達西寧之牲口，西寧以內則無撥給牲口之責，阿齊圖既屬專差前往，至西寧後請侍郎照例准乘驛馬。再達賴喇嘛之使戴達爾罕多尼爾阿旺敦多布及隨同前往之喇木扎木巴〔註49〕高楚七人，跟役二人，噶隆〔註50〕貝子康濟鼐、阿爾布巴〔註51〕、

〔註48〕原文作戴達爾罕、多尼爾阿旺敦多布，多尼爾《欽定理藩部則例‧西藏通制》作卓尼爾，藏傳佛教大喇嘛所設負責接待賓客，傳達命令之侍從，西藏噶廈設卓尼爾三名，六品。《西藏通史松石寶串》頁七二八記，當清世宗繼位初七世達賴喇嘛遣仲尼爾大達爾罕入京祝賀清世宗繼位，此處似乎應為一人，不應斷作二人，故改為戴達爾罕多尼爾阿旺敦多布。

〔註49〕喇木扎木巴又譯作藍占巴，藏傳佛教僧侶等級之一。

〔註50〕噶隆，《欽定理藩部則例‧西藏通制》載其名噶布倫，亦譯噶卜隆，噶卜倫，噶倫等，清制，西藏額設噶布倫四人，三品，總理西藏大小事務，間有僧人一名充任者，其餘時間皆為俗人任之。

〔註51〕藏史一般稱噶倫阿沛，西藏工布江達人，任拉藏汗噶倫，康熙五十九年清軍定藏，車凌端多布遣其率藏軍至察木多拒四川入藏清軍，其揚言身死，潛赴青海迎清軍入藏，告以藏中虛實，工布亦以二千軍護七世達賴入藏，受封貝子，任職噶倫，雍正元年康濟鼐受封總理藏事，忌之，雍正五年謀殺康濟鼐，遣軍赴後藏欲殺頗羅鼐，與頗羅鼐戰，及至頗羅鼐率軍入拉薩，為喇嘛擒獻頗羅鼐，查郎阿率清軍入藏，殊之。《平定準噶爾方略》卷八頁二十二作阿爾布巴。《欽定西域同文志》卷二十四頁四載，阿坡特巴多爾濟佳勒博，轉音為阿爾布巴多爾濟扎爾布，封貝子，辦噶卜倫事，後以叛誅，按阿坡特巴為多爾濟佳勒博所居室名，漢字相沿止從轉音，稱阿爾布巴。

公隆布鼐〔註52〕所遣請安之三人共十三人，於本年三月二十九日已由委署章京阿齊圖陪同起程，俟該等之人至西寧後請侍郎照例准送京城等情。故奴才問委署章京阿齊圖、達賴喇嘛所遣之使戴達爾罕多尼爾阿旺敦多布等，爾等自何路而來，行程幾日，沿途有否賊盜，準噶爾消息如何，班禪〔註53〕達賴喇嘛及我駐招之臣等官兵皆好否，是否有奏疏及進貢之伯勒克，爾等於何處遇見我去招之喇嘛喇木扎木巴〔註54〕、侍衛商都〔註55〕等者乎，爾等聞知什麼消息，應俱相告勿得隱瞞等語。伊等共曰，頒佈聖祖仁皇帝賓天誥書於本年二月二十三日齎到，我駐招之臣等官兵遵照誥文，摘纓舉哀三日，至達賴喇嘛、達賴喇嘛之父索諾木達爾扎〔註56〕、貝子康濟鼐、阿爾布巴、公隆布鼐等聞後悲痛欲絕，舉哀致祭，達賴喇嘛親下布達拉宮，召聚在招一萬喇嘛誦經三日。索諾木達爾扎、貝子康濟鼐、阿爾布巴、隆布鼐等各誦經一日，達賴喇嘛等為聖祖仁皇帝誦經熬茶，以聖主承嗣大統之賀禮請安進禮，遣派使人戴達爾罕等，公臣等之奏摺一件俱一併交付於阿齊圖，於三月二十九日自招起程，我等由玉樹〔註57〕、庫庫塞〔註58〕路行程七十四日安全到

〔註52〕據《西藏志》頁三十四載，隆布鼐本藏人，昔為噶隆，因策冷敦多布侵藏，同札爾鼐赴木魯烏蘇迎接大兵，嚮導有功，封為公，管理西藏東北一帶地方兵馬事宜。後七世達賴之父索諾木達爾扎娶隆布鼐二女為妻，結黨阿爾布巴、札爾鼐謀殺康濟鼐，引阿爾布巴之亂，及亂平被誅。《欽定西域同文志》卷二十四頁四載，魯木巴鼐扎什佳勒博，轉音為隆布鼐扎什扎爾布，封公，辦噶卜倫事，後以叛伏誅，按魯木巴鼐為扎什佳勒博所居室名，漢字相沿止從音，稱隆布鼐。
〔註53〕指第五世班禪額爾德尼，《欽定西域同文志》卷二十三頁五載，班臣羅布藏葉攝巴勒藏博，班臣羅布藏吹吉佳勒燦之呼必勒汗，出於藏之圖卜扎爾，坐扎什倫博寺床，封班臣額爾德尼，賜冊印。
〔註54〕《西藏通史松石寶串》頁七二八載，清世宗繼位後遣大喇嘛饒絳巴、班薩饒絳巴、侍衛絳多至拉薩頒賜賞物。《頗羅鼐傳》頁二二七載，清世宗繼位後遣扎薩克大相惹姜巴至藏在各寺廟供奉僧侶，即熬茶諷經，應即此人。
〔註55〕《西藏通史松石寶串》頁七二八載，清世宗繼位後遣大喇嘛饒絳巴、班薩饒絳巴、侍衛絳多至拉薩頒賜賞物。侍衛商都應即《西藏通史松石寶串》所載之侍衛絳多。
〔註56〕七世達賴喇嘛之父，此人初為哲蚌寺一普通僧人，於傳大召期間協助鐵棒喇嘛糾察僧儀，後隨一貴族去理塘，還俗成家，生七世達賴喇嘛。《欽定西域同文志》卷二十四頁十載，索特納木達爾結，達賴喇嘛羅布藏噶勒藏佳木磋之父，轉音為索諾木達爾扎，封輔國公。
〔註57〕為清時期玉樹部落，非今青海省玉樹縣所在地結古鎮，清代玉樹部落位於金沙江之上源，當青海入藏大道渡口，今青海省治多縣一帶地區。
〔註58〕《大清一統志》（嘉慶）卷五百四十七作巴漢苦苦賽爾渡，即小苦苦賽爾渡，此小庫庫賽渡口為清代青海入藏官道之渡口。《欽定西域同文志》解庫克賽郭勒，庫克賽青石也，河中積有青石，故名。

達，公臣等之奏摺曾交囑於我，此非屬急事，由我到後親自具奏等語，沿路未遇賊盜，在招之班禪、達賴喇嘛臣等官兵皆好，準噶爾全無消息，咸俱泰安，貝子康濟鼐於我等起程之日返回阿里，我等前來於五月十六日在索羅木[註59]這邊之特門庫珠下紮之日聞得，去招之喇嘛侍衛官員於二日前已從特門庫珠南路安全通過，我等未曾遇見，今估計即將到達，此外別無消息等語。戴達爾罕等又告，我達賴喇嘛、索諾木達爾扎、貝子康濟鼐、阿爾布巴、公隆布鼐等為成佛之主誦經熬茶之奏疏，以聖主承嗣大統之賀表貢物，達賴喇嘛，索諾木達爾扎啟奏皇太后之表文貢物等項俱繕於書內，至給阿哥之貢物，給各施主之禮物，加上我等鋪蓋等物共有十六馱，並無貿易之物等語。故奴才准給達賴喇嘛之使戴達爾罕等十三人十六馱驛馬，派出沿途照管之官員一名，綠旗兵十名給發甘結陸續解送，准委署驍騎校之章京阿齊圖到驛站後，奴才又在此派出領催一名共同照管，已於六月十九日從西寧起程，由鄂爾多斯一路前往，為此謹具奏聞。

雍正元年六月十九日

〔13〕頒賜七世達賴喇嘛名號及金冊金印詔（雍正元年六月二十二日）[3]-1640

奉天承運皇帝敕諭達賴喇嘛。

朕撫臨社稷，率土之民得以安寧，因爾誠心扶持佛道，妙策廣訓，嚴守教法，引渡眾生於善果，著襲上世封號，達賴喇嘛功德圓滿，三昧之燈常明，在西域藏地弘揚釋教密典，享大地之主恩澤，使聖祖皇帝之威名遍於衛藏，聖祖皇帝廣賞西藏臣民，對爾更甚，朕聞爾睿智聰慧，心善意淨，坐床之後，應廣衍黃教，部眾崇敬，眾生信服，故敕封爾西天大善自在佛所領天下釋教普通瓦赤喇怛喇達賴喇嘛名號，並賜金冊金印，爾應仰懷朕恩，推廣佛道，引渡眾生，所求如願，使邊陲土民安樂，以副朕憐愛之至意，特諭。（西藏館藏原件藏文）

〔14〕敕諭七世達賴喇嘛為准封襲前世達賴喇嘛名號頒給金印冊事（雍正元年六月）[4]-21

致達賴喇嘛書

奉天承運皇帝敕諭扶持佛法引導眾生之六世達賴喇嘛。

〔註59〕三岔口之意，今青海省瑪多縣附近。

爾喇嘛扶佑佛教，導引眾生，勤勉經典，順遂安好，仰仗天恩朕安好，朕撫馭萬國，不分內外，一視同仁，尚賴化導，養育眾生，誠能篤心恪守淨業，敬謹遵從王道，必賜名號，以示嘉頌，爾喇嘛受朕皇考眷愛，為弘揚黃教，安定藏眾，封爾為扶持佛法引導眾生之六世達賴喇嘛，頒給金印冊，送至西藏，坐床以來聞爾勤習經典，極為聰慧，自幼承襲前道，虔誠利裨眾生，恪守戒律，為各部所信服，朕甚賞識，是故特為廣衍黃教，永安藏眾，照前五世達賴喇嘛之例敕封爾為西天大善自在佛所領天下釋教普通瓦赤喇怛喇達賴喇嘛，頒給金印冊，重新冊封，爾嗣後須將土伯特〔註60〕地方大事皆照前五世達賴喇嘛之例，率屬下辦事噶布倫等共商妥辦，則有裨於爾土伯特事務，民亦得以生息，爾須仰副朕恩，益加闡揚佛教，引渡眾生，敬勉勿怠，敬之。

〔15〕侍郎常壽奏報策旺諾爾布將抵西寧摺（雍正元年九月二十四日）[1]-695

侍郎臣常壽謹密奏，為奏聞事。

臣派遣領催索柱、科西圖等分兩路往迎自召〔註61〕而來之公策旺諾爾布等兵馬，並令探取準噶爾消息，於九月十三日啟程之情前摺業已奏聞，本月十六日接奉聖主硃諭，公策旺諾爾布兵馬今之將抵，羅卜藏丹津〔註62〕深恨公策旺諾爾布，恐會舉兵犯之，務必暗遣番子喇嘛至穆魯斯河〔註63〕送信，都統席勒圖〔註64〕之五百滿洲兵既在附近，可否相機援助之處爾斟酌定後再行，欽此。甚為詳備，臣經與席勒圖、總兵官黃喜林〔註65〕商議，令滿洲綠旗加緊準備，陸續派遣番子通事出迎，九月二十日往祭黃河源之副都統廣福〔註66〕等事畢返抵多巴，據言我等祭畢黃河源返回途中見到班禪額爾德尼使

〔註60〕即西藏。
〔註61〕即拉薩，因大昭寺故，清代檔案文獻常以昭代指拉薩，此處譯作召。
〔註62〕《蒙古世系》表三十七作羅卜藏丹津，顧實汗圖魯拜琥幼子即第十子達什巴圖爾之子。
〔註63〕清代舊籍常作木魯烏蘇，即蒙人於金沙江之稱謂。《水道提綱》卷八頁八載，金沙江即古麗水，亦曰繩水，亦曰犁牛河，番名木魯烏蘇，亦曰母薊烏素，音之轉也，岷江最上源也，出西藏衛地之巴薩通拉木山東麓，山形高大類乳牛，即古犁石山也。
〔註64〕《欽定八旗通志》卷三百二十七作漢軍正紅旗都統西倫圖。又《皇朝文獻通考》載清太祖努爾哈赤次子代善曾孫有都統奉恩將軍席倫圖者，即此人。
〔註65〕《甘肅通志》卷二十九頁十八作鎮守西寧臨軍總兵官黃喜林。
〔註66〕《欽定八旗通志》卷三百二十七作漢軍鑲紅旗副都統廣福。

人派往前而勘查宿地的一唐古特人，據其告曰公策旺諾爾布等兵在我使人之後不遠，他們人多牲口多，巴彥哈拉碩多嶺一路雪大草被覆蓋，不能生火，故改由柴達木路前往等語。本月二十四日領催科西圖歸報，我此之前去一路探信，於九月十九日抵春濟烏蘭和碩，見到公額駙阿保及各位臣等，將侍郎之書交給之，遂詢問我赴招之使臣、喇嘛及準噶爾之消息，並轉達侍郎之密令，今值青海有事之際，臣等務必倍加小心，馳抵西寧為宜等語，公額駙臣等謂曰，我軍於七月初二日自西藏起程前來，七月十一日於哈喇烏蘇〔註67〕以西奎屯西里克〔註68〕地方見到侍衛商都及喇嘛尚拉木扎木巴〔註69〕等，八月十三日於東布勒圖〔註70〕見到內閣學士鄂賴等，一路平安，伊等皆收到了侍郎的寄信，轉告我等因青海之事讓我等途中多加小心，我等一路竭力防備，平安到此，沒有準噶爾什麼消息，唯沿途雪大加之瘴氣，馬匹牲口倒斃許多，如今小心疾行，約計九月二十八九日抵達西寧等語，科西圖我自出邊關借給煙茶向蒙古人訪探消息，但因其台吉管束甚嚴，竟無人敢與我久談，觀其形勢準噶爾兵來之言似為訛傳等語。除公策旺諾爾布等兵到後臣照議奏按照需用視足辦理起程具奏外，為此理應恭繳硃諭，臣謹親封一併密奏，照此奏書俱咨會貝勒延信、太保公總督年羹堯矣。

雍正元年九月二十四日

附雍正帝上諭一紙

諭侍郎常壽，爾奏言公策旺諾爾布、貝勒阿寶〔註71〕等兵，於七月初二日自藏起程前來西寧，想必今之將抵，羅卜藏丹津深恨公策旺諾爾布，恐會舉兵犯之，若雖不敢犯，暗中派人夜盜馬畜以為驅趕亦未可料，須預先籌劃為宜，

〔註67〕 此蒙古語為同名河與地名，哈喇蒙古語黑色之意，烏蘇河流之意，水色發黑，故名，指河流則為今怒江上流之那曲。作地名，《欽定理藩院則例》（道光）卷六十二作哈拉烏蘇，為達賴喇嘛所屬十四邊境宗之一，為青海入藏後藏內第一重鎮，即今西藏那曲縣。

〔註68〕 《欽定大清會典事例》（嘉慶）卷五百六十作魁田錫拉，以道里計之，當在那曲縣香茂鄉一三七道班附近之小河邊。

〔註69〕 《頗羅鼐傳》頁二二七載，清世宗繼位後遣扎薩克大相惹姜巴至藏在各寺廟供奉僧侶，即熱茶諷經，應即此人。

〔註70〕 《欽定大清會典事例》（嘉慶）卷五百六十所載之東布拉，東布拉為青海至藏中途之一山口，即須翻越今所謂東布里山之一山口，該處以地圖查之有兩山口為可行之途徑，兩山口相距十公里餘，當以北邊山口為是。

〔註71〕 《平定準噶爾方略》卷一頁十作阿寶，《蒙古世系》表三十六作阿寶，顧實汗圖魯拜琥第三子巴延阿布該阿玉什之孫，父和囉理。

前發旨於爾密告策旺諾爾布多加防備，今兵到則已，否則務必暗遣我番子喇嘛直抵穆魯斯送信，或我軍渡過穆魯斯河靠近羅卜藏丹津，羅卜藏丹津若犯我軍，駐青海之都統席勒圖五百滿洲兵既在附近，可否相機援助之處，由爾斟酌確定再行，為此諭之。

〔16〕江寧副都統吳納哈奏請萬安摺（雍正元年九月二十五日）[1]-699

奴才吳納哈跪請聖主萬萬歲安。

江寧副都統奴才吳納哈。

雍正元年九月二十五日

硃批：朕躬甚安，爾好麼，爾及爾官兵都很辛苦了。

〔17〕江寧副都統吳納哈奏謝奉賜聖祖遺物及請謁陵寢摺（雍正元年九月二十五日）[1]-700

奴才吳納哈謹奏，為奏請叩謁聖祖仁皇帝陵寢事。

奴才本為一介護軍，亦無軍功可彰，而先帝不計門戶賞給奴才拖沙喇哈番，又自前鋒侍衛陸續超擢為副都統，如此厚恩栽培，每思於此感如心隔，淚如泉湧，奴才雖粉身碎骨亦不能仰報於萬一，奴才身在軍中蒙我皇上殊恩，將先帝御用衣帽八件從宮內賜送於奴才，奴才跪伏祗領，不禁號啕，除叩謝皇上賞賜之恩外，實為奴才終身難以酬答而焦慮，赴京叩覲天顏之心不勝迫切，唯奉旨命奴才率領江寧杭州兵各返回籍，欽此欽遵，遂率領二省兵丁各返原地，竊惟奴才甚為粗陋，所司之責綦重，茲懇請叩謁聖祖仁皇帝、皇太后之陵，瞻仰天顏面請訓示，奴才將謹記在心，効命至終也，為此謹奏請旨。

江寧副都統奴才吳納哈。

雍正元年九月二十五日

硃批：爾多年在外，辛辛苦苦遠道方回，稍事歇息，朕另降旨，返回後切勿居功自傲，膽大不謹，凡從軍前返回之人，朕皆如此教訓，勿稱霸地方，勿嘲弄漢人，益加謹慎，於上輔佐將軍，於下教訓兵丁，安撫地方之民。

〔18〕江寧副都統吳納哈奏報自藏撤兵返抵雲南日期摺（雍正元年九月二十五日）[1]-701

副都統奴才吳納哈謹奏，為奏聞奴才領兵到達雲南省城之日期事。

雍正元年五月二十二日接據兵部咨開，署理定西將軍印務公策旺諾爾布到後，即將在藏兵丁撤回，江寧杭州兵丁原自雲南一路進藏，故由副都統吳納哈率領退回雲南，雲南督撫須視足供給，仍照前例各返回籍，沿途不得滋事等情，經公策旺諾爾布、參贊大臣額駙阿保貝勒、都統武格〔註72〕等公同議定，兩省官員十名領催委署驍騎校十一名兵丁五百自藏起程返回時各給四個月行糧口米，又借給各官一年家口俸祿，給委署驍騎校十一名兵丁五百名一年之家口錢糧，於六月十五日自藏起程返回雲南省，途中因山高路窄，將兵分為兩隊，前隊六旗交付正白旗佐領委署協領之花色及鑲紅旗佐領委署協領之纏達色統領，後隊二藍旗及委署前鋒等由奴才親自率領斷後。再奴才領兵自藏起程之前曾咨行雲南總督高其倬〔註73〕、巡撫楊名時〔註74〕曰，先前奴才領兵出藏進藏之時皆奏聞於瀾滄江搭橋經過，茲我兵馬既然仍行此路，請臣等速派官員搭橋以不誤過江等情咨送前去，奴才領兵於八月十二日行抵瀾滄江邊，見本年因雨水甚多，江水洶湧奔騰，無法搭橋，而無渡船，據守渡口之千總周應弼、巡檢司蔣臣等言，江水湍急無法擺渡，然江岸地方狹窄，不容等候水退，故越江拉以竹繩，自十二日至十六日五天奴才我等官兵跟役馬馱行李皆滑繩平安過江，沿途唐古特人感戴聖主隆恩，將所賣各物按時送來，雲南督撫派副將南天祥〔註75〕將五百六十五匹馬送過恩喜江，出關於黃草壩等地迎候，九月初一日官兵渡過恩喜江抵達內關，至此二隊兵馬匯合，該督撫於沿途各站為我官兵備給了食物草料，初九日到達趙州城，接兵部發來之奉飭條律，奴才跪奉祗領，遂召集眾官兵宣讀，眾官兵頻頻叩首，奴才遵旨一路益加管束焉，沿途百姓成群結夥喜迎我軍，隨行貿易，盛讚聖主愛民至極，無任歡騰，是以途中無誤，仰賴天澤九月二十一日我等官兵平安抵達雲南省城，為此奴才謹奏以聞。

江寧副都統奴才吳納哈。

雍正元年九月二十五日

硃批：**覽奏甚悅，爾甚體面用心効力之處朕自別處皆有耳聞，爾多年効力，精明強幹，朕全知道。**

〔註72〕原文作參贊大臣額駙阿保、貝勒都統武格，誤，今改正為參贊大臣額駙阿保貝勒、都統武格。

〔註73〕《清代職官年表》總督年表作雲貴總督高其倬。

〔註74〕《清代職官年表》巡撫年表作雲南巡撫楊名時。

〔註75〕《雲南通志》卷十八頁一百四十一作廣羅協副將南天祥。

〔19〕靖逆將軍富寧安奏報策妄阿喇布坦之使抵達卡倫摺（雍正元年九月二十五日）[1]-702

靖逆將軍大學士臣富寧安謹奏，為奏聞事。

雍正元年九月二十五日接副將軍阿喇衲〔註76〕報稱，九月二十二日據奇台〔註77〕駐卡藍翎德勒格爾來報，佛斯何里赫卡倫之人等，我使楚揚托津〔註78〕等及策妄阿喇布坦之使庫吉寨桑之子根敦並隨行朋友十二人，攜駝五十馬六十三匹已至卡倫等語，我當即派出官兵前往迎接，俟其到此問明原委，再派官兵護送前去，約三十日到彼，遂又檄令駐庫舍圖〔註79〕之委署前鋒統領法瑙〔註80〕等派官兵將來使由色必特中路送往巴里坤，使其遠離爾處馬群，勿為所見等語，故呈報將軍以備等情。查得前據理藩院咨開，經議政大臣議奏，呼圖克圖〔註81〕此次遣使一事，策妄阿喇布坦若誠意來降，知罪悔過，斷不越過現立邊界，不再翻悔，送還拉藏妻子〔註82〕及我朝之人，祈請原禮修好，遣其子弟可信賴者前來，其來使至達卡倫後由將軍等問明，一面奏聞一面將來使馳送京城等因具奏，咨行在案，既然如此我使楚揚托津，策妄阿喇布坦之使根敦等到達巴里坤後臣問明其情，一面奏聞一面撥給馬畜馳送京城外，現謹將我使楚揚托津等，策妄阿喇布坦之使根敦一行抵邊卡倫一事先行奏聞。

靖逆將軍大學士臣富寧安。

雍正元年九月二十五日

硃批：知道了，到後問明大概先奏，照奏疏速咨年羹堯，對其來使須優厚待之，派賢人妥善照顧送至京城，此事務必嚴加交付，欽遵施行，勿告來使此乃出於恩典，係爾臣等理應如是辦理者，亦嚴交綽奇〔註83〕辦理。

〔註76〕《平定準噶爾方略》卷十頁三作協理將軍阿喇衲。
〔註77〕今新疆奇臺縣老奇臺鎮。
〔註78〕《平定準噶爾方略》卷三頁十四作楚揚托音。
〔註79〕常寫作科舍圖。
〔註80〕《平定準噶爾方略》卷七頁三十一作前鋒統領法瑙。
〔註81〕指哲布尊丹巴一世，土謝圖汗察琿多爾濟之弟。
〔註82〕拉藏指拉藏汗，和碩特蒙古統治西藏之第四代汗，顧實汗圖魯拜琥長子達延鄂齊爾汗之孫，父達賴汗。根據上下文意，此處所列均為拉藏汗之子，故濟齊伯似為拉藏汗之幼子，《蒙古世系》表三十八作色布騰。
〔註83〕《清代職官年表》巡撫年表作甘肅巡撫綽奇。

〔20〕雲貴總督高其倬奏報酌量撤回西南臺站官兵摺（雍正元年九月二十八日）[2]-[2]-41

雲貴總督革職留任効力行走奴才高其倬謹奏，為奏聞事。

現在駐藏之滿漢官兵已經撤回，又留四川官兵駐扎叉木多以通西藏聲息，雲南原安之瓦河〔註84〕一帶臺站官兵不相接續，應行撤回以省煩費，又中甸為雲南邊外藩籬通藏要路，原有駐防兵丁二百名，又加奴才摺奏添駐兵丁三百名，足自備禦，其原駐阿墩子〔註85〕之官兵亦應議撤，奴才會同川陝督臣年羹堯，意見相同，奴才將瓦河一帶臺站官兵令其撤回，阿墩子駐防官兵二百名之內酌留千把一員，兵四十名看守存貯米石，其餘亦令撤回，至阿墩子、中甸傳送消息，即於駐防中甸兵丁內酌撥安站，以供遞送，無庸另設，所有酌量撤回情節，奴才謹具摺奏聞。

雍正元年九月二十八日

硃批：目下情形又非春夏可比矣，而可相機再與年羹堯斟酌更改防備接應，西藏之舉又在爾等籌畫度量而行也。

〔21〕四川提督岳鍾琪奏撥兵預防羅卜藏丹津入藏緣由摺（雍正元年十月初六日）[2]-[2]-70

四川提督臣岳鍾琪謹摺，為密奏事。

竊臣於雍正元年九月三十日帶領官兵自成都起程，已經摺奏在案，茲於十月初二日途次接督臣年羹堯手書云，於九月二十日前往西寧，訂臣候咨兩路會兵進剿，猶慮羅卜藏丹盡〔註86〕等橫行無忌，或趁此前往西藏亦未可定，須移文駐防察母道〔註87〕松潘鎮周瑛帶兵進藏，先為固守，安定人心等因到臣。此督臣未雨綢繆之至計，臣即密咨松潘鎮臣周瑛帶兵一千名裹帶兩月行糧兼程赴藏，會同欽差駐藏學士臣鄂賴，貝子康濟鼐等整頓唐古忒兵馬，不時探聽，若彼逃竄至藏，我兵以逸待勞，合力攻擊，料亦無難撲滅，所有兵丁抵藏口糧鹽菜，臣隨咨撫臣蔡珽〔註88〕於存留察母道軍需銀兩內照例動撥，折

〔註84〕亦寫作瓦合，今西藏洛隆縣瓦河村。

〔註85〕今雲南省德欽縣升平鎮阿墩子古城。

〔註86〕《蒙古世系》表三十七作羅卜藏丹津，顧實汗圖魯拜琥幼子即第十子達什巴圖爾之子。

〔註87〕即察木多，今西藏昌都縣。

〔註88〕《清代職官年表》巡撫年表作四川巡撫蔡珽。

給五個月之銀交鎮臣周瑛，俟兵馬到藏之日按月支給，臣復查裡塘巴塘一帶切近西爐，乃通藏之要路，且羅卜藏等所屬唐古忒番部雜處其中，今既令遣兵進藏，沿途更宜防範，臣隨飛檄化林協副將張成隆，即將駐劄瀘定橋之漢土兵內挑撥五百名帶領前往裡塘駐劄，以資彈壓，至於兵丁所需駄載及口糧鹽菜，亦經咨明撫臣照例支給外，臣受恩深重，臨事兢業，惟期無負聖主委任至意，所有預防撥兵緣由，臣謹具摺恭奏，伏乞睿鑒施行，為此具奏專差千總王用予，効力外委把總王純由驛齎捧奏聞。

雍正元年十月初六日四川提督臣岳鍾琪。

硃批：料理甚當。

附修訂摺一件

四川提督臣岳鍾琪謹奏，為密奏事。

竊臣于雍正元年九月三十日帶領官兵自成都起程，于十月初二日途次接督臣年羹堯手書云，於九月二十日前往西寧，訂臣候咨兩路會兵進剿，猶慮羅卜藏丹盡等橫行無忌，或趁此前往西藏亦未可定，須移文駐防察母道松潘鎮周瑛帶兵進藏，先為固守，安定人心等因到臣。臣即密咨周瑛帶兵一千名裹帶行粮兼程赴藏，會同欽差駐藏學士臣鄂賴、貝子康濟鼐等整頓唐古忒兵馬，不時探聽，若彼逃竄至藏，我兵以逸待勞，料亦無難撲滅，所有兵丁抵藏口糧鹽菜臣隨咨撫臣蔡珽于存留察母道軍需銀兩內照例動撥，折給五個月之銀交鎮臣周瑛，俟兵馬到藏之日按月支給，臣復查裡塘、巴塘一帶切近西爐，乃通藏之要路，且羅卜藏等所屬唐古忒番部雜處其中，今既遣兵進藏，沿途更宜防範，臣隨飛檄化林協副將張成隆，即將駐劄瀘定橋之漢土兵內挑撥五百名帶領前往裡塘駐劄，以資彈壓，至於兵丁所需駄載及口糧鹽菜亦經咨明撫臣照例支給外，所有預防撥兵緣由臣謹具摺恭奏，伏乞睿鑒施行，謹奏。

雍正元年十月初六日

硃批：覽奏俱悉，料理甚屬妥當。

〔22〕川陝總督年羹堯奏報入藏喇嘛官員遣往之事摺（雍正元年十月初十日）[1]-763

太保公四川陝西總督臣年羹堯謹奏，為奏聞事。

臣抵西寧後往送頒給達賴喇嘛印冊之扎薩克喇嘛羅卜藏巴爾珠爾噶布楚〔註89〕、員外郎勝柱〔註90〕等亦抵達西寧。查得從前遣往西藏之喇嘛官員抵西寧後，由西寧給發伊等騎用之馬匹及馱帳房鍋廩餵等物之牲畜，需一個月有餘，現如照例給發前去之喇嘛官員畢再令起程，則要等十一月方能起程。再據由藏領兵前來之公策旺諾爾布等稟告，本年八月邊外降大雪，水草地俱被雪覆蓋等語，若令喇嘛官員等於十一月起程遣往，路途窵遠，且伊等騎用馱物之馬畜多，若於邊外遇大雪，沿途不得水草，牲畜受損，耽延之處亦不可料，既然事情有關甚重，臣即令喇嘛羅卜藏巴爾珠爾噶布楚等由西寧馳驛，抵四川成都後再前赴打箭爐可也，西寧有換給此等所遣官員銀兩，四川無此項銀兩，故由西寧於此項銀兩內動用六千兩，給發前往之喇嘛官員，伊等抵打箭爐後伊等所用一切物品馬畜再行治備，取道巴爾喀木路入藏，由打箭爐至察木多既然有我綠旗兵，提督岳鍾琪現在松潘，咨文巡撫蔡珽沿途派兵隨護前往，現達賴喇嘛之使阿方敦盧布〔註91〕在西寧，咨文達賴喇嘛派人前往達爾宗〔註92〕、洛隆宗〔註93〕往迎送印冊之喇嘛官員，阿方敦盧布一行人少，若上緊起行抵達亦易，將咨行達賴喇嘛之文即交伊，仍由伊原來之路前往，若將喇嘛官員如此料理遣往路雖稍遠，斷不致耽延，此事所關甚重，臣已立即酌量料理遣往，為此恭奏以聞。

雍正元年十月初十日

硃批：實屬皆是。

〔23〕川陝總督年羹堯奏報列烏奇呼圖克圖病故等情摺（雍正元年十月十六日）[1]-787

撫遠大將軍太保公四川陝西總督臣年羹堯謹奏，為奏明事。

〔註89〕待考。
〔註90〕《大清一統志》（嘉慶）卷五百四十七載，康熙五十六年遣喇嘛楚兒沁藏布蘭木占巴、理藩院主事勝住等繪畫西海西藏輿圖。《平定準噶爾方略》卷八頁十六作喇嘛楚兒沁藏布喇木占巴。此喇嘛與主事勝住於西藏地理考察及地圖測繪史上為重要之人物。
〔註91〕《西藏通史松石寶串》頁七二八記，七世達賴喇嘛遣仲尼爾大達爾罕入京祝賀清世宗繼位。第十二號文檔作阿旺敦多布。
〔註92〕常作邊壩，《欽定理藩院則例》（道光）卷六十二作達爾宗，宗址在今西藏邊壩縣邊壩鎮普玉村。
〔註93〕《欽定理藩院則例》（道光）卷六十二作洛隆宗，今西藏洛隆縣康沙鎮。

臣查得列烏奇〔註94〕地方之呼圖克圖阿旺扎布〔註95〕自歸服聖主以來，因並未誤官書，故臣奏請賜給印信敕書，所賜印信敕書已咨文四川巡撫蔡斑遣其屬下營把總王如龍送與阿旺扎布。今據把總王如龍呈稱我於七月十三日抵列烏奇，喇嘛桑布固吉、堪木布北〔註96〕、唐古特首領巴扎西旺楚等帶領唐古特喇嘛百姓千餘人告曰，辰樂呼圖克圖阿旺扎布係扎西郎吉〔註97〕之親兄，康熙五十九年大軍進藏時凡前往前來諸事俱係伊等兄弟公同料理，阿旺扎布於去年十月初三日病故，今由伊弟扎西郎吉與阿旺扎布一樣理事，且此地喇嘛百姓俱服伊之指示管理，請將此印冊給與扎西郎吉，於我處永遠供奉祭祀等語。王如龍我聞得七月十六日扎西郎吉已知西藏大軍撤回，恐誤所用烏拉，已預先預備，十九日大軍抵列烏奇後因烏拉業經預備故未耽延，諸事俱伊料理，報國是實，與伊兄相較並無異，惟印信敕書關係甚為重大，應否交付扎西郎吉之處請予指教咨文等因呈報到臣。臣查得外營官、堪布之缺，若非父子相襲即兄弟相襲，今扎西郎吉預備烏拉，供給大軍，由此觀之與其兄公同為國效力是實，伊兄之職應由伊襲之，臣即咨文交付把總王如龍，將賜與阿旺扎布之印信敕書即交給扎西郎吉，並曉諭扎西郎吉，仍應感戴聖主天恩益加恭順效力等語，謹將阿旺扎布病故及將印信敕書給與伊弟扎西郎吉緣由奏明。

雍正元年十月十六日

硃批：已降旨該部，甚佳。

〔24〕內閣學士鄂賴奏報賞賜達賴班禪及西藏防備青海蒙古摺（雍正元年十月二十九日）[1]-833

內閣學士奴才鄂賴謹密奏，為奏聞事。

奴才鄂賴八月二十九日抵昭〔註98〕，業經降旨達賴喇嘛，將上賞賜達賴

〔註94〕通常作類烏齊，清時期此地為類烏齊呼圖克圖管轄，統屬於達賴喇嘛與駐藏大臣，此廟即西藏類烏齊縣類烏齊鎮類烏齊寺。

〔註95〕《番僧源流考西藏宗教源流》頁九十一載，白教熱沃仔揚貢寺（即類烏齊寺）帕曲呼畢勒罕第一輩阿旺札巴稱勒，雍正元年支應進藏官兵烏拉出力，賞加諾們罕名號，給予印信敕書及御書匾額，年三十五歲圓寂。

〔註96〕《年羹堯滿漢奏摺譯編》滿文摺第十九號《奏賞阿旺札布敕書印信摺》譯作堪布登備。堪布，藏傳佛教大寺院扎倉（僧學院）及小寺院主持。

〔註97〕《番僧源流考西藏宗教源流》頁九十一載，白教熱沃仔揚貢寺（即類烏齊寺）帕曲呼畢勒罕第二輩札西札巴堅參，年六十二歲圓寂。

〔註98〕即拉薩，因大昭寺故，清代檔案文獻常以昭代指拉薩。

喇嘛、貝子公等之物賞賜後，由昭馳驛抵察木多，由第巴、宗喀爾〔註99〕等內視人可以業經効力者揀選二人，由達賴喇嘛處領取文憑給發後授噶倫，與貝子康濟鼐、阿爾布巴、公隆布鼐等公同理事。奴才於九月十一日前往扎什倫布，降旨班禪額爾德尼，賜與所賞物品。貝子康濟鼐住阿里克薩噶〔註100〕，故奴才前往貝子康濟鼐處，除將皇上賞賜拉達克汗〔註101〕之綢、素珠及紅碗磁碗玻璃等物交給康濟鼐，令遣妥員作速往送拉達克汗外，將賞賜康濟鼐之綢銀賞與後，將康濟鼐跟前之人及隨康濟鼐効力之人詳加查明返回，抵扎什倫布之日達賴喇嘛之父索諾木達爾扎前去扎什倫布向班禪進旦蘇克〔註102〕，據索諾木達爾扎會見奴才告曰，貝子阿爾布巴等致我之文內開，據我婿青海貝子墨爾根戴青拉查布〔註103〕所屬之人來招告稱，七月王羅卜藏丹津等內部互相征戰，經駐西寧之大臣等勸阻，並未聽從，發內部大軍往戰，羅卜藏丹津之兵三四百名陣亡，額爾德尼博索克圖〔註104〕亦被獲，現今王羅卜藏丹津、貝勒博索克圖戴青阿喇布坦額木布〔註105〕等未定居青海，已帶少數人移居固爾班索羅木〔註106〕等處等語，羅卜藏丹津派至達賴喇嘛處之使臣前來哈

〔註99〕 原文作第巴宗喀爾，今斷開作第巴、宗喀爾。第巴，亦稱牒巴、第悉、第司，藏人於官之統稱，大者總理藏事，小者一村之長亦稱第巴。宗喀爾常寫作仲科爾，西藏於貴族世家子弟之稱謂。
〔註100〕 《欽定理藩院則例》（道光）卷六十二作撒喀宗，今日西藏薩嘎縣達吉嶺鄉。
〔註101〕 《欽定外藩蒙古回部王公表傳》卷九十一頁二十九作尼瑪納木扎勒，《拉達克王國史 950～1842》頁一七二作尼瑪南傑，康熙三十三年至雍正七年在位。
〔註102〕 常寫作丹書克，西藏達賴喇嘛班禪額爾德尼向清帝呈進祝賀之文書。
〔註103〕 《蒙古世系》表三十九作喇察布，顧實汗圖魯拜琥第五子伊勒都齊曾孫，其父墨爾根諾顏，祖博碩克濟農。
〔註104〕 此人為右翼盟長，顧實汗圖魯拜琥第七子瑚嚕木什之孫，《蒙古世系》表三十七失載，《松巴佛教史》頁五五三表十載其父名旺欽，己名曲扎諾木真台吉。與《如意寶樹史》頁七九〇後表五校，己名曲扎諾木齊台吉，諾木真為諾木齊之誤。
〔註105〕 原文作貝勒博索克圖、戴青阿喇布坦額木布，應為一人，今改正為貝勒博索克圖戴青阿喇布坦額木布，常寫作博碩克圖戴青阿喇布坦鄂木布。顧實汗圖魯拜琥長子達顏鄂齊爾汗孫，《蒙古世系》表三十八失載。《松巴佛教史》頁五四九表六載其父羅布藏彭措貝勒，其名博碩特拉布坦旺波。
〔註106〕 索羅木為三岔口之意，固爾班索羅木即為黃河源入扎陵湖之源頭地區，侍衛拉錫與學士舒蘭曾往窮河源，《欽定八旗通志》之《舒蘭傳》載：康熙四十三年四月命侍衛拉錫往窮河源，諭曰，河源雖名古爾班索里瑪勒，其實發源之處人跡罕到，爾等務直窮其源，察視河流從何處入雪山邊內，凡經流諸處，宜詳閱之。九月還奏，臣等於四月初四日就道，五月十三日抵青海，十四日至庫庫布拉克，有貝勒色卜騰扎勒同行，六月七日至鄂稜諾爾，周二百餘里，

喇烏蘇等語，由是貝子阿爾布巴等召眾第巴、宗喀爾等公同議稱，目今前來之人之言如此，我等派至京城之使臣六月已返抵西寧，然至今未到，必已出事耳，若羅卜藏丹津等由庫爾班索羅木〔註107〕向此處逼近，我等一時未準備妥協等因議畢，即發文令預備貢布之馬兵二千名，招周圍所駐馬兵四千名，康濟鼐預備當地兵三千名，由康濟鼐親自作速帶來，我現在趕緊赴招，大臣亦請作速赴招等因相告，奴才急速來招，經詢問貝子阿爾布巴、公隆布鼐，俱照致索諾木達爾扎之文相告，經交付阿爾布巴等人。給由青海前來之羅卜藏丹津使臣寨桑准塔爾等敬茶，哄問，據告羅卜藏丹津已將額爾德尼額爾克托克托鼐〔註108〕吃掉，又與戴青和碩齊察罕丹津〔註109〕不睦，已派出兩路大軍，此大軍一啟程我等即往此前來，尚不知事已如何，後面使臣還將前來等語。詢問准塔爾，又聞得爾等王與伊等青海兄弟反目而行，駐西國家機關大臣〔註110〕等遣員相勸不從〔註111〕，內部已出兵征戰等語，此是實乎等語。據告我等豈敢與大汗征戰，此無影之言等語。又問爾等內部若未反目因何向策妄阿喇布坦遣使。據告並非惟我等王遣使，係與王戴青和碩齊察罕丹津公

明日西行至扎稜諾爾，周三百餘里，二諾爾相去可三十里許。明日至星宿海，蒙古名鄂敦塔拉，星宿海之源，小泉萬億，歷歷如星，眾山環之。南有山曰古爾班圖勒哈，西南有山曰布瑚珠勒赫，西有山曰巴爾布哈，北有山曰阿克塔齊勒，東北有山曰烏蘭都什，蒙古總名曰庫爾坤，即昆崙也。山泉出自古爾班圖勒哈者，西番名為噶爾瑪塘，出自巴爾布哈者，名噶爾瑪楚木朗；出自阿克塔齊勒者，名噶爾瑪沁尼。三山之泉，溢為三支河，即古爾班索里瑪勒也。三河東流入扎稜諾爾，扎稜一支入鄂稜諾爾，黃河自鄂稜出，其他山泉與平地水泉，淵淪瀠繞，不可勝數，悉歸黃河東下。臣等於六月十一日自星宿海回程，舍故道，尋河流東南行二日，登哈爾吉山，見黃河折而東，至庫庫陀羅海山，又南繞薩楚克山，復北流，經巴爾陀羅海山之南。明日，達阿木尼瑪勒占穆遜山，其山最高，雲霧蔽之，不可端倪。蒙古人言長三百餘里，有九高峰，積冰終古不消，常降雪，一月得晴僅三四日。臣等自此回行，又二日至錫喇庫特勒，又南遇僧庫庫爾高嶺，更百餘里，至黃河岸。見黃河自巴爾陀羅海山東北，流經歸德堡之北、達喀山之南，兩山峽中，流入蘭州。

〔註107〕本文檔前文作固爾班索羅木。
〔註108〕《蒙古世系》表三十六作額爾德尼額爾克托克托鼐，顧實汗圖魯拜琥第四子達蘭泰之孫，其父袞布。
〔註109〕《蒙古世系》表三十九作察罕丹津，顧實汗圖魯拜琥第五子伊勒都齊之孫，其父博碩克濟農。《欽定西域同文志》卷十七頁五作戴青和碩齊察罕丹津，戴青和碩齊為其號，察罕丹津為其名，史籍有以名稱者，有以號稱者，或號與名全稱者，實為一人。
〔註110〕此處翻譯不準確，應為駐西寧辦事大臣。
〔註111〕原文如此，翻譯不準確，應為駐西寧辦事大臣等遣員相勸不從之意。

同會議後所遣，遣使意欲迫策妄阿喇布坦撤兵，伊撤兵我王等擬祈請主子息兵耳，並無另外緣由等語。羅卜藏丹津係將達賴喇嘛父親索諾木達爾扎屬下名噶珠布之人與寨桑准塔爾一起遣來，故詢問噶珠布，亦如此相告。故奴才已交付貝子阿爾布巴等人，派出可信賢能之員緊急前往羅卜藏丹津等人牧場探取實信，奴才告貝子阿爾布巴、公隆布鼐、達賴喇嘛之父索諾木達爾扎等曰，準噶爾之策妄阿喇布坦遣策凌敦多布〔註112〕等人殺拉藏汗〔註113〕，奪取招，毀黃教，蹂躪喀木藏衛之土伯特國人，敲骨吸髓，故聖祖仁皇帝為拯救黃教及土伯特國眾生靈遣二三路大軍奪回招，殺退準噶爾逆賊，將爾等所有土伯特國人盡出水火，使達賴喇嘛坐床，黃教復興，將喀木藏衛地方百姓交付達賴喇嘛、貝子公爾等，青海台吉俱係拉藏汗所生骨肉，而黃教特為伊等之祖所創，準噶爾前來竟殺拉藏汗，毀黃教矣，青海之王貝勒等何人為首為拉藏汗復仇即係為黃教効力，因聖祖仁皇帝大軍前來，伊等無計俱歸降耳，有何稍為黃教効力之處乎，今羅卜藏丹津等尚有何顏來犯招之地，惟如此聲言而已，青海之人原即無定意好滋事，伊等內部反目妄加倡亂之處亦不可定，我等遣員探取實信前來問，爾等兵丁盡力預備，喀喇烏蘇〔註114〕等處由青海前來幾路俱應遣可信賢能之員妥善防守住臺，貝子公爾等俱係荷蒙聖主重恩之人，爾又果不報効聖恩，不為黃教効力乎，惟爾等唐古特人眾人心不睦，原即懶散，從前拉藏汗帶領極少兵丁即將第巴殺戮，奪取招，續準噶爾前來滅拉藏汗，奪招喀木藏衛，所有土伯特國人罹難至極，此並非爾等唐古特兵少漢仗弱，俱係心不睦所致，爾等所有土伯特人俱剛親歷準噶爾之大劫，深有所知矣，青海之人與準噶爾無異，今青海之羅卜藏丹津等若果然來侵，爾等公同一心効力，伊等冬季遠道艱辛馬畜臕瘦，爾等以逸待勞剿滅伊等甚易矣等語。阿爾布巴、隆布鼐、索諾木達爾扎等公同商議後次日前來，告奴才曰準噶爾前來我招地方，毀寺廟蹂躪土伯特國人眾至極，聖祖仁皇帝主子派出將軍大臣，遣西路大軍奪回招，俾達賴喇嘛坐床，出我土伯特人於水火，

〔註112〕《平定準噶爾方略》卷四頁十八作策零敦多卜。《蒙古世系》表四十三作策凌端多布，其父布木。此人為大策凌端多布，以區別於小策凌端多布。
〔註113〕和碩特蒙古統治西藏之第四代汗，顧實汗圖魯拜琥長子達延鄂齊爾汗之孫，父達賴汗。
〔註114〕此蒙古語為同名河與地名，哈喇蒙古語黑色之意，烏蘇河流之意，水色發黑，故名，指河流則為今怒江上流之那曲。作地名，《欽定理藩院則例》（道光）卷六十二作哈拉烏蘇，為達賴喇嘛所屬十四邊境宗之一，為青海入藏後藏內第一重鎮，即今西藏那曲縣。

使我等公同復見太陽，主子此恩非惟我等自身，我處老幼男女童稚無不感激，青海之人若前來較準噶爾更有甚之耳，並不次之，我等果不知此乎，伊等果若前來我等殊死効力，我等商議公隆布鼐親自酌量揀選賢能戴琫〔註115〕、第巴、宗喀爾等人前赴喀喇烏蘇，帶領喀喇烏蘇等地之哈爾〔註116〕、西賴固爾〔註117〕、厄魯特三部五六百名兵丁，於由青海前來之烏多多路隘口安設臺站，請咨文令貝子康濟鼐親自作速前來可也，我等此處兵丁之軍器馬畜俱妥善預備之，察木多現既有大軍請大臣緊急咨文，令帶兵前來守衛招地等語。奴才告阿爾布巴等曰我大軍自駐招地以來食用物品俱係由內地送來，因地方所有小物品俱漲價，因恐擾土伯特百姓故主子适纔方遣我撤退大軍，青海之信尚未實。再察木多係巴爾克木最緊要之地，然察木多周圍之瓊布〔註118〕、貢卓〔註119〕、阿布拉塘、里蘇、江喀爾〔註120〕、博木以及豪爾〔註121〕、德爾格特〔註122〕等地，俱係青海之王羅卜藏丹津，貝勒貝子公台吉等所屬之人，伊等果用兵前來，俱賴此等地方供給馬畜、所食廩餼，我駐察木多大軍暫不可動用，我擬於此處咨文駐察木多領兵大臣，青海所有屬地宜妥善防守，若有實信急速報來等語。言畢即照伊等商議之處公隆布鼐帶領戴琫、第巴、宗喀爾等前往喀喇烏蘇等地，安設臺站取信，今賞賜拉達克之回信尚未到，儘量等回信到，奴才暫住招，除等候派往王羅卜藏丹津等遊牧地探取實信之人前來，獲實信後另行具奏外，為此謹密奏以聞。

雍正元年十月二十九日

硃批：朕躬甚安，爾可好，朕諭問達賴喇嘛、班禪、康濟鼐等好，爾此奏朕已欣閱，諸事俱已妥善料理，甚可嘉，周瑛前來後謹慎商議防守，告達賴喇

〔註115〕《欽定理藩部則例‧西藏通制》作戴琫，西藏傳統統領軍隊將領之名稱，及至清廷統一西藏，乾隆五十六年再次釐定西藏政制，西藏額設藏軍三千名，分統於六戴琫，每一戴琫統軍五百，秩四品，兩駐拉薩，兩駐後藏，一駐江孜，一駐定日。每一戴琫轄領軍之如琫二人，秩五品，甲琫四人，秩六品，定琫二十人，秩七品。

〔註116〕常寫作霍爾，藏人對非藏人之北方游牧民族之統稱，此處似指三十九族。

〔註117〕哈拉烏蘇之蒙古。

〔註118〕瓊布為幾個部落之統稱，清時期均屬於西藏所管三十九族之內。

〔註119〕《欽定理藩院則例》（道光）卷六十二作官覺宗，宗址在西藏貢覺縣哈加鄉曲卡村。

〔註120〕《欽定理藩院則例》（道光）卷六十二作江卡宗，今西藏芒康縣。

〔註121〕常寫作霍爾，藏人對非藏人之北方游牧民族之統稱，此處似指三十九族。

〔註122〕清時期為德爾格忒宣慰司，轄地包括今四川省德格、鄧柯、石渠、白玉諸縣。

嘛及此地大臣，招地乃彈丸之地，諸事朕已定奪，策妄阿喇布坦之罪朕擬寬宥之，伊亦應為和好誠悃請恩，如此朕或念諸事已成，何必徒駐此處擾爾地方生民，撤回大軍，除此念外，報聞羅卜藏丹津倡亂實未料到，今羅卜藏丹津等處處被我大軍所敗，逃竄躲避，現大軍已將眾番子回子盡皆平定，一俟青草出，即出兵緝拏羅卜藏丹津，伊情急除來投招外無處可往，今已四處逃散，斷無聚重兵前來之力，小股前來爾等拏獲奏功甚易，羅卜藏丹津雖佔領招地，較策淩敦多布更有逞強之理乎，倘又調大軍，爾等唐古特人必被擾，將此曉諭後各勤奮効力，殺賊拏賊各立功業，勿違皇考復興黃教〔註123〕之恩，復蹈水火，羅卜藏丹津倘不請旨，倡亂逞強前來招地，希冀効皇考寬宥拉藏之例，坐招後再以善言請旨朕斷不允准，定遣大軍取招，彼時玉石不辨，爾等唐古特人斷不及矣，羅卜藏丹津已蹈罪戾耳，與朕何干，此等處從此啟示曉諭之。

〔25〕內閣學士鄂賴奏報羅卜藏丹津兵敗欲移招地等情形摺（雍正元年十月二十九日）[1]-836

硃批：此係鄂賴之奏錄來教爾看。

內閣學士奴才鄂賴謹密奏，為奏聞事。

竊奴才於八月二十九日抵招，將皇上諭旨傳諭達賴喇嘛，御賜之物賞與達賴喇嘛、貝子公等後返回察木多駐驛。又於第巴、東科爾〔註124〕等人中視人可効力者挑選二名，頒給達賴剌嘛委牌授為噶隆，與貝子康濟鼐、阿爾布巴、公隆布鼐等公同辦理事務，而後於九月十一日前往扎什倫布，向班禪額爾德尼傳諭，頒賞賜物，貝子康濟鼐因居住於阿里克之薩噶地方，故奴才前往貝子住所，將皇上賜給拉達克汗〔註125〕之緞疋、素珠、紅碗、瓷碗、玻璃器皿交與康濟鼐，派遣賢人送給拉達克汗外，將賜與康熙鼐之緞疋銀兩亦賜給之，又詳細查明康濟鼐左右跟隨効力之人，遂即返回，返抵扎什倫布當天達賴喇嘛之父索諾木達爾扎前往扎什倫布寺向班禪進獻丹書克經，索諾木達爾扎面告奴才，貝子阿爾布巴等給我來信告稱，我女婿青海貝子墨爾根戴青拉察布〔註126〕屬下之人來招

〔註123〕原文作皇教，今改為黃教。

〔註124〕常作仲科爾，西藏於貴族世家子弟之稱謂。

〔註125〕《欽定外藩蒙古回部王公表傳》卷九十一頁二十九作尼瑪納木扎勒，《拉達克王國史 950～1842》頁一七二作尼瑪南傑，康熙三十三年至雍正七年在位。

〔註126〕《蒙古世系》表三十九作喇察布，顧實汗圖魯拜琥第五子伊勒都齊曾孫，其父墨爾根諾顏，祖博碩克濟農。

稟告，七月王羅卜藏丹津等發生內亂，相互征掠，經駐西寧之臣勸解無效，內地派出大軍施以征討，羅卜藏丹津兵損三四百，額爾德尼博碩克圖〔註127〕亦被拏去，親王羅卜藏丹律、貝勒博碩克圖戴青阿拉布坦額木布〔註128〕等因不能定居青海，僅帶少數人馬移居古爾班索羅莫〔註129〕等地等語，據言羅卜藏丹津派往達賴喇嘛之使亦已至達喀喇烏蘇，為此貝子阿爾布巴等招集諸第巴、東科爾等會商，今日來人如此而言，且我遣往京城之使六月即已返抵西寧，卻至今未歸必定出事耳。再羅卜藏丹津等若向古爾班索羅莫而來，我等臨時準備必來不及等語，議後遂備恭布〔註130〕馬兵二千，招地附近馬兵四千，並行文令康濟鼐備兵三千，親自率領馳速前來等情，我今日即疾馳奔赴招地，請臣亦速去等語，奴才遂馳至招地，請臣亦速去等語，奴才遂馳至招地。詢問貝子阿爾布巴、公隆布鼐等，其言與寄告索諾木達爾扎之言俱同，故交付阿爾布巴等設酒套問自青海而來之羅卜藏丹津之使寨桑准塔爾等，據來使告稱羅卜藏丹津已吞滅了額爾德尼額爾克托克托鼐，又因與戴青和碩齊察罕丹津〔註131〕不和，已派兩路兵馬出征，該兵起程時我等則動身來此，不知其情如何，遂後還會有使前來等語。又問准塔爾，據聞爾王與青海兄弟反目，駐西寧之臣派人勸解無效，內地已派大軍討伐，此事屬實麼。據准塔爾回稱我等豈敢與大汗兵戈，此乃子虛烏有等語。又問爾等不與朝廷反目，為何向策妄阿喇布坦遣使。據其告稱遣使亦非我王一人，王戴青和碩齊察罕丹津〔註132〕亦一同遣使矣，

〔註127〕指端拉克諾木齊額爾德尼博碩克圖，此人為右翼盟長，顧實汗圖魯拜琥第七子瑚嚕木什之孫，《蒙古世系》表三十七失載，《松巴佛教史》頁五五三表十載其父名旺欽，己名曲扎諾木真台吉。與《如意寶樹史》頁七九〇後表五校，己名曲扎諾木齊台吉，諾木真為諾木齊之誤。

〔註128〕原文作貝勒博碩克圖戴青、阿拉布坦額木布，應為一人，今改正為貝勒博碩克圖戴青阿拉布坦額木布。

〔註129〕索羅木為三岔口之意，固爾班索羅木即為黃河源入扎陵湖之源頭地區。

〔註130〕今常作工布，《大清一統志》(嘉慶)卷五百四十七載，恭布部落，番夷三千餘戶，每歲進馬二匹於達賴喇嘛。入清後此地區已設宗，非部落狀態，位於尼洋曲流域，為西藏氣候溫和、物產豐饒、人口繁庶之區，包括今西藏林芝縣、工布江達縣、米林縣等地。

〔註131〕原文作戴青和碩齊、察罕丹津，今改正為戴青和碩齊察罕丹津，《蒙古世系》表三十九作察罕丹津，顧實汗圖魯拜琥第五子伊勒都齊之孫，其父博碩克濟農。《欽定西域同文志》卷十七頁五作戴青和碩齊察罕丹津，戴青和碩齊為其號，察罕丹津為其名，史籍有以名稱者，有以號稱者，或號與名全稱者，實為一人。

〔註132〕原文作王戴青和碩齊與察罕丹津，誤，改正為王戴青和碩齊察罕丹津，見上註。

遣使亦為讓策妄阿喇布坦撤兵，伊兵撤之後我等諸王不過是懇請皇上消弭戰事耳，別無他故等語。又問與准塔爾同遣前來之達賴喇嘛之父索諾木達爾扎之名叫噶珠布之人，所告俱同。是以奴才交付貝子阿爾布巴，派遣賢能可信之人，馳赴羅卜藏丹津等之牧場確探消息。奴才謂貝子阿爾布巴、公隆布鼎、達賴喇嘛之父索諾木達爾扎〔註133〕等曰，準噶爾之策妄阿喇布坦派策淩敦多布等殺害拉藏汗，佔據招地，毀壞黃教，對喀木藏衛之土伯特僧民敲骨吸髓，仁皇帝為了黃教及土伯特眾生派二三路大軍前來，奪回了招地，將準噶爾逆賊擊敗，俾使爾土伯特僧民共脫苦難，達賴喇嘛坐床，黃教再度弘揚，喀木藏衛地方之民皆交歸達賴喇嘛、貝子公爾等矣，青海諸台吉皆為拉藏汗之同胞骨肉，且黃教蓋伊祖先所立，準噶爾來此戕害拉藏汗毀壞黃教，青海王貝勒等又有哪一個率先為了拉藏汗，為了黃教而戰耶，因聖祖仁皇帝派大軍前來伊等無奈順勢附和耳，有稍為黃教效力者乎，茲羅卜藏丹津等何顏來犯招地，雖說如此青海人原本心性無定，好生事端，其內亂紛爭恣意肇事亦未可料，此於派遣確探消息之人返回之前爾等務必竭力備兵，凡喀喇烏蘇等可通青海之數路皆須派出可信賢能之人妥善駐哨防守，貝子公爾等皆為承主重恩之人，爾等亦誠不報答皇上之恩，不為黃教效力者乎，唯爾唐古特人多心散，素來散漫，昔日拉藏汗僅率區區兵馬即殺了第巴取得了招地，隨即準噶爾來滅拉藏汗佔據招地，使喀木藏衛之土伯特眾生陷入災難之地，此並非爾唐古特兵寡丁弱，蓋〔註134〕心不齊所致也，爾土伯特人剛剛經歷了準噶爾之浩劫，青海人與準噶爾人決無兩樣，茲羅卜藏丹津果真來犯，爾等同心同德，伊等冬季遠道勞師，馬畜羸瘦，爾等以逸待勞滅之乃輕而易舉也等語囑之。阿爾布巴、隆布鼎、索諾木達爾扎等磋商後，次日來告奴才曰準噶爾來我招地毀壞寺廟，土伯特僧民深受其害，聖祖仁皇帝派將軍大臣，兵分兩路奪取招地，使達賴喇嘛坐床，將我土伯特眾生救出苦海，復見天日，皇上此恩此德，不僅我等凡此地之老幼男女及至孩童無不感激者也，青海人如若來此，不次於準噶爾，且更可怖，我等豈能不知，伊等果真來犯我等則至死效力耳，我等商定公隆布鼎酌量挑選賢能之戴琫、第巴、東科爾等親赴喀喇烏蘇，率領喀喇烏蘇等處之豪爾、錫來古勒〔註135〕、厄魯特三部五六百餘兵

〔註133〕原文作達賴喇嘛索諾木達爾扎，今改為達賴喇嘛之父索諾木達爾扎。
〔註134〕原文作概，今改為蓋。
〔註135〕哈拉烏蘇之蒙古。

丁，於青海人來此之數路隘口設哨，並已行文貝子康濟鼐馳速前來，我等此地之兵、兵器馬畜皆已盡力準備就緒，察木多既有大軍請臣速咨調兵來守招地等語。奴才遂謂阿爾布巴等曰，我大軍駐於招地食用雖然全靠內地運送，但此地方狹小，物價恐致上漲，有累土伯特之民，皇上慮之於此，方派我甫撤大軍，茲青海消息尚未確實，而察木多乃巴爾喀木之重要之地，察木多附近之瓊布、貢卓、阿布拉塘、黎樹、江卡爾〔註136〕、博木及豪爾、德爾格特等地皆為青海王羅卜藏丹津、貝勒貝子公台吉等之屬下，伊等若真用兵，必全賴此湊集馬料乾糧，我駐察木多之大軍暫不可動，我可由此行文察木多領兵之臣請其妥善防守青海所屬各處，派出賢能之人速探消息，倘有實信疾馳速報等語謂之。伊等即照商量之策公隆布鼐率戴琫、第巴、東科爾等前往喀喇烏蘇等處坐哨探信矣，現拉達克汗奉賜尚未回信，在此之前奴才暫駐招地，以候遣往羅卜藏丹津等之牧地確探消息之人返回，俟獲實消息〔註137〕另摺具奏外，為此謹具密摺奏聞。

雍正元年十月二十九日

〔26〕松潘總兵周瑛奏報領兵進藏日期摺（雍正元年十一月初三日）[2]-[2]-168

鎮守四川松潘等處地方總兵官都督僉事臣周瑛謹奏，為微臣領兵進藏日期事。

雍正元年拾月貳拾叁日准四川提督臣岳鍾琪咨為奏明軍機撥兵守藏事，准川陝總督密札內開，羅卜藏丹盡橫行西海，或趁此前往西藏擾亂佔據，皆未可定，本提督移文該鎮帶兵一面探聽，即便前往守藏，以安人心等因，為照總督已於玖月貳拾日前往西寧親理軍務，本提督現在帶兵出口，候咨訂期兩路夾攻，當此西藏空虛之會，實應預防，理合備咨，煩為查照，即將所帶兵丁壹千名自叉木多起程，裹帶兩月行糧，兼程前往直抵西藏，固守地方，安定人心，至兵丁到藏口糧鹽菜本提督已經移咨撫都院請於所存叉木多銀兩內照前駐藏副將李現光支給兵丁口糧鹽菜之例動撥伍箇月折色銀兩，以資軍需，所有移咨該鎮帶兵進藏緣由本提督已具密摺奏明外，但兵機貴於神速，仍將帶兵起程日期見覆施行等因到臣。准此，臣竊查叉木多地方係通西藏大

〔註136〕《欽定理藩院則例》（道光）卷六十二作江卡宗，今西藏芒康縣。
〔註137〕原文作偏差，今改為消息。

路，臺番叢胜之區，周環皆有羅卜藏丹盡屬番，誠為爐藏要衝，是以上厪宸衷，命臣帶兵千名駐劄於茲以資防禦，且臣伍月由打箭爐出口以來，沿途山路崎嶇，兵丁駝載馬匹倒斃甚多，及至抵叉木多，其地水草不宜，而羸傷疲瘦者將半，今准提臣咨將臣所領官兵齊帶進藏，則叉木多地方不得不嚴加防禦，而兵丁駝載又不得不慎為措置也，臣再四思維，無如減兵併馬，庶可兼程前進，仍留遊擊壹員高麟端，守備貳員董之駿保璠，把總貳員，馬步兵丁肆百名，協同原駐之遊擊侯裔，兵丁貳百名，於叉木多防護軍糧，遙為犄角之勢，臣謹帶領遊擊郭壽域及千把効力人員馬步兵丁陸百名，大炮陸尊，裹帶行糧折色於拾壹月初叁日自叉木多起程，直抵西藏，相機防守，倘羅卜藏丹盡果來侵犯，臣即仗聖主天威，調集藏地土兵，協力堵禦，似可無虞。但從前大兵駐藏，沿途設有臺站馳遞軍機公文，前俱撤回，今臣領兵進藏，恐有軍情不能疾至，兼督臣提臣均已出口，臣一面咨商撫臣蔡珽應否添設，一面以所領之兵沿途酌留數站以速軍機外，所有微臣領兵進藏起程日期，理合繕摺由驛傳齎，伏乞皇上睿鑒施行，謹摺奏以聞。

雍正元年拾壹月初叁日鎮守四川松潘等處地方總兵官都督僉事臣周瑛。

硃批：據奏接准提督密咨即行領兵進藏，且料理亦合機宜，殊為可嘉，到藏之後爾須宣布國恩，鎮撫番部，慰安人心，一切事務與學士鄂賴會商而行，仍當激勵康金鼎〔註138〕、隆布奈〔註139〕、阿爾布巴等，令各預備唐古忒兵馬，倘羅卜藏丹盡逃竄至藏併力擒剿，不可使致兔脫也。

〔27〕松潘總兵周瑛奏報領兵抵藏日期摺（雍正元年十二月十九日）[2]-[2]-336

鎮守四川松潘等處地方總兵官都督僉事臣周瑛謹奏，為微臣領兵抵藏日期事。

臣於雍正元年拾月貳拾叁日准四川提督臣岳鍾琪咨准川陝總督密扎，內開，羅卜藏丹盡橫行西海，或趂此前往西藏擾亂佔據，皆未可定，移文臣帶兵前往守藏，安定人心等因到臣。臣酌留官兵防禦叉木多地方，即減兵併馬於拾壹月初叁日拜發奏摺起行，臣正竊慮馬匹疲弱，似難兼程，適四川撫臣蔡珽亦籌慮及此，捐發銀兩飛示叉木多糧務會理州知州臣趙士魁，僱倩牛馬

〔註138〕即康濟鼐。
〔註139〕即隆布鼐。

叁百頭及賞番綾緞茶包銀牌等項趕赴途中交臣應用，臣隨將兼併馬匹合計貳
兵叁馬，及各官親丁、炮位、馱載共應需馬玖百叁拾捌內，以撫臣捐雇之烏
拉叁百頭，及知州臣捐備之馬騾壹百匹給各兵馱載，爰將羸瘦馬匹換掉肆百
匹，發交留駐叉木多官兵，連前摘剩之馬匹加謹餵養，臣始稍得利便前進。
其各兵除裹帶兩月行糧外，每名仍照副將李現光駐藏之例，支領伍個月折色
銀，自行備買。臣切思西藏自大兵撤回之後並無管理糧務之員，是以於叉木
多糧務處借支軍需銀捌千兩，交遊擊郭壽域隨營經理，設有需用之處就便動
支，統俟旋師之日臣造冊咨送撫臣，於官兵俸餉內扣除還項（硃批：豈有此
理，大笑話）。再臣於拾壹月初拾日師次麻利地方，復准提臣咨催內云，希
於到藏時會同欽差駐藏學士鄂〔註 140〕、見子康濟鼐，整頓唐古忒兵馬，不
時探聽，若羅卜藏丹盡逃竄至藏，我兵以逸待勞合力攻擊，務期星速前往，
幸勿逗遛等因。臣隨咨會前去，即催兵趕行，因沿途山路崎嶇，冰雪甚大，
計行肆拾伍日於拾貳月拾捌日始抵西藏（硃批：實實難為你，真奇功也），
當有達賴喇嘛差貝子噶隆等迎稱云，貝子康濟鼐尚在阿里地方，我等聞得西
海羅卜藏丹盡擅動兵馬，占踞察漢丹津地方，就是他悖了聖主皇恩，只怕天
也不容，我等與達賴喇嘛共同寫信子差人去講說，去了尚未曾回來，前蒙欽
差各位大臣傳諭預備兵馬，我等內裏商議，著公隆巴乃〔註 141〕帶領土兵捌
百名往哈喇烏蘇防守要緊口子，又派下唐古忒兵馬壹萬聽候調遣，今又蒙發
大兵到來，防守招地，我等大小喇嘛百姓人等都是歡喜，感謝聖主隆恩，始
終為我黃教等情。但臣始抵西藏，其一切防禦機宜容臣偵探，如有確實聲息
即會同駐藏官員及貝子噶隆等鼓勵兵番合力堵禦外，所有微臣領兵抵藏日期
及安定人心緣由，理合繕摺差員齎捧至打箭爐，交驛傳齎，伏乞皇上睿鑒施
行，謹摺奏以聞。

　　雍正元年拾貳月拾玖日

　　硃批：覽奏朕深為嘉悅，你領兵至藏，嚴冬草枯士卒必甚勞苦，朕實憫惻
之至，你一切料理甚屬可嘉，事平之日朕自優等酬勞爾等之越格之勤勞也，因
路遠驛送不便多賜，特將御製琺瑯翎管翎子賜你帶，再平安丸一種，藥甚平和
效驗，可備用兵馬寒暑之侵之用，按方按引用之即好，特諭。

〔註 140〕指內閣學士鄂賴。
〔註 141〕即隆布鼐。

〔28〕雲貴總督高其倬奏報中甸情形摺（雍正元年十二月二十日）
[2]-[2]-344

雲貴總督革職留任効力行走奴才高其倬謹奏，為奏聞中甸情形事。

雲南提臣郝玉麟遵旨帶兵住扎中甸起程日期奴才另行具奏外，查中甸為雲南西面藩籬，向係麗江土知府木氏所屬之地，自吳逆住扎雲南之時遂任聽西海佔去，近來雖經招撫，從前地方大吏因循含混（硃批：知此四字之不可，何事不辦也），未能如四川裡塘巴塘料理明白，現令歸屬，故彼地猶猻仍以為係羅卜藏丹津所管，心懷兩歧，其地所產鉛子竹箭弓面鞍板鳥槍壳子皆軍器所需，又每歲納銀一千三百兩，麥二三千石，除供給中甸喇嗎之外，存剩者彙解與羅卜藏丹津（硃批：此種喇嗎不知是何物，可恨之極），去年奴才甫經到任未能深知，今年以來奴才與郝玉麟遣人嚴行查禁，銀兩分厘不令解往（硃批：是極），即竹箭等物亦俱不許出境，中甸統屬之地有小中甸〔註142〕、果羅灣、格咱〔註143〕、泥西〔註144〕四大處，其餘小村寨頗多，人民共五千七百四十三戶。管理地方者有營官二名，神翁四名，列賓十七名，每列賓之下管馬兵五十二三人，步兵無定數，又有喇嗎一千餘人，內有堪布一名，係總管之人，凡事皆營官料理，營官又聽堪布之言而行，與苦苦腦兒〔註145〕遙通聲息，我皇上特令提督郝玉麟帶兵住扎，其地萬里之外，睿照如神，奴才與提臣商酌，趁此住扎即將中甸撫定，明白收歸雲南，於勢甚便（硃批：此一變乃轉禍為福之事，上蒼之大恩也，趁此機會可與年羹堯商酌，務圖長治之策，永安邊疆之策可也），奴才等謹一面具摺奏聞，並遵旨通知大將軍年羹堯，一面料理，其料理情節，容奴才陸續具摺奏聞，謹奏。

雍正元年十二月二十日

硃批：甚是甚當，皆甚合朕意，勉之，罔俾阿衡，專美有商，雖然不可爭功，玩談笑話。再楊名時有人說他辦事平常，糊塗，迂些的，亦有論他操守著中的，亦有說他才守兼優的，據爾之見何如，從實奏來，倘有急切之事不能悞事否，毛文銓朕用他貴州巡撫矣，你意如何，雲南布政司你有所知的人否，他省現任者使不得，除布政司之外新到任按察亦不可，此外爾有所知

〔註142〕今雲南省香格里拉縣小中甸鎮。
〔註143〕今雲南省香格里拉縣格咱鄉。
〔註144〕今雲南省香格里拉縣尼西鄉。
〔註145〕即青海湖，《欽定西域同文志》卷十四頁一載，庫克淖爾，蒙古語庫克青色，淖爾水聚匯處，即青海，地以水名，亦稱庫庫淖爾，音之轉也。

者奏來朕賜你，幫著你料理錢糧，密之。燈下亂寫的不要笑字醜，爾所奏銅鹽兩摺留議另發。

〔29〕兵部尚書遜柱等奏報甘國璧運米至藏隨旗返京摺（雍正元年十二月二十四日）[1]-1053

經筵講官兵部尚書臣遜柱〔註146〕等謹奏，為奏聞事。

據雍正元年十二月二十二日原雲南巡撫甘國璧〔註147〕親自交送之署理定西將軍印務公策旺諾爾布等來文內開，據原雲南巡撫甘國璧呈稱，康熙五十九年十二月初八日因給進藏兵丁運米耽擱之事，上諭著甘國璧效力贖罪，將進藏兵丁糧米運至，事畢之後由西寧路返回，視其效力之情予以贖罪，欽此欽遵。甘國璧我竭盡全力自出資金採買馬騾，雇夫出邊，日夜兼程，將一千七百三十五石九斗糧米運至西藏，雇夫所餘之二萬五千九百兩銀兩咸俱交公在案，茲藏兵既撤，請咨部將我調回等語，故令甘國璧歸旗回京，與甘國璧一同來藏効力身故之原總督蔣廷錫〔註148〕骨骸亦令送回籍等因，為此奏聞。

雍正元年十二月二十四日

兵部尚書臣遜柱。

尚書臣盧詢〔註149〕。

右侍郎臣牛鈕〔註150〕。

硃批：俟甘國璧將巡撫任事交盤清楚，另行降旨。

〔30〕雍正帝上諭一紙（雍正元年）[1]-1064

此係吹從藏卜〔註151〕奏摺，發來爾看，地巴、噶龍〔註152〕之字雖屬一片

〔註146〕《清代職官年表》部院大臣年表作兵部尚書遜柱。

〔註147〕《清代職官年表》巡撫年表作雲南巡撫甘國璧。康熙五十九年九月十四日因誤滇省入藏軍糧運與雲貴總督蔣陳錫同時革職，自備資斧運糧入藏效力。

〔註148〕《清代職官年表》總督年表作雲貴總督蔣陳錫。康熙五十九年九月十四日因誤滇省入藏軍糧運與巡撫甘國璧同時革職，自備資斧運糧入藏效力，卒於藏中。

〔註149〕《清代職官年表》部院大臣年表作兵部尚書盧詢。

〔註150〕《清代職官年表》部院滿侍郎年表作兵部右侍郎牛鈕。

〔註151〕待考。

〔註152〕原文作地巴噶龍，今斷作地巴、噶龍。地巴即第巴，亦稱牒巴、第悉、第司，藏人於官之統稱，大者總理藏事，小者一村之長亦稱第巴。噶龍即噶隆，《欽定理藩部則例·西藏通制》載其名噶布倫，亦譯噶卜隆，噶卜倫，噶倫等，清制，西藏額設噶布倫四人，三品，總理西藏大小事務，間有僧人一名充任者，其餘時間皆為俗人任之。

向內公忠之心，但內中言古什漢〔註153〕將十三萬唐古特獻五輩〔註154〕達賴喇嘛之語，留心看看，不知有意，出於無心，爾自然知道。（原件係漢文）

〔31〕二等侍衛納蘭奏報進藏熬茶及沿途所見所聞等事摺（雍正二年正月初五日）[1]-1092

派往西藏熬茶二等侍衛納蘭謹奏，為奏聞事。

竊奴才等於前年十二月十九日從京城起程，於去年七月十五日抵達西藏，當依照聖主訓諭將聖主賞給達賴喇嘛之物品以及賜給噶爾丹、色喇、布賴奔〔註155〕等各寺廟之佈施銀茶葉等物按廟均等施給時達賴喇嘛從座床上下來合掌恭請聖安，據達賴喇嘛言稱，我曾為一末等小喇嘛，聖祖大皇帝視我為達賴喇嘛之呼必勒罕，即從喀木地方帶來，住於貢布木廟〔註156〕，又封我為六世達賴喇嘛並派大軍護送至布達拉坐床，今日之聖主亦甚恤憫於我，賞賜各樣物品，我乃披有黃紅之人，每日誦經熬茶禱祝大皇帝萬壽無疆，除此之外並無報答之處等語。

奴才等在各寺廟熬茶事宜完畢後於八月二十日起赴扎什倫布，於九月初一日抵達扎什倫布，將聖主賞給班禪之物品以及賜給各寺廟之熬茶佈施銀茶葉等物時班禪從坐床上起立合掌恭請聖安，班禪言稱聖主眷念我為老喇嘛，特為聖祖仁皇帝熬茶，又賞給我不曾眼見之物，不知如何報答為好，我乃出家之人，每日誦經數〔註157〕念珠之外並無報答之處等語。

再看招地各僧俗皆言由於仰賴皇上鴻恩黃教纔得以廣敷，因此合掌叩首，不勝忭歡。自此在熬茶過程中，據貝子阿爾布巴、公隆布鼐等給我等來文內開，羅卜藏丹津已吞額爾得尼厄爾克托克托鼐〔註158〕，今在征打戴青和碩齊〔註159〕，請大臣等速來等語。於是自熬茶完之後即來到前藏，當日

〔註153〕《平定準噶爾方略》卷一頁十一作顧實汗。《欽定西域同文志》卷十七頁一載，顧實汗圖魯拜呼，準噶爾和碩特哈諾雅特烘郭爾之子，封遵文行義敏慧顧實汗，按顧實汗舊居青海，以全境來歸，為青海諸王受封之始，故首紀之。

〔註154〕原文作五倍，今改正為五輩。

〔註155〕指格魯派甘丹寺、色拉寺、哲蚌寺三大寺，《大清一統志》（嘉慶）卷五百四十七頁二十八載三寺名分別為噶爾丹廟、色喇廟、布雷峰廟。

〔註156〕即塔爾寺，位於青海省湟中縣魯沙爾鎮。

〔註157〕此處補「數」字。

〔註158〕《蒙古世系》表三十六作額爾德尼額爾克托克托鼐，顧實汗圖魯拜琥第四子達蘭泰之孫，其父袞布。

〔註159〕《蒙古世系》表三十九作察罕丹津，顧實汗圖魯拜琥第五子伊勒都齊之孫，

貝子阿爾布巴、公隆布鼐等又給我等來文，所言如前。我等尋思得我等並非打仗而來，羅卜藏丹津又背叛只能行走南路，故於九月二十七日由喇嘛尚喇木扎木巴〔註160〕、侍衛尚都〔註161〕等先行起程，伊等起程之後有達喇嘛車累喇木扎木巴〔註162〕、員外郎九兒〔註163〕、主事訥黑圖〔註164〕與奴才公同商議得，喇嘛尚喇木扎木巴等前去之後，於途中必將獲知羅卜藏丹津之確實消息，而後再返回來，無論如何我等理當等待為妥，等因，已經等候五日並無音信，經訊問行人，則言尚喇木扎木巴等已達察罕哈達〔註165〕地方，於是我等於十月初一日起程前行，於庫庫賽伊爾〔註166〕地方纔趕上喇嘛尚喇木扎木巴等人，自此一同前行，第三日忽從山谷中出來一夥番賊向我射箭開槍，我等向前迎戰，時有我等之行駄近十個被搶去，後行至巴顏哈拉谷，是日又從山谷中出來一夥番賊與我戰，我等即行射箭放槍，擊敗賊夥，但我堆放於後面之幾個駄子又被賊人搶去，自此越過巴顏哈拉嶺，行至布哈賽伊爾地方，是日遇見達賴喇嘛派往京城請安之人岱達爾罕〔註167〕，據伊等言稱大臣等斷不可往前行，羅卜藏丹津背叛後，在西寧甘州等地擾亂時被內地大軍擊敗，已逃往柴達木等地，羅卜藏丹津正在探問來往使臣等等語。尚喇木扎木巴召集我等言稱，我等不能前行，只好沿多倫鄂洛木〔註168〕路返回

　　　　其父博碩克濟農。《欽定西域同文志》卷十七頁五作戴青和碩齊察罕丹津，戴青和碩齊為其號，察罕丹津為其名，史籍有以名稱者，有以號稱者，或號與名全稱者，實為一人。

〔註160〕　《頗羅鼐傳》頁二二七載，清世宗繼位後遣扎薩克大相慈姜巴至藏在各寺廟供奉僧侶，即熬茶諷經，應即此人。《西藏通史松石寶串》頁七二八載，清世宗繼位後遣大喇嘛饒絳巴、班薩饒絳巴、侍衛絳多至拉薩頒賜賞物。

〔註161〕　第十二號、第十五號文檔作侍衛商都。《西藏通史松石寶串》頁七二八載，清世宗繼位後遣大喇嘛饒絳巴、班薩饒絳巴、侍衛絳多至拉薩頒賜賞物，此處之侍衛即《西藏通史松石寶串》所載之侍衛絳多。

〔註162〕　第四十七號文檔作持雷喇木扎木巴。

〔註163〕　第五十九號文檔作員外郎九二。

〔註164〕　第五十九號文檔作主事訥赫圖。第二部分第二一二號文檔作辦事主事納蓀頷赫圖。

〔註165〕　意即白頭山，《清代唐代青海拉薩間的道程》解為是東布勒兔山系之最高點。

〔註166〕　《大清一統志》（嘉慶）卷五百四十七作巴漢苦苦賽爾渡，即小苦苦賽爾渡，此小庫庫賽渡口為清代青海入藏官道之渡口。《欽定西域同文志》解庫克賽郭勒，庫克賽青石也，河中積有青石，故名。

〔註167〕　《西藏通史松石寶串》頁七二八記，七世達賴喇嘛遣仲尼爾大達爾罕入京祝賀清世宗繼位。第十二號文檔作阿旺敦多布。

〔註168〕　《大清一統志》卷五百四十七作多倫鄂羅穆渡，在木魯烏蘇自西折南流之處，

西藏為妥等語，奴才即與喇嘛尚喇木扎木巴曰，前有貝子公等告訴我等之時即不應當前來，然而爾等先行前來，如今已行走路之一多半，而且馬匹亦都消瘦，即便返回西藏亦難到達，何況住於穆魯烏蘇〔註169〕一帶之人亦不准我等通過，若然如此還不如繞行至西寧等語。尚喇木扎木巴等不聽我言自此又返回西藏，由於奴才之馬畜羸瘦，未敢隨伊等返回。奴才繼續前行時竟走無人之地，行至索洛穆〔註170〕等地後於夜間放牧時忽有一夥賊人出來搶劫，奴才丟棄行李率領跟役衝出來，由於路上無物可食，即掠貧窮蒙古權為就食，又日夜兼程而行，於十二月二十九日來到西寧。沿途訊問貧窮蒙古，羅卜藏丹津青海所有台吉皆在議論何事，據伊等言稱如今羅卜藏丹津窘迫至極，已經落難，所有人皆在言西寧一地乃青海之咽喉，如今羅卜藏丹津突然叛亂，我等離開西寧之後食米茶葉亦都斷絕，如果大皇帝之軍隊前來我等無處可逃，倘若我等皆死之後只有羅卜藏丹津獨存，如此可乎，伊等內部自相搶掠，極不平安，混亂至極，羅卜藏丹津如何糾集眾台吉盟誓，而屬下之人不聽從等語。

我等在西藏時阿里地方之貝子康濟鼐曾三次行文給貝子阿爾布巴、公隆布鼐等，聞得其文內開，前拉藏在世時由於我內部不和睦，故而西藏陷落，康熙大皇帝眷念黃教即出內地大軍復克西藏，令達賴喇嘛坐床以廣衍黃教，使眾生逸安，又封我三人為貝子公，授為噶隆以辦理西藏事務，如今我等理當一心守地，維持黃教，以報大皇帝之恩眷，我等之中若有人懷有異志，在禦敵之前我先討伐其人，如今我等凡事多加勤奮為是等語。

再我等起程之前，由阿爾布巴、隆布鼐、噶隆頗羅鼐〔註171〕來至奴才駐

其水至此，分為七歧，故名，水小宜涉，水發難行。此渡口漢名七渡口，在青海省治多縣扎河鄉瑪賽村（《青海省地圖》標註在木魯烏蘇南岸，作碼賽），該村立有七渡口碑。另對岸即為曲麻萊縣曲麻萊河鄉昂拉村，該村亦立有七渡口碑，此渡口為自青海入藏重要渡口之一。

〔註169〕清代舊籍常作木魯烏蘇，即蒙人於金沙江之稱謂。

〔註170〕三盆口之意，今青海省瑪多縣附近。

〔註171〕即頗羅鼐，康熙五十九年清兵定藏，封頗羅鼐一等噶布倫，辦理達賴喇嘛商上事務，旋封為一等台吉，管理後藏扎什倫布一帶地方兵馬事務。雍正五年西藏噶隆阿爾布巴等作亂，殺總理西藏事務貝子康濟鼐，頗羅鼐舉後藏兵與之戰，俘阿爾布巴等，查朗阿率清軍入藏，誅阿爾布巴等十七人，遷七世達賴喇嘛至泰寧。清廷封頗羅鼐為固山貝子，總理藏務，雍正九年晉封多羅貝勒，乾隆四年晉封多羅郡王，乾隆十二年卒。《欽定西域同文志》卷二十四頁五載，坡拉鼐索特納木多布皆，轉音為頗羅鼐索諾木多布皆，原官第巴，授扎薩克頭等台吉，辦噶卜倫事，累封至郡王，賜印信，按坡拉鼐為索特納木多布皆所居室名，漢字相沿止從轉音稱頗羅鼐。

地，與伊等閒談之中奴才告訴伊等，聞得羅卜藏丹津背叛後即侵害戴青和碩齊、額爾得尼厄爾克托克托鼎，爾等理當酌備軍隊等語。阿爾布巴、隆布鼎、頗羅鼎共同言稱，我等今已選備三萬兵等語。我等前去扎什倫布時看見沿途中伙處、住宿處各屋內均備有兵器，自西藏起程後之第五日即遇尼爾巴喇嘛，問其欲往何處，據言稱噶隆等召集我等同心堅守西藏，以維持黃教，故令我於初十日趕到招地，以便共同盟誓等語，去年招地一帶穀物豐收，為此謹具奏聞。

雍正二年正月初五日

〔32〕川陝總督年羹堯奏報西藏堵截防備羅卜藏丹津情形摺（雍正二年正月初五日）[1]-1093

撫遠大將軍太保公川陝總督臣年羹堯謹奏，為奏聞事。

前往西藏熬茶之侍衛納蘭，親於去年十二月二十九日抵至西寧，除將納蘭前往之事著伊另奏外，即理應遣納蘭往京城，惟伊隨往之差役尚留後未至，俟伊之跟役抵達後臣即遣納蘭往京城。再納蘭告稱，藏眾聞羅卜藏丹津之信，均紛紛固堵防備唐古特兵等因〔註172〕，今約計我總兵官周瑛亦已率兵抵藏，周瑛之兵與藏之唐古特兵會同備堵則藏地甚牢矣，為此將侍衛阿喇訥〔註173〕所奏之事，一併謹奏以聞。

雍正二年正月初五日

硃批：頃覽鄂賴所奏，即稍放寬心，覽此具奏心內益加踏實，實乃均上天鴻恩，諸處順利迎合，朕實喜悅不盡。

〔33〕內閣學士鄂賴奏報西藏已防範羅卜藏丹津事摺（雍正二年正月初九日）[1]-1097

內閣學士奴才鄂賴謹奏，為奏聞事。

據達賴喇嘛派往京城之使臣岱達爾罕言稱，我於去年十月二十二日從青海之察漢托洛亥〔註174〕起程而來，在住察漢托洛亥時羅卜藏丹津等率兵犯西寧界，戰三四日，此次交戰羅卜藏丹津之兵被殺多人，內地之兵亦有略微

〔註172〕　此句翻譯不確，意為唐古特兵均紛紛固堵防備。
〔註173〕　原文如此，據《年羹堯滿漢奏摺譯編》滿文第六六號《奏聞侍衛納蘭報告西藏情形摺》譯作納蘭，本文檔前亦譯作納蘭，故此處翻譯不確。
〔註174〕　《欽定西域同文志》卷十四頁十九，蒙古語其地有白石峰頭，故名。《寧海紀行》解其意，察罕譯言白也，托洛海言頂也，以山頂常有積雪，故云。察罕城在此山根，而察罕城位於青海省共和縣倒淌河鎮尕爾登克村附近。

損失，後來羅卜藏丹津等不能敵，即敗逃至東郭爾廟〔註175〕以南野地駐劄，由於內地之兵又來進擊，故又敗走至羅卜藏丹津等之原牧地，我路過羅卜藏丹津牧地時羅卜藏丹津等截留我十餘日不准回來，看得將羅卜藏丹津之奴僕、依附羅卜藏丹津之其餘台吉所屬奴僕妻孥等俱行遷移至柴達木等地，此次遷移時由於屬下人等搶奪騎駄之畜，故曾一陣大亂，羅卜藏丹津等揚言曾派巴爾寨桑至策妄阿喇布坦處，策妄阿喇布坦已派兵增援我等等語。我私下裡訊問巴爾寨桑，則稱策妄阿喇布坦並無派兵增援等語，後來我與羅卜藏丹津言稱，我乃達賴喇嘛之使臣，已去京城向聖主請安，現已事畢返回，何以無故阻止我等語，於是羅卜藏丹津等放我回來，我順便訊問羅卜藏丹津之正在牧放奴僕，則言稱自我老王扎什巴圖爾〔註176〕歸順大國皇帝以來，每年食恩賞，而屬下窮困奴僕亦都住於邊塞附近謀生，如今羅卜藏丹津自入夏以來在內部作亂征戰，時至今日牲畜羸瘦，想去該去地方則無力到達，住牧則不得安寧，極為窘竭，如今已成如此局面，倘若內地大軍再來不知又成怎樣等語，皆在怨尤，看得伊等之馬畜委實極為羸瘦，除此之外另無消息等語。

據此奴才會同總兵官周瑛等，傳呼達賴喇嘛之父索諾木達爾扎、貝子巴爾布巴等前來，曰我等曾聞羅卜藏丹津等叛亂之後，即準備此處之兵，又派公隆布鼐至哈拉烏蘇〔註177〕等地哨探，今羅卜藏丹津等辜負皇恩，確實背叛之後率兵至伊等原牧地駐劄，面屬下奴僕妻孥俱行遷移至柴達木，該柴達木者乃自噶斯〔註178〕通往準噶爾之路，且自柴達木沿拜圖〔註179〕路前來招地，則地勢低窪水草好，冬季帶領妻孥邊牧放邊敗走，比起庫庫賽伊爾路好，若我內地大軍再來攻擊伊等必帶妻孥自柴達木沿拜圖路逃至招地，我等現今即給公隆布鼐行文，令其嚴管斥堠，派出可信賢能第巴、東郭爾〔註180〕至通往噶斯、柴達木之噶勒桑井等地打探消息，於拜圖路增設卡倫，每日遠出瞭望，今於隆布

〔註175〕 今名東科爾寺，原位於湟源縣城東，今位於青海省湟源縣日月鄉寺灘村，清代為祭青海湖後西寧辦事大臣與蒙藏二族王公千百戶會盟之所。

〔註176〕 《蒙古世系》表三十七作達什巴圖爾，顧實汗圖魯拜琥幼子，即第十子。

〔註177〕 此蒙古語為同名河與地名，哈拉蒙古語黑色之意，烏蘇河流之意，水色發黑，故名，指河流則為今怒江上流之那曲。作地名，《欽定理藩院則例》（道光）卷六十二作哈拉烏蘇，為達賴喇嘛所屬十四邊境宗之一，為青海入藏後藏內第一重鎮，即今西藏那曲縣。

〔註178〕 即拜都河，今青海省布曲，為金沙江上源之一，亦自青海入藏要道之一。

〔註179〕 即拜都河，今青海省布曲，為金沙江上源之一，亦自青海入藏要道之一。

〔註180〕 常作仲科爾，西藏於貴族世家子弟之稱謂。

鼐處兵丁少，我等應當就近調撥一千兵至哈拉烏蘇以供公隆布鼐用於哨所卡倫等語，據達賴喇嘛之父索諾木達爾扎、貝子阿爾布巴等言稱，聖主為了黃教及我地方僧俗派來大臣，率領軍隊駐守招地，對於皇上之如此殊恩我所有唐古忒人實難報答，惟根據大臣等之交付勤勉報効，大臣等所交付者甚是，如今公隆布鼐處有兵八百，擬就近派出蘇克之兵一千，火速派往公隆布鼐處，以用於哨所卡倫等語，言畢即行文給蘇克第巴。

奴才看得自從總兵官周瑛到達之後唐古忒人心極定，紛紛皆言皇上前因準噶爾騷擾地方擾害僧俗，即派大軍打敗準噶爾賊拯救眾生，今又恐青海人來傷害黃教及唐古忒人而派兵前來者，委實無疆之鴻恩等語，極忻悅感戴。再羅卜藏丹津派來達賴喇嘛處之使臣寨桑侍衛准塔爾，此前所派使臣袞珠額木齊等前來之後，借於噶爾丹、沙拉、布賴奔〔註181〕等寺廟誦經為名去會見其青海喇嘛，故此奴才將此使臣本人以及隨從伊等前來之十三名跟役俱已交付貝子阿爾布巴等看守之，今有〔註182〕專門率兵前來駐守招地之總兵官周瑛已經到達，故將羅卜藏丹津之使臣等人仍交付噶隆貝子阿爾布巴等嚴加看守，一俟拏獲羅卜藏丹津即將伊等如何而為之處，經訊問〔註183〕西寧統兵大將軍年羹堯之後即按照指示辦理等因，已經明白交付總兵官周瑛、員外郎常保等，之後奴才沿巴爾卡木〔註184〕路起行回京，奴才鄂賴原先前來時自京城至西安西寧均已乘驛而來，自四川成都府至西安不僅驛馬少，且今有事之際驛站甚為重要，擬自成都府租用騾子前往西安，西安乃我等原先所經之路，擬仍乘驛返京，為此謹具奏聞。

雍正二年正月初九日

〔34〕川陝總督年羹堯奏轉侍讀學士鄂賴所獲西藏消息底稿摺（雍正二年正月十一日）[1]-1108

撫遠大將軍太保公川陝總督臣年羹堯謹奏，為奏聞事。

准差遣西藏之內閣學士鄂賴處，將伊前往西藏之事，所獲之消息密奏之

〔註181〕指格魯派甘丹寺、色拉寺、哲蚌寺三大寺，《大清一統志》（嘉慶）卷五百四十七頁二十八載三寺名分別為噶爾丹廟、色喇廟、布雷峰廟。

〔註182〕原文作由字，今改為有。

〔註183〕原文如此，似乎為詢問之誤。

〔註184〕西藏舊分衛藏喀木阿里四大區，巴爾卡木常寫作巴爾喀木，簡稱喀木，以今昌都為中心的藏東地區。

底稿於正月初九日齎送臣部，鄂賴於藏地對貝子阿爾布巴、公隆布鼐等已說了，辦理軍事甚明白，雖自伊處奏聞，惟路遙遠尚未齎送主前亦不可料定，故此臣將鄂賴送來奏事之底稿，謹奏以聞。

雍正二年正月十一日

〔35〕川陝總督年羹堯奏報赴藏主事途遇羅卜藏丹津情形摺（雍正二年正月十九日）[1]-1117

撫遠大將軍太保公川陝總督臣年羹堯謹奏，為奏聞事。

由藏出之理藩院主事伊斯海等於正月十六日抵至西寧，臣詢問伊斯海，告稱我前年往居阿里探信，去年藏地撤兵公策妄諾爾布〔註185〕令我自阿里處後撤，住於藏地，遣藏探信之員外郎常保於去年九月初一日抵達藏後，伊斯海我本人、額駙阿保旗之台吉貢格喇布坦〔註186〕、錫喇布巴爾丹〔註187〕共同於十月十日由藏起程，於十二月十六日抵至阿爾察圖，遭遇羅卜藏丹津所轄三百賊匪堵截我等，伊等即遣人往告羅卜藏丹津，羅卜藏丹津云將伊等馬畜器械暫時扣留，我見之後再准啟程，故伊屬下人即將我等馬畜器械等物均行收取，著我等駐阿爾察圖，後羅卜藏丹津移至阿爾察圖後正月初三日會見我等，羅卜藏丹津云將爾等多留數日並無他情，等候爾尚喇嘛〔註188〕一同遣行等語，既然伊等並無信息，將爾等馬畜等物我均退給爾等，言後散之。初四日羅卜藏丹津揀選我等膘好馬騾共七十四頭腰刀十二把鳥槍七杆弓三張，餘之膘瘦馬騾器械等物退給我等，以此我等前往羅卜藏丹津處，稱我等馬畜器械尚未還全，均還給我等則我等啟程，羅卜藏丹津曰爾等候之我均退還，初五日羅卜藏丹津遣名為索諾木之人齎送給貢格喇布坦之一蒙文奏書，以此我等候二日伊並無歸還我等之影，我等於初六日自此方前來。再我等前來時沿途所居之羅卜藏丹津所屬貧者稱，羅卜藏丹津自悖逆大君主之恩以來我等牛羊因瘟疫死亡大半，竟絕茶葉，我等這些貧窮者眼下均饑困至極，故紛紛

〔註185〕即定西將軍公策旺諾爾布。

〔註186〕《蒙古世系》表三十六失載。《松巴佛教史》頁五五一載阿寶一任名貢噶喇布坦，父巴特爾，與本文檔後文曰此人為阿寶之弟不符，待考。《欽定西域同文志》卷十七頁二十三作公格喇布坦，顧實汗第四世孫，封輔國公。

〔註187〕《蒙古世系》表三十六失載，《松巴佛教史》頁五五一亦無名相近者，待考。

〔註188〕《西藏通史松石寶串》頁七二八載，清世宗繼位後遣大喇嘛饒絳巴、班薩饒絳巴、侍衛絳多至拉薩頒賜賞物。《頗羅鼐傳》頁二二七載，清世宗繼位後遣扎薩克大相慈姜巴至藏在各寺廟供奉僧侶，即熬茶諷經，應即此人。

抱怨等情。竊臣將額駙阿保之弟貢格喇布坦本人，及台吉希喇布巴爾丹本人，此等跟役計之共五十七人租騾，除遣往額駙阿保處外，主事伊斯海亦租騾遣往京城。再貢格喇布坦所攜羅卜藏丹津具奏之蒙文書經譯覽，因與常壽所攜之蒙文書相同故未遣送，存於臣處，為此謹奏以聞。

雍正二年正月十九日

硃批：知道了，此書乘便應照前退給，留者亦是，再若有九家台吉之人復來，按前戰陣共俘貝勒之例議之，亦妥。〔註189〕

〔36〕雲貴總督高其倬奏遵旨調員帶兵進駐中甸摺（雍正二年正月二十日）[2]-[2]-416

雲貴總督革職留任効力行走奴才高其倬謹奏，為奏聞事。

雲南提督郝玉麟遵旨駐扎中甸之處，臣業經繕摺具奏，續接部文，經總理事務王大臣議政大臣議奏，令提督郝玉麟帶兵二千名進駐察木島〔註190〕，其中甸地方亦屬緊要，令臣選擇總兵一員帶兵五百替代郝玉麟駐扎中甸，欽奉硃批，依議，著速行等因，移咨到臣，欽此欽遵。臣隨一面飛速知會提臣欽遵，一面會同撫臣作速料理糧餉馬匹一切應用各項出口應付提臣帶兵起程，臣查現護鶴麗鎮印務副將孫弘本老成歷練，現在就近，臣隨飛調迤西各營兵丁五百名，令其帶領（硃批：好）駐扎中甸。再臣查提臣帶兵前往察木島地方，雖中甸有官兵駐扎，相離尚遠，其阿墩子天柱寨一帶須安將備帶兵駐扎，前可與提臣聲勢相接，後可顧糧護運，於軍事有益，臣謹一面奏聞知會大將軍年羹堯，一面調迤東各營兵七百名，令各將弁陸續帶赴中甸以備聽提臣調度（硃批：是極是極），於阿墩子等處酌量安駐，至安臺之處臣相機料理，再行具奏。茲據提臣咨稱，中甸喇嘛營官番目人等感戴天恩，繳投所領羅卜藏丹津偽劄信子，帶三千五百戶共男婦大小一萬七千五百名口，喇嘛和尚一千一十四眾，叩頭納土，願入版圖，永為子民，事關納土歸誠，臣謹會同具本詳奏。再雲南現今口外駐兵，省城相離稍遠，且迤西一帶提臣既已出口，鶴永二鎮總兵又未到署，臣俟料理提臣起身及所調迤東馬匹兵丁諸事一完，暫往鶴劍就近辦理策應口外軍機（硃批：甚是甚好），兼可彈壓，臣謹一併奏聞。

〔註189〕 此處硃批翻譯難解，《年羹堯滿漢奏摺譯編》頁六六於此硃批翻譯如下，可資參考，「知道了，此文書理應照前乘便交回。所奏是。再，九家台吉之人若再來，照前同執達尹貝勒之例，引議亦好。」

〔註190〕 即察木多。

雍正二年正月二十日

硃批：可嘉二字之外，餘無可諭。

〔37〕雲南提督郝玉麟奏報駐劄中甸情形摺（雍正二年正月二十一日）[2]-[2]-418

提督雲南等處地方總兵官署都督僉事紀錄一次臣郝玉麟謹奏，為奏聞事。

雍正元年拾貳月貳拾壹日臣遵奉諭旨，酌帶官兵前赴中甸駐劄，揚威塞外，所有起程日期先經題報在案，臣帶領官兵於拾貳月貳拾玖日沿金沙江出口，中甸營官八柱金圭七里等已知臣前進，率領各頭目番子遠迎至營，臣宣播天威，繼示恩德，營官等恐懼震懾，雍正貳年正月初陸日到中甸，喇嘛彝民數百餘人赴營叩見，臣示以皇上念爾等眾生俱係好百姓，恐爾等誤聽逆賊羅卜藏丹津之言，致生疑惑，故命我帶兵到此保固爾等地方，務須安靜，倘羅卜藏丹津差人前來，爾等不可隱瞞，即拏解行營。眾百姓同詞跪稟云，羅卜藏丹津並無人來，我等俱受皇上天恩，自用兵以來，軍行糧餉踴躍急公，並無異心，臣察其語言頗為誠實，而恐懼之形益甚，臣復曉諭安撫喇嘛頭人，各重賞綢緞布匹銀牌茶等物，彝民歡忻鼓舞，初捌日千有餘人復至行營，呈遞投狀，情願歸順天朝，歸入版圖，呈開戶口肆千壹百玖拾叁戶，男婦大小共壹萬玖千肆百零伍口，喇嘛壹千壹拾肆名，並將羅卜藏丹津先年給與各頭目之劄付捌張投繳行營，臣一面令其細造地方四至并戶口清冊，速行造報，一面將營官八柱金圭七里二人給以外委守備劄付，又有老火頭名三揭，亦給外委守備劄付，頭目貳拾壹人各給以外委千把總劄付，喇嘛給以僧綱職銜，眾彝人喇嘛益深感戴，其羅布藏丹津之偽劄臣當即呈送督臣外，駐劄中甸數日之內臣帶領官兵明盔亮甲操演弓馬槍炮，彝人環睹不下數千人，俱皆心驚膽怖，軍務紛煩，原未議及歸併，但數年運送糧餉，雇覓彝民之牲畜人夫解送，今復呈投戶口，繳送偽劄，則彝民益深向化，將來作何安頓，候撤師之後另請睿裁。臣又查羅卜藏當即向年原差有蒙古人在中甸，臣到之日嚴加察訪，初捌日據蒙古七里敦都土比阿木南三名投見，呈狀內稱我等原係羅卜藏丹津所屬之人，先年隨營官火燒奇到中甸，立有室家，不能回去，今聞羅卜藏丹津叛逆著實害怕，情願投順天朝。臣嚴加訊問，伊等到中甸果係多年非羅卜藏丹津近日遣來之人，但係羅卜藏丹津屬下之人，豈可仍令住居中甸，臣當即差押進口，解赴督臣，暫行羈禁，俟羅卜藏丹津剿滅之日另行安插。

本年正月拾柒日又准雲貴督臣高其倬咨稱，准兵部咨開，總理事務王大臣

議政大臣等會議得，撫遠大將軍太保公年羹堯奏稱，察木多地方係進藏要路，近於雲南，應於雲南派兵貳千名，令提督郝玉麟帶領在察木多揚威駐劄，則羅布藏丹津萬萬不敢向巴爾喀嗎〔註191〕等處去等語，應即速行令提督郝玉麟帶標兵貳千名進察木多駐劄，俟到察木多之日或應援進藏之周瑛，或裡塘巴塘等處有事相機行走之處，俱照大將軍年羹堯調遣行走，此番去的官兵器械馬匹帳房鑼鍋衣服米糧等物，令督撫等即動正項錢糧作速料理齊備堅固，一經齊備即令起程，既將郝玉麟調往察木多，中甸地方亦屬緊要，著總督高其倬另於總兵官內選擇好者壹員帶兵伍百名替提督郝玉麟在中甸駐劄等因轉奏，奉硃批依議，著速行，欽此，移咨到臣，欽此欽遵。臣帶領駐劄中甸之兵原係貳千名，無容增加，第臣駐劄之日無幾，此處甚屬緊要，部議令總兵壹員駐劄盡足以資彈壓，兵丁伍百名稍覺單弱，臣愚以為中甸須安兵壹千名，始足以壯軍聲，由中甸前進四五天過崩子欄〔註192〕渡，過渡六七天至阿墩子，臣查阿墩子由江內通內地之石皷〔註193〕、塔城〔註194〕、為習〔註195〕、拖枝〔註196〕，直至劍川州，由江外通崩子欄，中甸至阿喜渡口〔註197〕，以通西寧、察木多、裡塘、巴塘等處，則阿墩子者不特為中甸之門戶，實各處之咽喉，扼要據險，此處更為喫緊，況臣帶兵前進防範稽查，不可不嚴，此處須安遊擊壹員帶領千把兵丁伍百名駐劄，過阿墩子至察木多程途尚遠，險要處所頗多，必須預備兵丁伍百名，臣躧看地理情形即行安設。又調麗江土兵貳百名，通事拾名隨營遣用，則前後照應聲息相通，臣即應援西藏，則近雲南之地方可保無虞，臣自康熙伍拾玖年滿漢大兵進取西藏，即出口辦理軍務，至陸拾年冬始自西藏回返察木多地方，往回途次地理情形熟悉甚詳，是以奉文之日臣將口外險要處所並調遣官兵情由即飛咨督撫二臣，令其檄飭官兵速行出口。再自阿喜〔註198〕至瓦河原有臺站，去歲藏兵撤回已經檄調回營，近臣既在察木多駐劄，一切軍機皆關緊要，必須照舊安設，臣已移明督撫二臣遣發出口，按站安設，今臣之

〔註191〕　常寫作巴爾喀木，西藏舊分衛藏喀木阿里四大區，簡稱喀木，以今昌都為中心的藏東地區。
〔註192〕　今雲南省德欽縣奔子欄鎮。
〔註193〕　今雲南省玉龍縣石鼓鎮。
〔註194〕　今雲南省玉龍縣塔城鄉塔城村。
〔註195〕　今雲南省維西縣。
〔註196〕　今雲南省維西縣永春鄉拖枝村。
〔註197〕　渡口在今雲南省玉龍縣龍蟠鄉興文村。
〔註198〕　即阿喜渡口，在今雲南省玉龍縣龍蟠鄉興文村。

官兵器械帳房鑼鍋等物原係齊全，專候督撫二臣之馬匹糧餉等齊備，并續催駐
劄之總兵速赴中甸，臣謹遵議即日起程前往察木多。再臣出口之後已三次遣人
密探賊人消息，倘果有賊兵，臣即帶領官兵前往撲滅擒拿。臣蒙我皇上深恩，
畀以封疆重任，今復奉命提兵出塞，凡有見聞，微臣力所能為，惟有竭盡犬馬
血誠少報主恩於萬一，所有臣到中甸情形並奉旨前進，調遣官兵緣由，合先繕
摺專差臣標千總彭之義，家人孫貴捧齎馳奏，伏乞皇上睿鑒施行，謹具奏聞。

雍正貳年正月貳拾壹日

硃批：覽奏朕深為慰悅，一切料理周詳，甚屬可嘉，況爾此番功不小，已
諭部，西海事平議敘爾等，大槩目下光景向後未必有大磨爾心力之事也，雖然，
勉之慎之。

〔38〕內閣學士鄂賴等奏報康濟鼐等防備羅卜藏丹津事摺（雍正二年正月二十八日）[1]-1161

內閣學士奴才鄂賴等謹奏，為奏聞事。

竊奴才前曾奏稱前來駐守招地之總兵官周瑛已經前來，我於正月初九日
從招地起程等因具奏，鄂賴起程之日貝子康濟鼐從阿里克地方派人來言稱，
倘若內閣學士尚未起程，務必要等候我，我於正月二十日以後到達有要事商
議等語，於是我等候康濟鼐，於正月二十六日康濟鼐來到招地。康濟鼐對奴
才鄂賴、總兵官周瑛等言稱，據達賴喇嘛派往京城之使臣岱達爾罕回來後言
稱羅卜藏丹津等已負聖恩，確實背叛，以我愚見羅卜藏丹津背負聖主之後，
必定欲佔我堪木[註199]藏衛地方，欲承襲拉藏汗位，達賴喇嘛班禪額爾德尼
皆為極大喇嘛，原先青海人不睦，彼此征戰時皆由二位喇嘛派使臣去說和，
如今羅卜藏丹津自尋滅亡，而達賴喇嘛班禪額爾德尼仍可派使臣去，其使臣
可以告知羅卜藏丹津等，自從青海人歸順聖主之後已有多年極太平生活，如
今爾叛皇上為自己為眾生帶給災難，所作所為皆非，今爾可以向聖主認罪為
是，而我使臣等亦進京之後為爾可向皇上奏請等情告之，達賴喇嘛班禪額爾
德尼亦可照此行文羅卜藏丹津，派使臣前去時我亦派出我信賴之人為使臣以
轉告羅卜藏丹津，爾父扎西巴圖爾[註200]、青海各台吉等自從歸順聖主以
來，每年得食恩賞，多年得享安逸，爾甚年少，因聽小人之言以後纔如此而

〔註199〕西藏舊分衛藏喀木阿里四大區，巴爾克木常寫作巴爾喀木，簡稱喀木，以今
　　　　昌都為中心的藏東地區。
〔註200〕《蒙古世系》表三十七作達什巴圖爾，顧實汗圖魯拜琥幼子，即第十子。

為之，爾怎可與大皇帝為敵，爾速向皇上認罪方為甚妥，今不認罪而駐邊大臣等率兵前來時爾可後悔莫及，爾若背叛聖主則難住留青海，倘若投奔準噶爾，準噶爾之策妄阿喇布坦豈能封爾為王以享安逸，爾以為可來我土伯特地方佔領土地，以求襲拉藏汗位乎，爾不可視我土伯特人為從前之土伯特人，自從經歷準噶爾大難之後大徹大悟，衝出災難，復又推演黃教，堪木藏衛之所有土伯特人如今所以得享安逸，皆賴於聖主之恩，今日爾背叛皇上即成為我所有人之仇敵也，爾若膽敢來犯我招地我所有土伯特人必定同心協力剿滅爾，如今皇上之大軍亦都來到招地等情告之，現在在羅卜藏丹津處之其餘台吉並非真心實意合作，由於羅卜藏丹津吞食額爾德尼厄爾克托克托鼐、戴青和碩齊察罕丹津，其餘台吉若不投順恐蹈前轍，在無可奈何之下纔投順羅卜藏丹津，今日誠若派出內地軍隊，其餘台吉均叛出羅卜藏丹津而去投誠皇上，如今羅卜藏丹津亦甚窘竭，倘若能聽從我使臣之言後，向聖主認罪，則我達賴喇嘛班禪額爾德尼之使臣即去京城為羅卜藏丹津向聖主奏請，至於如何寬免恩出自皇上，倘若羅卜藏丹津等不聽從仍在叛逆，則必令其知曉我土伯特人一心一意與之征戰，是以欲速使臣起程等語。

　　奴才等對康濟鼐言稱，至聖大皇帝極有好生之德，從不分內外而視天下眾生如赤子，羅卜藏丹津等果悟有罪向皇上認罪，皇上必將從寬處置，如今我大將軍已奉命於陝西西寧甘肅四川松潘等處地方備有數萬大軍，以便約定日期一齊出發，共同緝拏羅卜藏丹津，我們此地相距遙遠稍微閉塞而已，如今或許已經消滅羅卜藏丹津，或者羅卜藏丹津等被我大軍擊敗之後沿拜圖路向此地逃來均未可知，爾等若派使臣恐難趕得上，貝子爾向來真誠為黃教効力之人，爾認為達賴喇嘛班禪額爾德尼一向為青海事派使臣說和，倘若今日亦派使臣雖為於事無補，亦全可表示所有土伯特人同心協力固守招地，準備好軍隊與伊等征戰，以便讓羅卜藏丹津知道此事，既然如此我等不便阻止爾派使臣，但爾等不可使此處之兵有所疏虞，仍應照舊準備，哈拉烏蘇地方可派去如同爾一般信賴之妥當寨桑以協助隆布鼐辦事，至於爾自阿里克率兵來到招地情況應曉諭藏衛巴爾卡木地處設有第巴之所有地方，今有貝子喇察布〔註201〕率領三百厄魯特至巴爾卡木所屬瓊布地方居住，據言稱羅卜藏丹津掠去我妻，我從羅卜藏丹津處叛出之後來到此地居住等語，爾可派人至喇察布處詳細訊問其前來

─────────────

〔註201〕《蒙古世系》表三十九作喇察布，顧實汗圖魯拜琥第五子伊勒都齊曾孫，其
　　　　　父墨爾根諾顏，祖博碩克濟農。

情形，然後查看其來人中有無羅卜藏丹津之人，並速報率兵駐招地之總兵，打探消息之扎爾固齊等人，我總兵亦派人查看喇察布此來情況。再我前來時看得青海吹拉克塔木齊〔註202〕所屬玉樹部落人與蒙古一樣，亦為飼養馬牛羊之人，伊等自穆魯烏蘇至哈拉烏蘇一帶居住，其間羅卜藏丹津等知罪之後倘若向我統兵大臣等認罪並投順皇上則便罷了，倘若仍為執迷不悟，被我大軍擊敗之後逃來招地，則由爾處先期派兵消滅玉樹部落人，若留伊等羅卜藏丹津必然得以增加力量，且又得益於伊等馬畜之資等語。

康濟鼐言稱，大臣等所言甚是，在此之間若事已結則便罷了，倘若羅卜藏丹津等被內地大軍擊敗之後欲來佔領招地，則我必先滅玉樹部落人，並不留一人，此事不告知於任何人，極詳密行事之等語，是以奴才鄂賴未能於正月初九日起程，而於二十八日從招地起赴京城，為此謹具奏聞。

雍正二年正月二十八日

內閣學士奴才鄂賴。

總兵官奴才周瑛。

員外郎奴才常保。

〔39〕雲貴總督高其倬奏報提臣郝玉麟帶兵前往察木道日期摺 （雍正二年二月十八日）[2]-[2]-498

雲貴總督臣高其倬謹奏，為奏聞提臣帶兵起程日期事。

查雲南提臣郝玉麟奉旨帶兵二千名進駐察木道〔註203〕，臣隨飛行知會提臣及添調兵丁七百名以備安駐阿墩子等處，使聲勢相接並選委護理鶴麗總兵官印務副將孫弘本帶兵五百名駐劄中甸之處，臣業經具摺奏明。先是提臣帶兵駐劄中甸，臣等俱照前任提臣張國樑之例支給糧餉，其馬匹亦照前次，兵丁除騎馬之外二兵合給馱馬一匹，如此料理應付。茲提臣帶兵進駐察木道，應照前次永鶴二鎮總兵帶兵進藏之例，添給糧餉及借支給賞銀兩，其馱載馬匹亦應照例兩兵共給三馬，臣同撫臣飛速辦理，除中甸阿墩子先行運貯之米足供裹帶外，一面撥調各營馬匹及買購馱載騾馬送赴中甸應用，並知會提臣

〔註202〕此人原為青海蒙古雍正元年羅卜藏丹津叛亂之前右翼盟長，顧實汗圖魯拜琥第七子瑚嚕木什之孫，《蒙古世系》表三十七失載，《松巴佛教史》頁五五三表十載其父名旺欽，己名曲扎諾木真台吉。與《如意寶樹史》頁七九〇後表五校，己名曲扎諾木齊台吉，諾木真為諾木齊之誤。

〔註203〕即察木多。

去後，隨准提臣函稱，今遵旨進駐察木道，現在口外米石足資裹帶，陸續送到銀兩亦敷支給，惟駄載馬匹甚屬緊要，亟應熟商方於事有益。查駄馬與騎馬不同，兵丁所騎之馬過高陡山坡可以牽行休息，駄載之馬不能卸駄，皆負重而行，尤須壯健，查內地各營及州縣距中甸近者少遠者多撥調，買購之馬驟趕赴中甸既需時日，而一路山巔崎嶇，馬匹行走二十日一月，及到中甸不無疲乏，不暇歇息又復駄載前行，恐難致遠，又兼內地暖處之馬不耐口外寒冷，且雪山一帶多無草之處，犵狫馬騾能食糌粑，內地之馬無草即難存站，所以初次雲南買內地馬騾駄運米至響鼓坡一帶，十停之中倒斃七八，以致誤運，嗣後解餉皆雇犵狫馬騾駄運，俱無遲誤，此已然之明驗，目今不若將撥調買購馬騾留在劍川歇息餵養備用，現在中甸犵狫雖倚駄腳為生，賣馬者少，而群情踴躍，從前連跟馬之人每匹價銀十五兩八錢，今願減價十三兩一匹，以供駄載，除兵丁騎馬仍分配給與外，其駄載馬匹給雇應用，既可使起程日期急速，且軍裝糧糗皆可無誤，況此伏地之馬騾即至察木道亦不至疲乏，前進仍可資用，雖與初次進藏之例不符，而於軍事實為有益等因前來。臣與撫臣會商，除迤西之馬已經到劍，迤東在路之馬仍催備用外，並覆提臣相機就近酌行，茲於二月十六日准提臣咨稱，現今糧餉已給，宜飛速起程，至馬匹除兵丁騎馬外，駄載牲口雇備足用，已於二月初八日起程前進，又副將孫弘本亦於初七日帶兵已抵中甸，其提臣隨營糧餉，臣委開化府同知丁棟成辦理，又委大理府通判顧朝俊，寧州知州梁衍祚，江川縣知縣楊繩武辦理續後運送軍糧及支放阿墩子中甸兵米，又派兵三百名備安臺站，所有一應用過糧餉細數，容於提臣移冊到日詳奏外，臣謹先將提臣起程日期繕摺奏聞。

雍正二年二月十八日

硃批：知道了，著寔周詳，諭部在案矣。

〔40〕督理打箭爐地方事務扎薩克喇嘛等奏報備兵情形摺（雍正二年二月二十四日）[1]-1240

督理打箭爐地方事及稅務扎薩克喇嘛粗勒齊瑪藏布喇木札木巴〔註204〕、

〔註204〕《大清一統志》（嘉慶）卷五百四十七載，康熙五十六年遣喇嘛楚兒沁藏布蘭木占巴、理藩院主事勝住等繪畫西海西藏輿圖。《平定準噶爾方略》卷八頁十六作喇嘛楚兒沁藏布喇木占巴。此喇嘛與主事勝住於西藏地理考察及地圖測繪史上為重要之人物。

員外郎伊特格勒〔註205〕謹奏，為奏聞事。

據今年二月二十二日裡塘之堪布桑傑吹木丕勒〔註206〕所差之蠻人索諾木、昂嘎前來告稱，於哈喇烏蘇處率兵駐西藏之第巴、噶隆，巴爾喀木等處，為諸寺廟、第巴等備兵告示文書，陸續抵至我等裡塘，我等堪布差我等令將第巴噶隆之告示文送來等語。

奴才等將送來第巴噶隆之唐古特文告示譯出觀之，書內繕稱，昭告巴爾喀木等處諸寺廟第巴頭領眾民，先時顧實汗〔註207〕令十三萬餘唐古特眾民均向五世達賴喇嘛納貢，後五世達賴喇嘛前往京城朝見君主後，君主施恩頒敕書，打開雙方大道，弘揚佛教，內外眾民享有七十餘年安居樂業生計，今青海之眾因伊等內相互不睦，以準噶爾為一方引來伊兵，眾皆不寧，今駐察木多之綠旗兵已抵藏地，駐於裡塘、巴塘、節達木〔註208〕之內綠旗兵亦陸續進入。再原全準噶爾均尊崇達賴喇嘛，後有人從中挑唆，上下均不合，乃不敬達賴喇嘛矣，準噶爾兵來藏毀壞黃教，使眾唐古特遭難，君主乃發大軍擊敗準噶爾令達賴喇嘛坐禪，黃教較先愈加興旺，眾民均享太平，主之鴻恩斷不能報，今青海之眾與準噶爾一方背逆君主之恩，斷不友好，我等在此處謹防，今在藏之京城大臣飭令，以三萬兵備之，今我等唐古特兵已抵至哈喇烏蘇，或準噶爾兵來或何人前來，我等在此處一意捨命對伊而戰。再先五世達賴喇嘛免充藏衛之軍者雖未派於軍中，而稍有本領之人今紛紛一意情願充軍，此亦為太平之生計，爾等諸處甚要之馬兵，及軍械廩餉等物均現成齊備，俟至用時斷不可耽擱，備妥之後速報我等，眾為一心，雖數敵前來，即便老婦亦能戰之，我等何懼準噶爾，兔年〔註209〕十二月初一日佈告等情。

除行文須照撫遠大將軍年羹堯、四川巡撫蔡珽外，為此將第巴噶隆之唐古特文告示，一併謹具奏聞。

雍正二年二月二十四日

〔註205〕《四川通志》（乾隆）卷三十一頁十九作成都府理事同知伊特格爾。
〔註206〕指理塘長青春科爾寺堪布，據《康熙朝漢文硃批奏摺彙編》第二七〇九號文檔《料理軍務都統法蠟等奏報裡塘僧俗資送大軍口糧事摺》此堪布名桑結春平。
〔註207〕《平定準噶爾方略》卷一頁十一作顧實汗。《欽定西域同文志》卷十七頁一載，顧實汗圖魯拜呼，準噶爾和碩特哈尼諾雅特烘郭爾之子，封遵文行義敏慧顧實汗，按顧實汗舊居青海，以全境來歸，為青海諸王受封之始，故首紀之。
〔註208〕今雲南省香格里拉縣。
〔註209〕藏曆第十二饒迴水兔年癸卯，雍正元年。

〔41〕鶴麗總兵張耀祖奏明到滇日期並報出口彈壓摺（雍正二年二月二十六日）[2]-[2]-522

雲南鶴麗鎮總兵官張耀祖謹奏，為報明到滇日期並陳出口策應事。

竊臣一介武夫，叨蒙皇上洪恩由將弁越次優陞廣東瓊州鎮，已屬非分（硃批：與你不宜些，所以調來），又蒙調補雲南鶴麗總兵官，邊徼重地，寄於臣軀，敢不勉竭駑駘以効驅馳，是以奉命之日因思雲南係西藏要口，不敢由孔道耽延，探得小路自廣西可達滇省，雖沿途鳥道崎嶇，瘴氣頗多，幸托皇上洪福，皆得無恙（硃批：何必如此冒險，覽奏朕深為之嘉悅），茲臣於本年貳月拾玖日已抵雲南省城，與督臣高其倬面商，因奉旨差員策應，知臣前任熟悉邊情，遂著臣出口赴天柱寨彈壓，竊揣受恩深重，自當盡心竭力以仰報高深，其應行事宜容臣到彼料理，再行具奏（硃批：如今大局已定，想已無可料理者矣），今臣已於貳月貳拾陸日由省起程，所有到滇日期並出口彈壓情由合併奏聞，為此謹奏。

雍正貳年貳月貳拾陸日

硃批：知道了，勉為之。

〔42〕內閣學士鄂賴奏報速往招地與總兵官周瑛商議守藏摺（雍正二年二月二十八日）[1]-1262

內閣學士奴才鄂賴謹奏，為欽奉上諭事。

奴才鄂賴前因未奉諭旨，故由守藏總兵官周瑛到達之後即已具奏，正月二十八日起赴招地〔註210〕，於二月二十六日抵達洛隆宗，聖主之諭旨亦已到來，鄂賴本係極為末等奴才，毫無効勞，然而聖主從優擢用奴才為內閣學士，今又格外嘉許降旨，對此殊恩鄂賴委實承受不住，除至死効力之外實不知如何具奏為妥，目前洛隆宗離招只有二十幾日路程，鄂賴欽奉諭旨速往招地，與周瑛僉謀以發奮謹守之，並將皇上諭旨轉頒給達賴喇嘛貝子公第巴仲科爾等以詳盡曉諭之，是以奴才將奉旨補放之二噶隆之名〔註211〕，所查康濟鼐隨從効力人員花名，及達賴喇嘛、班禪、拉達克汗〔註212〕、貝子康濟鼐、阿爾布巴、公隆布鼐等之奏書，又進貢皇上之物品均交給於隨從奴才前來之主事

〔註210〕　此處翻譯錯誤，應為自招地起程。
〔註211〕　即頗羅鼐與扎爾鼐。
〔註212〕　《欽定外藩蒙古回部王公表傳》卷九十一頁二十九作尼瑪納木扎勒，《拉達克王國史 950～1842》頁一七二作尼瑪南傑，康熙三十三年至雍正七年在位。

常里齎捧具奏，奴才鄂賴親率參將趙茹〔註213〕、筆帖式富德於二月二十八日自洛隆宗起程前往招地，為此謹奏。

雍正二年二月二十八日

〔43〕川陝總督年羹堯奏明內閣學士鄂賴來西寧辦理蒙古事摺（雍正二年三月十三日）[1]-1302

撫遠大將軍太保公川陝督臣年羹堯謹奏，為奏明事。

竊內閣學士鄂賴由藏經巴爾喀木路返回，將奏稿送至臣，今青海事雖已完竣，應辦之蒙古事仍多，現西寧無甚熟諳蒙古事之人，臣著鄂賴抵成都府後乘驛速來西寧辦理蒙古事務等情咨行，為此謹具奏明。

雍正二年三月十三日

硃批：又符朕之辦理，我等君臣不曉何緣分如此相合，不盡其數，實應喜悅，此處眾大臣官員等有何言，大將軍即與朕相合，朕軫念伊，使伊舒暢，相隔數千里，彼此如何得知，實屬奇之，特皇天保佑事順，故方致如此，不可看作一般。

〔44〕川陝總督年羹堯奏報賞阿旺札布敕印摺（雍正二年三月十八日）[1]-1313

撫遠大將軍太保公川陝總督臣年羹堯謹奏，為奏聞事。

去年頒與類烏齊處陳勒呼圖克圖阿旺扎布〔註214〕敕印，經四川巡撫蔡珽遣把總王汝隆〔註215〕送達後，阿旺札布本人已故，照類烏齊處喇嘛、唐古特頭目民人之請頒給阿旺胞弟札西朗吉之處已奏明，今札西朗吉為叩謝主恩呈送唐古特文，經譯閱書內稱，我等原係類烏齊處末等喇嘛，聖主施鴻恩頒賞敕印，因我兄無福，敕印抵達前即已逝世，主復施恩將此敕印轉頒札西朗吉，似此屢施殊恩斷不能報，札西朗吉我謝恩，接領敕印，惟將我等抵達類烏齊處諸事盡能效力辦理，妥管我屬眾不啟事端，為禱祝皇上萬萬歲誦經外，

〔註213〕《四川通志》（乾隆）卷三十二頁四十一作建昌鎮中營遊擊趙儒，康熙六十一年任。此人康熙五十九年隨定西將軍噶爾弼自四川入藏，常年駐藏辦事，應即此人。

〔註214〕《番僧源流考西藏宗教源流》頁九十一載，白教熱沃仔揚貢寺（即類烏齊寺）帕曲呼畢勒罕第一輩阿旺札巴稱勒，雍正元年支應進藏官兵烏拉出力，賞加諾們罕名號，給予印信敕書及御書匾額，年三十五歲圓寂。

〔註215〕第二十三號文檔作把總王如龍。

並未得報答之處等語，為此謹具奏聞。

雍正二年三月十八日

硃批：知道了。

〔45〕雲南提督郝玉麟奏抵擦哇崗拏獲奸細安撫彝民摺（雍正二年三月二十六日）[2]-[2]-604

提督雲南等處地方總兵官署都督僉事紀錄一次臣郝玉麟謹奏，為奏聞事。

雍正貳年貳月初捌日奴才遵奉俞旨帶領遊守千把馬步兵丁貳千名自中甸起程前赴察木多駐劄揚威，先經題報在案，奴才出口之後，各處遣人密探賊人消息，并于營官頭人等示以天威，諭以禍福，若羅布藏丹盡〔註216〕遣人前來不可隱藏，星即飛報以憑擒拏去後，各處之差陸續回抵軍營稟稱，裡塘、巴塘、喳呀〔註217〕、天柱寨、察木多等處四川現有官兵駐防，地方安靜無事，惟差往擦哇崗之人抵營，密探得擦哇崗一帶有西海之人在奔打常川等處要馬匹硝磺鉛子等物，並據達賴喇嘛差至擦哇崗辦事頭人哈浪巴暨營官喋巴等專差投到番稟，奴才譯出內稱，正月貳拾伍日有西海差人壹名扎石到奔打要奪奔打地方大話恐嚇百姓，說青草出時西海有兵前來，番民甚是恐懼，望乞大兵速進等語。奴才因思擦哇崗上通洛龍宗〔註218〕，下通察木多，係進藏要路，此處原無官兵駐劄，與西海相通，且奔打常川黑帳房一帶彝人原係西海所屬，羅卜藏丹盡遣人由此路出來探聽軍情，此必有之事，奴才隨即派撥漢土官兵先命鶴麗鎮遊擊李君贀等密示以擒拏賊人之法，飭令輕騎減從，兼程前往，奴才帶領大兵亦尾隨趲程而行，奴才自中甸帶兵起程，凡經過地方莫不宣播天威，番彝騾馬俱出遠迎，叩祝聖壽無疆，奴才各加賞賚安撫，軍抵阿墩子又奉撫遠大將軍太保公年羹堯令，諭西寧大兵三次殺敗賊眾，今據探聞羅布藏丹盡遁藏敖拉木葫蘆，若大兵進剿便欲避入西藏，命奴才四處探訪，如遇西海諸賊欲逃入西藏者，不論是何部落便當截剿，毋得任其竄越等因。奉此，奴才已知擦哇崗奔打一帶現有賊人，雖先遣遊擊李君贀等率領兵丁並帶領情願軍前効力之營官亢者泥等前往，猶恐兵少致使賊人潛逸，是以奴才亦兼程而進，賊人不虞大兵驟至，迯遁不及，於叄月初柒初玖等日在擦哇崗拿獲奸

〔註216〕即羅卜藏丹津。

〔註217〕此地清時期屬作丫呼圖克圖管轄，統屬於達賴喇嘛與駐藏大臣，今西藏察雅縣香堆鎮。

〔註218〕《欽定理藩院則例》（道光）卷六十二作洛隆宗，今西藏洛隆縣康沙鎮。

細賊人，壹名阿結松翁布，壹名布幾，壹名披得，壹名阿幾，於阿樹地方拿獲賊人壹名扎石，壹名敦魯，壹名阿前，於處扎地方拿獲陸名，壹名托各司哈，壹名托賴，壹名波羅，壹名阿麻禿，壹名汪琱，壹名楚兇，以上共拿獲拾叁名，奴才逐一檢查，所獲賊犯番信內有小信子壹張，譯出係西海賊人宰桑名七里敦魯命結松翁布、扎石貳人探聽打箭爐中甸有多少兵馬進來，速行寄知等語。奴才將一干人犯逐一嚴訊，結松翁布、扎石、布幾、托各司哈、托賴、波羅、阿麻禿、敦魯、汪琱以上玖名俱係西海遣來探聽軍情煽惑番彝之人，奴才詢明之日即將該獲犯等於擦哇崗正法示眾，安撫百姓，番彝額首喜見天日，奴才各加犒賞，莫不歡呼雷動。至披得、阿幾、阿前、楚兇肆名奴才逐一嚴查細詢，實係本處之人，因扎石等到此地方跟隨伺候，原非同謀，擦哇崗營官情願出具保狀，奴才仰遵皇上好生之德准其保釋，所有搜獲逆犯牛羊馬匹銀兩原屬無多，奴才隨賞給任事出力番彝等訖。再奴才統領大兵一路揚威，遠近聞風畏懼，奔打至薄須、常川一帶地方有肆百餘里，其間黑帳房之人向服西海管轄，徵收錢糧，今聞奴才到擦哇崗，甚是恐懼疑惑，奴才已探知其情，若不乘機收服，必致意見兩歧，是以先遣人前往宣揚我皇上聖德神功，中外一體之至意，該彝民等喜歡交集，有木魯巴敦地方頭人素囊工波，常川中地方頭人奔特之倉竹，墨巴工卡地方頭人彌納等赴營叩見，咸稱我等係西海管轄之人，年年與西海納稅，從前他們已經內亂，今又悖逆萬歲主子，我們情願投順天朝，奴才隨命開造戶口數目，據開四至人數共伍佰伍拾叁戶，男壹千伍百伍拾名，女壹千捌百壹拾捌口。又據巴樹地方喇嘛處不松并火頭扎機等投狀，內稱我們原是達賴喇嘛的百姓，洛龍宗營官管轄，伍年未納錢糧，我們未曾投四川，亦未投西海，但西海的人時常打發出來騷擾，百姓正無處告訴苦情，今幸大兵到此，我們願百年做萬歲爺的子民等語，據開戶口四至喇嘛壹百捌拾名，戶口貳百壹拾戶，男陸百肆拾肆名，女陸百柒拾陸口，具有投誠番信共肆張，理合恭呈御覽。奴才伏思遠彝向化，實我皇上德威遠播，天覆地載之區莫不輸誠恐後，隨賞給銀牌花紅等物，彝民歡欣鼓舞，其地方實係擦哇崗洛龍宗營官等所管，今奴才將木魯巴敦三處地方仍委擦哇崗營官管轄，巴樹地方仍委洛龍宗營官管轄。再擦哇崗係西海賊人出沒之所，除已拿獲賊黨外，或有奸細潛藏亦未可定，營官順巴等既喜歸順天朝，復畏西海騷擾，奴才若不酌留官兵，未免番民疑慮，是以命鶴麗鎮守備李進帶領官兵貳百名暫行駐劄彈壓，并飭協同營官等密訪賊人，如有奸細即行嚴拿解

赴奴才行營，倘賊人眾多即行飛報以便遣發大兵截剿，至所留官兵原係奴才帶往察木多之內撥遣，督臣高其倬令守備王五采周永佐帶領官兵肆百名聽奴才檄行駐劄，奴才兼程而進，該備等尚未抵擦哇崗，今一面飛飭該備等速進，俟抵擦哇崗之日仍令守備李進帶領官兵趕赴察木多。再營官順巴、宂者泥實屬盡心出力拿賊，深為可嘉，奴才各加重賞，併給獎牌激勵外，合併奏明。所有奴才抵擦哇崗拿獲奸細，安撫彝民情由謹繕摺專差隨營鶴麗鎮千總施善元，兵丁徐以仁捧齎馳奏，伏乞皇上睿鑒施行，謹具奏聞。

雍正貳年叁月貳拾陸日

硃批：覽奏朕深為嘉悅，一切料理安插妥當之極，青海大事局面一定，向後爾等可免枕戈飲血之勞矣，但念及去冬嚴寒之候草枯之時調進日期促迫，不知爾等將弁兵丁如何受累也，朕寔不忍之至，今上蒼垂憐，大功已成，從茲爾等事畢回汛永享太平安閑也，特諭。

〔46〕達賴喇嘛奏謝賞物摺（雍正二年三月〔註219〕）[1]-5332

奉天承運年少文殊師利大皇帝敕封西天大善自在佛所領天下釋教普通瓦赤喇怛達賴喇嘛虔威叩奏年少文殊師利大皇帝明下。

眾生靈大恩人至聖皇父為真正文殊師利佛，雖無降臨駕崩之事，但為眾所感戴，明鑒天宮殿寶座應移給才技超群之子時，下頒安逸國人之遺訓，以年少文殊師利皇帝為天下之主，即位大寶座，於十一月十三日昇天，至聖皇父為真正文殊師利佛是也，並無瑕疵，故造福、誦經雖無用，但對眾生靈及我有無窮之恩，我為表我報恩之潔心，於二昭之釋迦牟尼佛等有利益之佛寺大舉供品，著沙拉、哲蚌，噶爾丹等三寺〔註220〕萬餘僧侶等齊集拉薩，我親往齊集處為盡昇天至聖皇父之聖心，以虔誠淨心祈禱所誦伊魯格爾經，佈施熬茶。又遣人往諭衛、藏、阿里、喀木、貢布等處三千四十三寺三十萬僧等於各寺佈施熬茶，造福善事，以盡聖心而誦經之時年少文殊師利皇帝為盡至聖皇父神心，令我坐

〔註219〕時間為輯者補出。

〔註220〕即今名色拉寺、哲蚌寺、甘丹寺格魯派三大寺。《大清一統志》（嘉慶）卷五百四十七頁二十八載三寺名分別為色喇廟、布雷峰廟、噶爾丹廟。《大清一統志》（嘉慶）卷五百四十七作色喇廟，在喇薩北八里，亦宗喀巴弟子所建，有喇嘛三千餘。《大清一統志》（嘉慶）卷五百四十七載，布雷峰廟，在喇薩西北十六里，相傳宗喀巴弟子所建，有喇嘛五千餘。《大清一統志》（嘉慶）卷五百四十七頁二十八作噶爾丹廟，在喇薩東南八十里，相傳宗喀巴所建，廟內有宗喀巴之塔及所遺坐床，有喇嘛五千餘居此，雍正十一年御賜廟名曰永泰寺。

哲蚌寺中央，賞五十兩重金曼達，聖躬御用奇服等物，捧頂頭上，見物即思念至聖皇父之恩，不勝傷心悲痛，惟祈禱寶佛、菩薩等睿鑒。為盡昇天至聖皇父神心而勤奮誦經外，又為於沙拉、哲蚌、噶爾丹等三寺各自誦經，佈施熬茶時齎賞大哈達各一百個小哈達各一千個茶各一百塊銀各一千兩，又賞賜大小各寺廟小哈達三千個茶八百塊銀三千兩酌情分給衛、藏、阿里、喀木、塘布、貢布等寺廟，將以奏聞。又我及北方僧侶等共同晝夜感念至聖皇父之恩，竭盡神心，復為年少文殊師利皇帝赤金蓮寶尊堅固萬萬斯年，振興國政，帝之威力晝夜勤奮誦經不怠，請鑒之鑒之，以奏書之禮備辦哈達，並於三月吉日〔註221〕獻。

〔47〕達賴喇嘛奏謝賞物摺（雍正二年三月〔註222〕）[1]-5331

奉天承運年少文殊師利聖主〔註223〕敕封西天大善自在佛所領天下釋教普通瓦赤喇怛喇達賴喇嘛，仰賴聖慈而生之沙克扎里克托音望聖主金宮殿跪，燃點好香，散花謹奏。

今世統一，普天下眾生靈有幸福無窮之恩，奉上聖教主皇父之命，著年少文殊師利皇帝登眾所頂戴之金宮殿大寶座，照繼承聖祖大業之善例，升至寶座，曉所有佛教門類之皇帝，推廣博克達宗喀巴法，俾統一眾生靈，安逸仁布天下，安善自在，慈憫我金口降旨，諭我諸凡道法禮教，照聖上皇父及五世達賴喇嘛在時而行等情，故將金口諭旨、五爪金龍圖香籤紙敕書、恩賞之大哈達五個小哈達四十個、整綢二十四疋、六十兩銀茶筒一件、銀壺杯差遣達喇嘛尚喇木扎木巴、持雷喇木扎木巴〔註224〕等前往頒賞，癸卯年〔註225〕七月十八日到來，頂禮膜拜，顯似朝覲金明，無窮喜悅，仰賴神聖皇父及年少文殊師利皇帝之恩為生之達喇嘛我本人，為推廣宗喀巴佛法之聖主陛下赤金蓮座堅固振興國政威力，勤於經典，善為立身。

又特奏者，照聖祖聖上皇父以大仁扶持我等，將年少文殊師利皇帝亦軫念眾生及西方大小喇嘛庶人〔註226〕之諭旨，差遣達賴喇嘛尚喇木扎木巴等齎送，故不勝歡忭，向年少文殊師利皇帝請安，照前遣坎布〔註227〕囊蘇與使

〔註221〕 雍正二年三月。
〔註222〕 時間為輯者補出。
〔註223〕 指清世宗。
〔註224〕 第三十一號文檔作達喇嘛車累喇木扎木巴。
〔註225〕 藏曆第十二饒迴水兔年癸卯，雍正元年。
〔註226〕 原文作遮人，今改為庶人。
〔註227〕 即堪布，藏傳佛教大寺院扎倉（僧學院）及小寺院主持。

臣等同往，因路途難行而返回後，我正甚煩悶間，又以聖上憐愛不棄宗喀巴法、西方我等眾人、照五世達賴喇嘛為之之諭旨，向未曾見聞極榮至奇之名號、冊、印並無窮恩賞，交付扎薩克達喇嘛噶布楚羅布藏巴爾珠爾等齎送，於甲辰年〔註228〕三月初三日到來，如何能報答年少文殊師利皇帝無窮之恩，惟速遣使請安獻禮以奏聞，仍請為推廣宗喀巴佛法，扶持我及在西方所有眾生靈，下頒溫旨，我等在此喇嘛僧侶等共同完成年少文殊師利皇帝所欲之事，為赤金蓮座萬萬劫，振興帝業威力，天下無病災饑寒兵戈，雨水時調田禾豐足，小喇嘛等能講不減等項，夜以繼日勤奮誦經不怠，鑒之鑒之，以奏書之禮，將哈達、如來佛舍利、有利益福之俐瑪金剛佛、薰香二十五束、紅香二十五束，一併於三月吉日〔註229〕獻。

〔48〕七世達賴喇嘛為雍正帝誦經祈禱奏書（藏曆木龍年〔註230〕）[3]-1642

文殊師利皇帝敕封領天下釋教達賴喇嘛奏書

永受統一天下文殊師利大皇帝寵恩之達賴喇嘛跪往金闕，燃上等香，撒花謹奏。

當今聖上為天下之主，超越眾生，威福之身，固如金杵，使我西土眾生寧靜樂業，頃聞聖上御殿龍體無恙，猶親瞻天顏，不勝喜悅，小僧仰蒙三寶及文殊師利大皇帝寵恩，為振興黃教，大皇帝寶座堅固，勤力經事。又奏，小僧復蒙大行皇帝〔註231〕遣大軍護送，令照前世達賴喇嘛坐床，自將軍公策旺諾爾布率眾軍守護坐床以來，大皇帝以土伯特地小物少，降旨撤回大軍，因而此地所有大小喇嘛及眾生深感不安，伏思文殊師利大皇帝重恩，足為西土所有黃教眾生所信賴，除文殊師利大皇帝外別無他賴，今蒙大皇帝永不拋棄，復以大恩扶持，為文殊師利大皇帝聖壽無疆，帝業萬年，諸事如願，小僧率此大小喇嘛及百姓人等祈禱三寶，夜以繼日，伏乞皇上睿鑒，為黃教眾生安樂降旨訓誨，以奏書禮恭備哈達、珊瑚珠、香十六束，一併於月吉日呈進。（一史館藏宮中滿文硃批奏摺）

〔註228〕藏曆第十二饒迴木龍年甲辰，雍正二年。
〔註229〕雍正二年三月。
〔註230〕原註，時間為編者推定。輯者註，藏曆第十二饒迴木龍年甲辰，雍正二年。
〔註231〕指清聖祖。

〔49〕內閣學士鄂賴奏報會商達賴喇嘛康濟鼐等固守招地摺（雍正二年四月初三日）[1]-1350

內閣學士奴才鄂賴謹奏，為欽遵上諭事。

奴才鄂賴於二月二十八日從洛隆宗起行，三月二十日抵達招地方，向達賴喇嘛、貝子康濟鼐、阿爾布巴、達賴喇嘛之父索諾木達爾扎，以及噶隆、戴琫、中科爾〔註232〕等詳細曉諭聖旨。達賴喇嘛言稱聖祖仁皇帝將我從小送住古木布木廟〔註233〕撫養，又封為達賴喇嘛賜給印冊，並派將軍大臣率領大軍，由數路護送至招地方受戒坐床，復又廣敷黃教，拯救卡木藏衛之眾土伯特，以得給生存之所，如今聖主仍為如前不時垂憫，為我所有土伯特人頒下訓諭，我實難報答，我身為喇嘛雖不能身行，但可遵照皇上教誨竭盡所能飭令噶隆、中科爾等人斷不可辜負聖祖仁皇帝復廣敷黃教，拯救土伯特人之恩，務必好生敬謹勤奮報答等語。有貝子康濟鼐、阿爾布巴、達賴喇嘛之父索諾木達爾扎、噶隆、中科爾等跪稱，準噶爾之車淩端多布〔註234〕等人來至我招地後對土伯特人蹂躪至極，聖祖仁皇帝派大軍殺敗準噶爾賊拯救我土伯特人，對此重恩毫無報答，如今聖主又恐青海叛賊羅卜藏丹津來犯我招地特派大軍前來防守，且又為我籌畫周詳，啟訓利害，頒下敕諭，我等實難報答此恩，羅卜藏丹津倘若來犯我招地我眾必定同心協力剿滅之，著能擒獲必將擒之，我等絕不負恩亦不玩忽，如今正值返青時際朝廷大軍一定緝捕羅卜藏丹津，羅卜藏丹津被朝廷大軍擊敗之後亦一定要來此，我等自今日起即行嚴飭這裡兵丁，整齊所有馬畜兵器，要準備妥當，又咨文公隆布鼐要嚴守哨卡堆子，從木魯烏蘇各渡口路前去探聽消息時均要派遣妥當中科爾，倘有消息我等同心協力照大臣等指示辦理，務必截獲羅卜藏丹津，除此之外別無可以報答之處等語。奴才鄂賴與總兵官周瑛商議之後，將其所備藏衛恭布等處兵丁調至招地方附近形勢之地駐劄，又選派康濟鼐、阿爾布巴等所熟知並曾經歷行伍之妥員前往索克咱黨貢至庫庫賽伊爾、多倫鄂洛木、拜圖、呼爾噶鄂洛木、噶勒桑呼察〔註235〕等地增設遠哨，以打探自青海至招地方之各路口消

〔註232〕常寫作仲科爾，西藏於貴族世家子弟之稱謂。

〔註233〕即塔爾寺，位於青海省湟中縣魯沙爾鎮。

〔註234〕《平定準噶爾方略》卷四頁十八作策零敦多卜。《蒙古世系》表四十三作策淩端多布，其父布木。此人為大策淩端多布，以區別於小策淩端多布。

〔註235〕《衛藏通志》卷四頁二十二作噶爾藏骨察，前藏由陽八井至噶爾藏骨察，計程一千三十五里。

息，並派人偵探羅卜藏丹津現在棲居之所，一俟探得消息我等即與康濟鼐等共同商議，以固守招地方外，奴才等要相機截捕羅卜藏丹津，為此謹奏聞。

雍正二年四月初三日

〔50〕川陝總督年羹堯奏報班禪使臣前來經過情形摺（雍正二年四月初八日）[1]-1368

撫遠大將軍太保公川陝總督臣年羹堯謹奏，為奏聞事。

切一等侍衛達鼐詢問自汛地攜來班禪之使者喇木札木巴伊西車類，據告去年聖主即位大吉，班禪額爾德尼遣喇木札木巴策騰札木參我等二人為使，策騰札木參因病留後，並未前來，我隻身攜獻主之貢物於九月渡索洛木〔註236〕由此前來，值羅卜藏丹津反叛未能前來，即駐於我等班禪所轄綽爾濟〔註237〕處，適逢翼長達鼐〔註238〕率兵由此來，我等便隨來等語。故此臣令喇木札木巴伊西車類於西寧歇息幾日，雇驛遣三等侍衛第桑阿解送，於四月十二日啟程遣之，為此謹奏以聞。

雍正二年四月初八日

〔51〕川陝總督年羹堯奏報達賴喇嘛遣使至西寧情形摺（雍正二年四月十八日）[1]-1393

撫遠大將軍太保公川陝總督臣年羹堯謹奏，為奏聞事。

准今年四月十五日達賴喇嘛遣使都喇勒台吉，達賴喇嘛送臣之佛尊吉祥結舍利靈丹及唐古特文書一件攜至西寧，都喇勒台吉又於去年將達賴喇嘛、班禪送臣我之禮物佛尊舍利靈丹具文告稱，去年達賴喇嘛、班禪以噶爾丹錫勒圖〔註239〕為使，攜禮物等項遣送內地，抵至木魯烏蘇聞羅卜藏丹津等叛亂，侵掠戴青和碩齊等，未來而返回，我今年來時均攜至來等語。將達賴喇嘛二次行文、班禪行文，翻譯觀之，均具奏羅卜藏丹津等肆意行惡，祈轉奏君主寬恕伊

〔註236〕三岔口之意，今青海省瑪多縣附近。
〔註237〕青海有達賴喇嘛與班禪額爾德尼所屬住牧之人，此處似指班禪額爾德尼所屬住牧之人。
〔註238〕此翼長達鼐應即本文檔前文之一等侍衛達鼐。
〔註239〕噶爾丹錫勒圖今常寫作甘丹池巴，即繼承宗喀巴甘丹寺法座者，據《東噶藏學大辭典歷史人物類》頁一五二載，雍正二年為第五十一任噶爾丹錫勒圖班丹扎巴。《西藏通史松石寶串》頁七三〇載，七世達賴喇嘛遣甘丹赤仁布欽貝丹扎巴，知賓洛桑貢卻前往青海勸解羅卜藏丹津之亂，可知七世達賴喇嘛甚為重視此次遣使。

等，愛惜生靈之語，故此臣咨覆達賴喇嘛、班禪，羅卜藏丹津盡絕眾生，毀壞黃教，挑起戰端，侵犯邊界，肆意行惡，聖主軫念黃教眾生，以伊等為顧實汗後裔不忍剿殺，屢次寬恕降旨，由我處開導利害，停止戰端，故於去年十月我親往西寧，至今年二月數次行文曉諭，羅卜藏丹津等人並不曉君主好生仁愛之懷，仍相互侵掠，滅絕眾生，戰端不停，方遣大軍將青海為首之重犯均平定，今除咨稱展拓黃教，顧實汗後裔眾無罪者永享太平安生等語遣之外，著遣使都喇勒台吉等於西寧歇息數日即啟程返回，為此謹奏以聞。

雍正二年四月十八日

硃批：喇嘛和尚道士就是此一種婦人之仁，不論是非，回字回得甚好，但西藏備萬餘兵拒捕羅卜藏丹津，今又替他討饒恕，朕略不解，依你看來他們是什麼主意，來人光景如何，丹津〔註240〕若逃往藏他們如何區處，可將乞寬來字翻譯的閒帶來看看。〔註241〕

〔52〕川陝總督年羹堯奏請賞賜喇嘛羅卜藏堅巴勒敕書摺（雍正二年四月十八日〔註242〕）[1]-1840

撫遠大將軍太保公川陝總督臣年羹堯謹奏，為請旨事。

竊查康熙五十九年大軍進入西藏，類烏齊地方陳勒呼圖克圖阿旺札布、嘉樹班噶勒地方班噶勒納木加林廟喇嘛羅卜藏堅巴勒等，凡我等交付之事誠意勤辦，並無誤官差，故臣於雍正元年抵達京城祈頒賞伊等敕書，益曉誠心効力等情奏後，聖主施恩准行，彼時惟知陳勒呼圖克圖阿旺札布之名所居地方廟名，即頒與伊敕書，遣人送往，因不知嘉樹班噶勒之喇嘛羅卜藏堅巴勒之名所居地方廟名，咨行管理打箭爐稅務之喇嘛粗勒齊木藏布〔註243〕，令查此名送

〔註240〕指羅卜藏丹津。
〔註241〕據《年羹堯滿漢奏摺譯編》滿文第一二二號摺，此硃批為漢文硃批，字句略有不同，錄之如下：「剌嘛和尚道士就是此一種婦人之仁，不論是非，回字回得甚好，但西藏備萬餘兵拒捕羅卜藏丹津，今又替他討饒恕，朕略不解，依爾看來他們是什麼主意，來人光景如何，丹盡若逃藏，他們如何區處，可將乞寬來字翻譯，的閒帶來看看。」
〔註242〕原文作雍正二年，輯者據《年羹堯滿漢奏摺譯編》滿文第一二一號摺補充時間為雍正二年四月十八日。
〔註243〕《大清一統志》（嘉慶）卷五百四十七載，康熙五十六年遣喇嘛楚兒沁藏布蘭木占巴、理藩院主事勝住等繪畫西海西藏輿圖。《平定準噶爾方略》卷八頁十六作喇嘛楚兒沁藏布喇木占巴。此喇嘛與主事勝住於西藏地理考察及地圖測繪史上為重要之人物。

來。今喇嘛羅卜藏堅巴勒呈文內稱，我居地方名嘉樹班噶勒，廟名班噶勒納木加林，先大軍進入西藏，委我之事均盡能辦理，並無耽擱，聖主頒賞我敕書後我管束此處之人，均可易當官差，故按臣之往查，即將伊名所居地方廟名繕明解送，祈聖主諭該部，頒賞喇嘛羅卜藏堅巴勒印敕，如此此等眾人感念奇恩，益加恭順効力，誠意圖報，為此謹奏請旨。

雍正二年四月十八日〔註244〕

硃批：已交部，諭岳朝龍補授和州副將〔註245〕。

〔53〕禮部尚書塞爾圖奏報裡塘堪布喇嘛圓寂摺（雍正二年六月二十日）[1]-1541

禮部尚書署理四川巡撫印務臣塞爾圖〔註246〕謹奏，為奏聞事。

竊准辦理裡塘糧餉事務官員等來報，裡塘堪布喇嘛於今歲五月二十九日圓寂等語，該堪布喇嘛助我大軍効力卓著，故臣除專差官員送緞茶外，查得裡塘巴塘原係我雲南麗江府土司木興〔註247〕管轄地，後被逆賊吳三桂所佔，青海達賴巴圖魯〔註248〕取之獻與五世達賴喇嘛，準噶爾賊克藏後住裡塘之達瓦喇木扎木巴〔註249〕等傾向準噶爾，故總督年羹堯發兵殺達瓦喇木扎木巴等，平定裡塘，又招撫巴塘，調整喇嘛第巴等管束。臣駐藏時看得達賴喇嘛仍有遣其喇嘛等往裡塘巴塘主管之心，今既有軍務之際，不可令達賴喇嘛屬下人居住，所以臣趕緊咨行駐裡塘之文武官員曰，告訴彼處第巴等將堪布喇嘛圓寂之事不得報西藏，等候大將軍年羹堯料理等情，一面行文大將軍知會。又看得於裡塘喇嘛廟有刷印各色經文之版，故各地喇嘛等頗尊重裡塘堪布喇嘛，視其言而行者多，伏乞聖主頒印敕與繼設之堪布喇嘛，以為記號，則於地方大有裨益，臣僅以所知謹奏以聞，仰祈聖主睿鑒。

雍正二年六月二十日

硃批：著照年羹堯料理而行，至於給印敕事，亦由大將軍處請旨。

〔註244〕時間輯者補。
〔註245〕《甘肅通志》卷二十九頁二十八作河州協副將岳超龍。和州為河州之誤，即今甘肅省臨夏州。
〔註246〕《清代職官年表》部院大臣年表作禮尚書塞爾圖。
〔註247〕據《中國土司制度》頁五七三載，木興為第十八代土司。
〔註248〕《蒙古世系》表三十七作多爾濟，顧實汗圖魯拜琥第六子，達賴巴圖魯為其號。
〔註249〕七世達賴喇嘛遣往總管理塘事務之喇嘛，被清軍誤殺。

〔54〕禮部尚書塞爾圖奏報赴藏喇嘛等尚未返抵打箭爐摺（雍正二年六月二十日）[1]-1545

禮部尚書署理四川巡撫印務臣塞爾圖謹奏，為奏聞事。

前經西寧路派往西藏之扎薩克喇嘛尚喇木扎木巴、侍衛尚都等於今年四月二十四日自西藏起程，擬於五月二十日以後抵達打箭爐等因咨文，五月二十六日該咨到來，原撫臣蔡珽即行派人令打箭爐官員撥給馬畜，今所派之人於六月十九日回來稟稱，本人於十二日起程回來，並無喇嘛等抵達之信，打箭爐納稅員外郎伊特格爾亦派人前去打探消息等語，計算日期喇嘛等於五月內不能抵達，快則亦於六月二十日以後方能抵達打箭爐，唯途中因馬畜乏力而躭誤行程亦不可料，故臣速咨沿途辦理糧餉官員，喇嘛等若抵何處滯留，即行協濟食糧，不得使伊等困頓等因咨行，伊等乘驛行抵成都之後仍准乘驛，為此謹具奏聞。

雍正二年六月二十日

硃批：該部前已奉有旨。

〔55〕川陝總督年羹堯奏報達賴喇嘛遣使前來貢物等事摺（雍正二年六月二十一日）[1]-1548

撫遠大將軍太保公川陝總督臣年羹堯謹奏，為奏聞事。

據奮威將軍岳鍾琪呈文內開，達賴喇嘛、班禪等遣使臣等攜獻主貢物奏表及獻大臣等禮物文書抵至西寧，現天炎熱難於入邊，准伊等何時進人之處祈大將軍等指示等語。臣覆咨飭岳鍾琪，今正值炎熱使臣等暫留西寧，俟涼爽後惟使臣本人攜獻主貢物奏表等項遣送我前，抵至此處後我遣官送往京城，其他隨行者仍駐西寧等因，為此將獻主貢物奏表及獻臣之物品文書繕單一並謹具奏覽。

雍正二年六月二十一日

硃批：知道了，不論是非一派假慈悲，滿腔真貪殺乃喇嘛之道也，此教天地間將來不知如何報應也，此時明露一點不得勝，亦著實留心化導，他們若能移易惡習，朕功不小也。

〔56〕四川松潘總兵周瑛奏遵旨會商西藏防範撫綏事宜摺（雍正二年六月二十九日）[2]-[3]-169

鎮守四川松潘等處地方總兵官都督僉事臣周瑛謹奏，為恭謝天恩事。

雍正貳年陸月貳拾日臣於西藏接閱邸抄，仰蒙聖主天恩，賞臣一拜他拉布勒哈番，又平定西藏及蕩平郭羅克〔註250〕案內議敘，授臣左都督職銜。臣聞命自天感激無地，竊臣一介庸愚至微至賤，叨蒙聖恩由化林協副將超擢松潘鎮總兵官，即令帶兵駐劄叉木多，續蒙特旨，賜臣孔雀翎子，授臣都督僉事，繼准四川提督臣岳鍾琪咨令臣帶兵赴藏，以安人心。臣隨於起程時具摺奏聞，蒙聖主硃批，據奏接准提督密咨，即行領兵進藏，且料理亦合機宜，殊為可嘉，到藏之後，爾須宣布國恩，鎮撫番部，慰安人心，一切事務，與學士鄂賴會商而行，仍當激勵康金鼎、隆布奈、阿爾布巴等，令各預備唐古忒兵馬，倘羅卜藏丹盡逃竄至藏，並力擒，切不可使致兔脫也，欽此欽遵。學士臣鄂賴亦奉旨回藏，臣等會同，與達賴喇嘛及班禪下旨意畢，並傳諭貝子康金鼎等咸各凜感天語，奮思報效。又蒙臣帶兵抵藏摺奏內恭奉溫諭硃批，覽奏朕深為嘉悅，你領兵至藏，嚴冬草枯，士卒必甚勞苦，朕實憫惻之至，你一切料理甚屬可嘉，事平之日朕自優等酬勞爾等越格之勤勞也，因路遠驛道不便多賜，特將御製琺瑯翎管翎子賜你帶。再平安丸一種，藥甚平和效驗，可備用兵馬寒暑之侵之用，按方按引用之即好，特諭。臣隨恭設香案望闕叩謝祗領，欽遵傳示官兵人等，靡不欣感聖恩，踴躍思奮，臣何人斯，屢沐聖主迭沛殊恩，即肝腦塗地，亦不能仰報於萬一，況西海逆賊羅卜藏丹盡悖叛，旋即指日蕩平，臣未能身臨行陣殺賊報效，兼之遠駐西域，一切機宜未能恭請訓旨，實深悚懼，捫心難安，臣受恩愈重，圖報愈難，惟有竭厥駑駘，冰兢克慎，於學士鄂賴抵藏時臣謹遵聖訓，會商得哈喇烏蘇乃西海要隘，不可不慎加防範，雖派唐古忒兵捌百名，令隆布奈帶領在彼防守，恐不足倚重，又派參將郭壽域、筆帖式納孫額爾克圖〔註251〕、千把貳員帶臣所領之兵壹百名，偕往協同防禦。又派貝子康金鼎、宰桑阿旺云登〔註252〕帶伊部屬貳百名遠行偵探。又因哈喇烏蘇起至木魯烏蘇止，內有納克樹〔註253〕、餘樹〔註254〕等

〔註250〕即今名果洛之藏人。
〔註251〕第三十一號文檔作主事訥黑圖，第五十九號文檔作主事訥赫圖。第二部分第二一二號文檔作辦事主事納孫額爾赫圖。
〔註252〕《西藏志》頁三十四作拉藏罕屬下台吉阿旺雲登。
〔註253〕清代檔案文獻多作納克書，清時期西藏所屬三十九族藏人部落內貢巴族、畢魯族、琫盆族、達格魯族、拉克族、色爾札族六部落皆冠以納克書者，今西藏比如縣一帶地區。
〔註254〕為清時期玉樹部落，非今青海省玉樹縣所在地結古鎮，清代玉樹部落位於金沙江之上源，當青海入藏大道渡口，今青海省治多縣一帶地區。

帶住牧番彝，多有羅卜藏丹盡部屬，設其被大兵殺敗，逃匿前來，在此哨聚，亦大有關係，隨派委參將趙儒帶把總貳員領臣所領之兵壹百名，又派噶隆頗羅奈帶唐古忒兵壹千伍百名，貝子康金鼎委其部屬台吉初柯拉等領其部兵貳百名前往，相機剿撫，並確查羅卜藏丹盡踪跡。臣等隨一面遣發，一面報明撫遠大將軍公臣年羹堯在案。今仰仗聖上恩威遠播，納克樹、餘樹等處土目，圖爾古特台吉額爾得尼吉隆丹仲〔註255〕等，咸皆傾心投誠。臣等又會差筆帖式博德、千總段起賢前往確查，均屬真誠投順，共計壹萬叁千陸百餘戶，臣等造冊呈送撫遠大將軍定奪匯奏外。其參將郭壽域等於哈喇烏蘇亦招撫部番肆百餘戶，並於要隘處所數起盤查拏獲西海潛逃來藏之逆黨阿類正沙不隆等貳拾餘名，及羅卜藏丹盡於去年差來西藏之宰桑蝦諢他喇等玖名，又吹拉克諾木齊〔註256〕差來之委正台等肆名，均遵大將軍令諭臣等會同悉行正法示眾。其中有牽連之唐古忒蠻人更敦爾吉兔等數名，亦分別輕重懲處，尚有在西寧投誠之貝勒彭蘇克王渣爾〔註257〕等差來徹慎朗章巴等玖名，俱係貝子康金鼎等具保安插訖，所得牛羊馬匹軍器等物，臣等仰體皇仁均賞給唐古忒出力人，於是西藏人民咸皆感頌聖主天恩保護黃教，撫善殲惡，無不合掌稱慶，從此普天之下永享升平，悉荷皇恩之賜。

臣復飭令參將郭壽域同隆布奈等謹慎隘口，嚴加盤查，遠行確探外，再臣先因遣發參將郭壽域、趙儒等帶兵前赴哈喇烏蘇一帶防查去後，駐藏官兵似覺頗單，況奉撫遠大將軍令諭行知，青草起時西寧大兵出口進剿，臣思羅卜藏丹盡被大兵殺敗，倘逃竄來應即擒剿。兼值雲南提臣郝玉麟已領兵駐叉木多，臣爰將留駐防範叉木多之官兵肆百名檄調遊擊高麟端、守備董之駿等帶領來藏，後接撫臣蔡珽咨稱，已報明大將軍行令留叉木多之官兵不必進藏，仍著在彼防範，然於未來文之先而各兵已經抵藏，因路程遙遠，駄載馬匹倒斃甚多，臣令其休息肆拾餘日，今青海已經蕩平，各處番彝俱皆輸誠就撫，臣仍令遊擊高麟端等將所領之兵肆百名於陸月拾伍日自藏起程，領回叉木多

〔註255〕屬土爾扈特部遊牧於青海者，《蒙古世系》表四十六作丹忠，號額爾德尼濟農，父拜博。

〔註256〕此人原為青海蒙古雍正元年羅卜藏丹津叛亂之前右翼盟長，顧實汗圖魯拜琥第七子瑚嚕木什之孫，《蒙古世系》表三十七失載，《松巴佛教史》頁五五三表十載其父名旺欽，己名曲扎諾木真台吉。與《如意寶樹史》頁七九〇後表五校，己名曲扎諾木齊台吉，諾木真為諾木齊之誤。

〔註257〕《蒙古世系》表三十七作朋素克旺札勒，顧實汗圖魯拜琥第六子多爾濟曾孫，父額爾克巴勒珠爾，祖策旺喇布坦。

駐劄。而達賴喇嘛捐給犒兵銀捌百兩，臣添幫銀捌百兩，共壹千陸百兩，給兵沿途僱倩烏喇〔註258〕駄載。達賴喇嘛之父索諾木達爾扎亦捐銀貳百兩，貝子康金鼎捐羊貳千隻，阿爾布巴及公隆布奈捐糧壹百陸拾石，臣等因其感荷皇恩，出自真誠，隨分賞各兵祗領，合併聲明。所有微臣屢荷殊恩緣由，理合奏謝，今將臣同鄂賴在藏會商防範及撫綏事宜，合併繕摺，專差家人何吉成齎捧奏謝天恩，伏乞皇上睿鑒，全覽施行，謹摺奏以聞。

雍正貳年陸月貳拾玖日

硃批：覽奏朕深為嘉悅，此番西海之事實出望外，皆皇考在天之靈賜佑所致，爾等封疆大臣忠誠任事之所能也，但念及爾等之勤勞，不知如何示恩，方於心無愧也。

〔57〕川陝總督年羹堯奏報晉封頗羅鼐並賞賜有關効力人員摺（雍正二年七月十八日）[1]-1581

撫遠大將軍太保公川陝總督臣年羹堯謹奏。

據理藩院奏稱，議政大臣等覆議內稱，駐藏內閣學士鄂賴具奏，請對坡羅台吉頗羅鼐〔註259〕另施恩，請對隨康濟鼐効力之拉藏汗屬厄魯特阿里克等處唐古特第巴等共三十二人酌情嘉賞。再施恩封賞拉達克汗〔註260〕之處，大將軍年羹堯始終辦理西藏事務，既然稔知，封拉達克汗之事咨行大將軍，或即封汗號連同封郡王，或咨行鄂賴轉詢拉達克汗之意，再將應封之處經議定具奏到來時再議，賜頗羅鼐等扎薩克一等台吉銜及議賞隨康濟鼐効力三十二人之處，亦咨行大將軍，詳議具奏等情等因具奏前來。

竊臣查得封頗羅鼐等為扎薩克一等台吉，賞綢。對隨康濟鼐効力三隊三十二人分隊賞賜之處，均照議政大臣等所議，對此三十二人賜伊等頭銜事咨行駐藏內閣學士鄂賴等，轉由達賴喇嘛領據，亦按所編三隊賜以頭銜。又查得拉達克汗係助康濟鼐効力之人，康濟鼐封為貝子，今若將拉達克汗逾封康濟鼐銜，康濟鼐灰心，倘將拉達克汗與康濟鼐封為同等銜，伊又以伊為國汗，雖封之未必感恩，故此臣之意暫免封拉達克汗，依議政大臣等議降旨，嘉賞絲綢等物，嗣後拉達克汗復有顯著効力之處再予晉封，伏請聖裁，為此謹奏。

〔註258〕常寫作烏拉，西藏地區平民向政府及寺院提供的運輸勞役，包括人畜等。
〔註259〕即頗羅鼐。
〔註260〕《欽定外藩蒙古回部王公表傳》卷九十一頁二十九作尼瑪納木扎勒，《拉達克王國史950～1842》頁一七二作尼瑪南傑，康熙三十三年至雍正七年在位。

雍正二年七月十八日

硃批：議政大臣等議奏，議政處議，已照爾所奏施行。

〔58〕四川巡撫王景灝奏覆接濟駐藏官兵口糧摺（雍正二年九月十五日）[2]-[3]-486

四川巡撫臣王景灝為遵旨覆奏事。

竊臣於陛辭之日荷蒙皇上念及松潘總兵官周瑛帶領官兵駐劄西藏，恐口糧不能接濟，命臣到任即為料理，臣抵成都察明從前運藏兵餉尚可支給兩月，又於八月內經承辦軍需之建昌道安定昌委員將叉木多所貯之銀撥運五個月米價鹽菜銀兩就近解送西藏，合前已足支七個月口糧，然臣猶慮自省至藏程途遙遠，惟先期解送方可免於遲誤，臣是以復飭建昌道嗣後按月扣算以彼處約餘三個月餉銀之時即預解銀兩接濟，如此則源源相繼，而兵食可無不足之虞矣，臣恐上廑聖懷，為此具摺遣家人陳琬、左營馬兵楊金玉齎奏以聞。

雍正二年九月十六日具。

硃批：甚好，周瑛之為人，所効之力一點委曲不得他的，些須錢糧何必在意，用心料理。

〔59〕正藍滿洲旗署理都統阿林保等奏請議罪赴藏瀆職官員摺（雍正二年十一月二十五日）[1]-1799

正藍滿洲旗署理都統事務護軍統領臣阿林保〔註261〕等謹奏，為請旨事。

理藩院來文內稱，本院等部院會議得，據派往西藏之喇嘛尚拉木扎木巴、侍衛尚都供稱，我等皆為末等奴才，特奉命出使西藏，我等自藏起行到達巴顏哈拉地方後遇見達賴喇嘛使臣岱達爾罕，據岱達爾罕言稱因羅卜藏丹津叛亂被囚禁二十餘日後纔放出來云云，侍衛納蘭言稱羅卜藏丹津今在柴達木地方，其原駐地無人可以乘虛通過云云，所言屬實。再我等隨帶兵有二十人，其中十八人前往西寧，二人隨我等至成都，後又派往西寧，我等本為一同奉差之人，未與納蘭經西寧而來卻畏怯返回西藏，此乃我等之死罪，我等何有可供等語。員外郎九二〔註262〕、主事訥赫圖〔註263〕亦與喇嘛尚拉木札木巴等同供，該喇

〔註261〕《欽定八旗通志》卷三百二十一作滿洲正藍旗副都統阿林寶。
〔註262〕第三十一號文檔作員外郎九兒。
〔註263〕第三十一號文檔作主事訥黑圖。第二部分第二一二號文檔作辦事主事納蓀額爾赫圖。

嘛尚拉木札木巴、侍衛尚都、員外郎九二、主事訥赫圖者乃特奉差遣之使臣，理應一心一意商酌而行，當納蘭告訴伊等羅卜藏丹津在柴達木地方可以乘虛通過時伊等仍畏怯，棄近路出醜態往回去西藏，繞四川成都而來，殊甚瀆職，扎薩克喇嘛尚拉木札木巴既為喇嘛，擬免去其扎薩克喇嘛為尋常喇嘛，交於圖官呼圖克圖〔註264〕令念經行走，侍衛尚都、員外郎九二、主事訥赫圖俱照瀆職例擬以革職。再喇嘛尚拉木扎木巴向內閣學士鄂賴借去官銀二百兩擬交圖官呼圖克圖嚴催該銀，以交戶部收存。至尚都、九二、訥赫圖所借去官銀二百兩亦交各該旗嚴催以交戶部收存，臣等未敢擅便，謹奏請旨。雍正二年十月十三日具奏，本月二十二日奉旨，尚都乃舊侍衛，可停俸米，而留侍衛上効力行走，若効力行走好，著奏請仍給俸米，喇嘛尚拉木札木巴、侍衛尚都等於藏借用銀八百兩，而尚拉木札木巴等被劫銀物既已找到，且於藏已經從中坐扣所借銀兩，則著免賠還伊等所借銀兩，餘依議，欽此欽遵，等因前來。

　　臣等查得九二兼有拜他喇布勒哈番，且承襲佐領，理藩院咨行本旗一文內稱，員外郎九二已照瀆職例革職等語，既然如此是否僅革除九二之員外郎一職，或一併革除其拜他喇布勒哈番、佐領，為此謹奏請旨。

　　雍正二年十一月二十五日

　　署理都統事務滿洲火器營大臣兼護軍統領臣阿林保。

　　副都統臣和坤〔註265〕。

　　硃批：僅革除員外郎一職。

〔60〕川陝總督年羹堯奏遵旨留兵查木多駐防摺（雍正三年二月二十八日）[2]-[4]-423

　　太保公四川陝西總督年羹堯為遵旨奏明事。

　　本年二月二十三日由驛齎到御批臣摺，臣敬謹開讀，內有西藏撤兵，查木多〔註266〕不可無兵彈壓之聖諭，周詳明晰，瞭如指掌，臣謹遵旨議得，周瑛撤兵之日應將雲南之兵留一千名暫駐查木多，或以總兵，或以副將管領此兵，

〔註264〕　圖官呼圖克圖常寫作土觀呼圖克圖，指第二世土觀活佛羅桑卻吉嘉措，今青海省互助縣東山鄉人，康熙四十三年至五十一年任佑寧寺第二十四任法臺，卸職後被清聖祖召入北京，封為掌印喇嘛，康熙五十九年奉命護送七世達賴喇嘛入藏坐床，回京後被清世宗封為靜修禪師，成為清代駐京呼圖克圖。

〔註265〕　《欽定八旗通志》卷三百二十一作滿洲正藍旗副都統赫深。

〔註266〕　即察木多，今西藏昌都縣。

並於中旬駐兵數百名以為查木多聲援，俱行文總督高其倬、提督郝玉麟揀選委派，酌量辦理，郝玉麟帶雲南兵五百名與周瑛會同踏勘分管界至，事畢由裡塘回滇。再查川省兵馬現今在藏與查木多、乍丫〔註267〕、巴塘、裡塘防汛者共二千八百餘名，周瑛撤兵之日令其於此兵內留三百名駐防乍丫，留三百名駐防巴塘，各令遊擊一名管理，周瑛帶四川兵五百名會同郝玉麟踏勘分管界至，事畢即暫住裡塘以資彈壓，兩省兵糧照舊令本省委員分運供支，其餘兵馬不在派留之數者仍先行撤回原汛，至駐藏之員外郎常保等或隨兵撤回，或俟明年春夏撤回之處，統聽聖裁，臣謹議奏以聞。

雍正三年二月二十八日具。

硃批：知道了，常保亦應撤回。

〔61〕川陝總督年羹堯等奏請撤回駐藏兵丁摺（雍正三年三月初三日）[1]-1945

撫遠大將軍太保公川陝總督臣年羹堯等謹奏，為欽遵上諭事。

雍正三年二月三十日理藩院侍郎鄂賴到來，奉口傳諭旨，年羹堯以請撤藏兵奏於朕，雖駐兵數百名於藏亦屬無用，今青海之事既蕆，撤回甚屬合理，唯察木多不可不駐兵〔註268〕，將提督郝玉麟已撤與否未奏於朕，將此著爾前往與年羹堯商量，於察木多如何駐兵，及藏地甚屬緊要，朕頗擔心，今將撤藏兵，藏地如之何方，故著爾等議奏，欽此欽遵。

該臣等會同商議得，於察木多駐兵之處，今年羹堯既已齎奏，相應不議外，年羹堯先已奏請撤回藏兵，因尚未奉旨，故未撤，臣等詳思，藏地極小，我大軍久駐斷乎不可，縱其唐古特兵輒集守備，亦非長遠之計，是故請撤回藏兵，今既撤藏兵，藏務交與極可靠賢能之人固守方可堅固，查得貝子康濟鼐、阿爾布巴、公隆布鼐、扎薩克台吉頗羅鼐、扎爾鼐〔註269〕等雖皆感戴皇恩效勞，但伊等之中康濟鼐為人頗信實，且有才能，技藝亦優，先前準噶爾策凌敦多布在招地方時康濟鼐係一等閒小第巴，而能抵禦策凌敦多布矣，今

〔註267〕 今西藏察雅縣香堆鎮，此地清時期屬乍丫呼圖克圖管轄，亦統屬於達賴喇嘛與駐藏大臣。

〔註268〕 原文作唯察木多不可駐兵，據《年羹堯滿漢奏摺譯編》滿文第一七二號摺改為唯察木多不可不駐兵。

〔註269〕 《欽定西域同文志》卷二十四頁五作置爾喇鼐衛珠布佳勒博，轉音為扎爾鼐衛珠布扎爾布，授扎薩克頭等台吉，辦噶卜倫事，後以叛伏誅，按置爾喇鼐衛珠布佳勒博所居室名，漢字相沿止從轉音稱扎爾鼐。

蒙皇恩為貝子，駐於阿里克地方，益加揚名，準噶爾青海人等皆頗懼康濟鼐，唯康濟鼐係駐阿里克地方之人，請將康濟鼐停其往駐阿里克地方，留之於藏，一切事務俱交與康濟鼐，令與其餘貝子公等商議辦理，於阿里克地方康濟鼐揀選其所知可靠優良之人派駐可也。自噶斯口經穆魯烏蘇之源通往納克察〔註270〕等處之路，及自噶勒藏呼察〔註271〕以下穆魯烏蘇渡口，呼爾噶俄羅木〔註272〕、拜圖、多倫俄羅木〔註273〕、庫庫賽爾〔註274〕等處，輪番設置卡倫，不時遠眺取信可也。自招地方至察木多置其唐古特驛站可也，如有消息康濟鼐等即率其唐古特兵，將招堅防可也，一面來報我率兵駐察木多之大臣，駐察木多之大臣即率兵往救，則招地方可固也，擬於命下之日臣年羹堯處欽遵施行，為此謹奏請旨。

雍正三年三月初三日

撫遠大將軍太保公四川陝西總督臣年羹堯。

理藩院侍郎臣鄂賴。

〔62〕川陝總督年羹堯等奏請康濟鼐留任藏務摺（雍正三年四月初二日）[1]-1979

撫遠大將軍太保公四川陝西總督臣年羹堯等謹奏，為欽奉上諭事。

本年三月初三日臣等具摺奏請將康濟鼐留於藏為首辦事，奉旨，諭大將軍年羹堯，將康濟鼐議駐於藏者雖是，唯康濟鼐所駐阿里克地方亦甚緊要，康濟鼐情願與否，及與阿爾布巴、隆布鼐等相合與否，既不稔知，而令康濟鼐為首，若率其所屬數百之兵駐於藏，則有不便，阿爾布巴等若不心服，以

〔註270〕　《欽定理藩院則例》（道光）卷六十二作納倉宗，今西藏申扎縣一帶地區。清代檔案文獻常作納克產。

〔註271〕　《衛藏通志》卷四頁二十二作噶爾藏骨察，前藏由陽八井至噶爾藏骨察，計程一千三十五里。

〔註272〕　第四十九號文檔作呼爾噶鄂洛木。

〔註273〕　《大清一統志》卷五百四十七作多倫鄂羅穆渡，在木魯烏蘇自西折南流之處，其水至此，分為七歧，故名，水小宜涉，水發難行。此渡口漢名七渡口，在青海省治多縣扎河鄉瑪賽村（《青海省地圖》標註在木魯烏蘇南岸，作碼賽），該村立有七渡口碑。另對岸即為曲麻萊縣曲麻萊河鄉昂拉村，該村亦立有七渡口碑，此渡口為自青海入藏重要渡口之一。

〔註274〕　第三十一、第三十三、第四十九號文檔作庫庫賽伊爾。《大清一統志》（嘉慶）卷五百四十七作巴漢苦苦賽爾渡，即小苦苦賽爾渡，此小庫庫賽渡口為清代青海入藏官道之渡口。《欽定西域同文志》解庫克賽郭勒，庫克賽青石也，河中積有青石，故名。

康濟鼐獨身駐之，縱有効力之心，若無主張則亦無用，以朕之見，若使康濟鼐仍皆看雙方，則康濟鼐得以往返行走，可照看二地，有於事似有裨益，若諭康濟鼐駐藏，則以為既已命駐，雖欲赴阿里克地方照看，亦不敢即行矣，似應多加考慮，將此著一併由大將軍年羹堯與侍郎鄂賴再行周詳定議具奏，若使康濟鼐於兩處往返行走認為合理，康濟鼐若前往阿里克地方，則詳定駐藏為首之人，一併具奏，特諭，欽此欽遵。

該臣當即抄錄，齎與侍郎鄂賴商定，咨覆該臣。該臣等會議得，貝子康濟鼐於〔註275〕準噶爾車淩棟羅卜〔註276〕等來招之時因康濟鼐勞績超群，現在達賴喇嘛以康濟鼐為黃教而効力，給予戴青巴圖魯名號，推崇備至，凡聚會議事，康濟鼐之舉止亦異於阿爾布巴、隆布鼐等人，即使貝子阿爾布巴、公隆布鼐、眾第巴、中庫爾〔註277〕等亦皆恭維康濟鼐，據此請將康濟鼐即照諭旨，於招地方、阿里克地方往返行走，照看兩地。再向來平時辦事，若康濟鼐在招皆由康濟鼐為首辦理，康濟鼐若前赴阿里克地方，則由貝子阿爾布巴為首辦理，今在招地方之貝子公諸台吉內貝子阿爾布巴雖効力不如康濟鼐，為我深信，然阿爾布巴為人尚可，原先康濟鼐來招以前皆由阿爾布巴為首辦理，據此康濟鼐若前赴阿里克地方，擬即令貝子阿爾布巴為首，會同其餘之公諸台吉辦理招之事務，為此謹奏請旨。

雍正三年四月初二日

撫遠大將軍太保公川陝總督臣年羹堯。

理藩院侍郎臣鄂賴。

〔63〕川陝總督年羹堯等奏請議覆安置達賴兄長摺（雍正三年四月初二日）[1]-1980

撫遠大將軍太保川陝總督臣年羹堯等謹奏，為欽奉上諭事。

先經該臣以達賴喇嘛兄辰壘〔註278〕口供具摺請旨，奉旨，著將辰壘寬免，唯不可將其遣回赴藏，如何贍養何處安置之處，著大將軍年羹堯、侍郎鄂賴核議具奏，欽此欽遵。該臣曉諭辰壘，欽命將爾寬免，據辰壘稟稱，我

〔註275〕原文作康濟鼐子，今改正為康濟鼐於。
〔註276〕《蒙古世系》表四十三作策淩端多布，其父布木。此人為大策淩端多布，以區別於小策淩端多布。
〔註277〕即仲科爾。
〔註278〕第六十九號岳鍾琪漢文摺作陳纍。

係身獲重罪之人，應即斬殺，蒙大皇帝廣如天好生之慈，將我寬免未殺，我終身感激不盡等情，叩頭稟告。又問辰壘，爾原係班第，今意欲仍作班第乎，抑為俗人乎。據稟我原係班第，吾戒為羅卜藏丹津所毀而娶妻，今再作班第將被人恥笑，願為俗人度日等語。該臣將所奉之旨，及辰壘所告之言皆繕錄咨與侍郎鄂賴商定，咨覆該臣。

該臣等會議得，辰壘今情願作俗人，相應請旨〔註279〕辰壘作為俗人，安置於裡塘，請飭裡塘之員，以蠻人交納之青稞每月給辰壘及隨從人等各三斗，動支官銀每月給辰壘二兩，製作衣服穿用可也，如此則辰壘托皇上之恩，可得長久生計，而彼等每月支領青稞銀兩，亦便於稽查，為此謹奏請旨。

雍正三年四月初二日

撫遠大將軍太保公川陝總督臣年羹堯。

理藩院侍郎臣鄂賴。

〔64〕和碩怡親王允祥等奏報達賴喇嘛之兄辰壘自願還俗等事摺（雍正三年四月十二日）[1]-1994

議政大臣和碩怡親王臣允祥〔註280〕謹奏，為欽遵上諭事。

將軍年羹堯等奏稱，前臣將達賴喇嘛之兄辰壘供詞具摺奏請，奉旨辰壘寬免，但不得遣回西藏，如何養育安置於何地著大將軍年羹堯與侍郎鄂賴詳議具奏，欽此欽遵。臣即轉告辰壘欽命寬免爾罪，辰壘稱我乃獲有重罪之人理應立斬，大皇帝秉性好生推演仁政，不殺我而加以寬恕，我終生感激不盡等情，叩頭不已。又與辰壘言爾原為班第〔註281〕，今日是否仍作為班第或意欲還俗，辰壘對曰我原為班第，然我所受之戒已被羅卜藏丹津毀破以致娶妻，今若重作班第定會被人恥笑，故願還俗等語。臣將所奉諭旨以及辰壘之意俱行抄錄咨行侍郎鄂賴商議，鄂賴已咨覆於臣，臣等會議得今辰壘自願還俗，擬准還俗，住於裡塘並飭裡塘官員將蠻夷所進青稞每月供給辰壘及隨從每人三斗，動支公銀供給辰壘每月二兩以用於穿戴，如此辰壘仰賴聖恩得以生計，且每月領取青稞銀兩時亦可以便於檢查，為此謹奏請旨，雍正三年四月初七日由奏事員外郎張文斌等奉旨，著交議政處，欽此欽遵。

臣等公同會議，將軍年羹堯等奏稱，達賴喇嘛之兄辰壘自願還俗，故准還

〔註279〕原文作請并，今改正為請旨。
〔註280〕清聖祖第十三子。
〔註281〕原註，即小喇嘛。

俗，住於裡塘，並飭裡塘官員將蠻夷所進青稞每月供給辰壘及隨從每人三斗，動支公銀供給辰壘每月二兩以用於穿戴云云，是以擬照將軍年羹堯等所奏准住於裡塘，每月供給每人青稞三斗，供給辰壘公銀二兩，辰壘乃獲罪而應斬之人，聖主特憫達賴喇嘛此次不殺辰壘而加寬恕，准住裡塘，是以擬咨行署川陝總督岳鍾琪，將辰壘交付與駐裡塘官兵，不准辰壘到處行走，不准與番人見面交談，以嚴加看守之，為此謹奏請旨。

　　雍正三年四月十二日

　　議政大臣和碩怡親王臣允祥。

　　議政大臣和碩莊親王臣允祿〔註282〕。

　　議政大臣多羅果郡王臣允禮〔註283〕。

　　議政大臣多羅貝勒臣滿都呼〔註284〕。

　　議政大臣鎮國公臣德普〔註285〕。

　　大學士伯臣馬齊〔註286〕。

　　議政大臣吏部尚書兼理藩院事公舅舅臣隆科多〔註287〕。

　　議政大臣領侍衛內大臣公舅舅臣誇岱〔註288〕。

　　議政大臣領侍衛內大臣公臣馬爾賽〔註289〕。

　　大學士臣嵩祝〔註290〕。

　　署理大學士戶部尚書臣徐元夢〔註291〕。

　　議政大臣協理理藩院事務散秩大臣兼都統太僕寺卿臣拉錫〔註292〕。

　　議政大臣禮部尚書兼都統臣賴都〔註293〕。

〔註282〕清聖祖第十六子。

〔註283〕清聖祖第十七子。

〔註284〕《欽定八旗通志》卷三百二十一作滿洲正白旗都統貝勒滿都護。清聖祖弟常寧子，《欽定八旗通志》卷二百七十一作滿都祜。

〔註285〕鄭獻親王濟爾哈朗曾孫。

〔註286〕《清代職官年表》大學士年表作保和殿大學士馬齊。

〔註287〕《清代職官年表》部院大臣年表作吏尚書隆科多。

〔註288〕《欽定八旗通志》卷三百一十八作領侍衛內大臣公誇岱。

〔註289〕《欽定八旗通志》卷三百一十八作領侍衛內大臣公馬爾賽。

〔註290〕《清代職官年表》大學士年表作文華殿大學士嵩祝。

〔註291〕《清代職官年表》大學士年表作徐元夢。

〔註292〕《欽定八旗通志》卷三百二十一作滿洲正白旗都統拉錫。《欽定八旗通志》卷一百八十六有拉錫傳，曾與學士舒蘭往窮河源。

〔註293〕《清代職官年表》部院大臣年表作禮尚書賴都。

議政大臣兵部尚書臣遜柱。

議政大臣兵部尚書臣盧詢。

議政大臣刑部尚書臣塞爾圖。

理藩院尚書仍理侍郎事務臣特古忒〔註294〕。

議政大臣都察院左都御史臣尹泰〔註295〕。

議政大臣散秩大臣兼步軍統領臣阿齊圖〔註296〕。

〔65〕四川提督岳鍾琪奏陳苦苦腦兒諸台吉苦情摺（雍正三年三月十四日）[2]-[4]-497

奮威將軍世襲三等公拜他喇布勒哈番提督四川總兵官臣岳鍾琪謹奏，為仰請聖裁事。

竊照苦苦腦兒親王代青和碩氣插漢丹進〔註297〕、郡王厄爾德尼厄爾克托克托奈〔註298〕、貝子索諾木達什〔註299〕、公噶爾丹達什〔註300〕所部彝人經副都統臣達鼐查明四家共有人口一萬三千八百三十二口，內有窮人五千五百七十二口，仰沐天恩得復歸聚，于內窮人乏食，是以正月內臣就商督臣年羹堯賑救，督臣捐銀一萬兩，將三千兩買備炒麵差員解送出口，經副都統臣達鼐按名給散，又將銀七千兩交該副都統買備羊一萬五千隻，俟青草長茂按戶分給，令其孳生，窮彝均已得所，該副都統已于三月初九日竣事回寧。茲據親王代青和碩氣插漢丹進、郡王色布騰扎兒〔註301〕、公拉查布〔註302〕等差人前來見

〔註294〕《清代職官年表》滿缺侍郎年表作理藩院左侍郎特古忒。

〔註295〕《清代職官年表》部院大臣年表作都察院左都御史尹泰。

〔註296〕《欽定八旗通志》卷三百十八作步軍統領阿濟圖。

〔註297〕《蒙古世系》表三十九作察罕丹津，顧實汗圖魯拜琥第五子伊勒都齊之孫，其父博碩克濟農。《欽定西域同文志》卷十七頁五作戴青和碩齊察罕丹津，戴青和碩齊為其號，察罕丹津為其名，史籍有以名稱者，有以號稱者，或號與名全稱者，實為一人。

〔註298〕《蒙古世系》表三十六作額爾德尼額爾克托克托鼐，顧實汗圖魯拜琥第四子達蘭泰之孫，其父袞布。

〔註299〕《蒙古世系》表三十七作索諾木達什，顧實汗圖魯拜琥第九子桑噶爾札之孫，其父塔薩博羅特，其兄為公端多布達什。

〔註300〕《蒙古世系》表三十八作噶勒丹達什，顧實汗圖魯拜琥長子達顏鄂齊爾汗曾孫，其父垂庫爾，祖多爾濟。

〔註301〕《蒙古世系》表四十三作色布騰札勒，準噶爾部巴圖爾渾台吉孫，其父卓特巴巴特爾。

〔註302〕《蒙古世系》表三十九作喇察布，顧實汗圖魯拜琥第五子伊勒都齊曾孫，其

臣，迫切膚懇，備述喀木藏衛原有我們管的番子，向來收取添巴分養部落，自羅卜藏丹盡攪亂之後此項添巴俱為西藏達賴喇嘛收去，更無出產資生等情。臣查喀木藏衛番子內中原有向屬達賴喇嘛管轄者，亦有苦苦腦兒諸台吉管轄者，自羅卜藏丹盡叛逆，達賴喇嘛不分順逆將喀木藏衛凡屬苦苦腦兒所管番人盡行收羅管去，於中有羅卜藏丹盡等叛逆諸人所屬唐古特部落，既已無人管轄，今為達賴喇嘛管去不為不可，其向屬苦苦腦兒現在向化受封親王插漢丹進等原管喀木藏衛番人理應仍歸苦苦腦兒諸台吉管轄，收納添巴資其過活，方為妥貼，謹敢具摺密奏，如奉有明旨，臣即可以吩咐將喀木藏衛番子仍令苦苦腦兒諸台吉各照舊管，收取添巴，其無主番人仍聽達賴喇嘛收去管轄，自必不戢自寧，無有爭競者，臣奉命駐劄，既知苦苦腦兒諸台吉有此苦情，不敢不為剖析奏聞，伏乞聖主睿鑒裁斷降旨施行，謹奏。

雍正三年三月十四日具。

硃批：如此據實明奏甚是，但內中有可以著實斟酌者，另有諭知，卿可詳悉議定奏聞。

附硃諭一紙

上諭，奮威將軍岳鍾琪，爾所奏親王插漢丹進、郡王色布騰札兒、公拉查布等迫切膚懇備述喀木藏衛原有伊等管的番子，向來收取添巴分養部落，自羅卜藏丹盡叛亂之後此項添巴俱為達賴喇嘛收去，更無出產資生一事，雖係應奏之事，但插漢丹進等與西藏來往是其常事，只可令其各自差人向達賴喇嘛以禮講說討回方為穩妥，斷不可稱說已經奏聞，行令達賴喇嘛給回原主，但插漢丹盡等若得喀木藏衛原管番子，勢必又討伊等邊內舊屬番子，那時雖欲不給恐有為難不便處，不可不預料，此等邊內番子因向為青海所屬，內外交通擾亂地方，拒敵官兵，今甫平定安心內附，斷不可因插漢丹盡等不得添巴之故，更啟隙端也，若插漢丹盡等曾向達賴喇嘛求討不與，今理藩院侍郎鄂賴現在西寧，彼曾在藏內住過，可密與鄂賴商議，若可寄信鄂賴竟以己意寄信與藏內辦事之貝子阿爾布巴等，將未經反叛無罪之插漢丹盡等所屬喀木藏衛番子給還原主亦可。再插漢丹盡住牧之地與河州相去最近，去歲因青海新定，議令蒙古人等不許擅自進邊，定於二八月至納拉薩拉〔註303〕地方交易兩次，買賣人等馱去藏巴想亦無多，且離其住處數百餘里，不能及時買取口

父墨爾根諾顏，祖博碩克濟農。

〔註303〕即日月山，《西藏志》頁一九九載，納拉撒拉圖即日月山。

糧，雖得賞銀終屬無濟，作何令其就近得買口糧，爾其詳察定議，勿謂前議既定不敢更改，事有未便必當因時制宜，務使永遠可以遵行方妙，此一事朕諭年羹堯斟酌矣，爾可確議密摺具奏。

附修訂摺一件

奮威將軍世襲三等公四川提督兼理甘肅提督印務臣岳鍾琪謹奏，為仰請聖裁事。

竊照苦苦腦兒親王代青和碩氣插漢丹進、郡王厄爾德尼厄爾克托克托奈、貝子索諾木達什、公噶爾丹達什所部彝人經副都統臣達鼐查明四家共有人口一萬三千八百三十二口，內有窮人五千五百七十二口，仰沐天恩得復歸聚，於內窮人乏食，是以正月內臣就商督臣年羹堯賑救，督臣捐銀一萬兩買備炒麵羊隻令副都統達鼐按名給散，均已得所，該副都統已于三月初九日竣事回寧，茲據親王代青和碩氣插漢丹進等差人前來見臣，迫切膚愬，備述喀木藏衛原有我們管的番子，向來收取添巴分養部落，自羅布藏丹盡攪亂之後此項添巴俱為西藏達賴喇嘛收去，更無出產資生等情，臣查喀木藏衛番子內達賴喇嘛管轄者，亦有苦苦腦兒諸台吉管轄者，自羅卜藏丹盡叛逆，達賴喇嘛不分順逆將喀木藏衛凡屬苦苦腦兒所管番人盡行收羅管去，于中有羅卜藏丹盡等叛逆諸人所屬唐古特部落，既已無人管轄今為達賴喇嘛管去不為不可，其向屬苦苦腦兒現在向化受封親王插漢丹進等原管喀木藏衛番人理應仍歸苦苦腦兒諸台吉管轄，收納添巴資其過活方為妥貼，謹敢具摺密奏，如奉有明旨臣即可以吩咐將喀木藏衛番子仍令苦苦腦兒諸台吉各照舊管轄，收取添巴，其無主番人仍聽達賴喇嘛收去管轄，自必不戢自寧，無有爭兢矣，為此具摺奏聞，伏乞聖主睿裁降旨施行，謹奏。

雍正三年三月十四日

硃批：如此據實剖析陳奏方是，但其中有應再三斟酌處，候另降諭旨發卿，詳悉定議具奏以聞。

附修訂硃批一紙

諭奮威將軍岳鍾琪知悉，據爾奏稱西海諸台吉插漢丹進等迫切膚愬，備述伊等原管番子向來應納之添巴自羅卜藏丹盡叛後俱被達賴喇嘛收去，現在無計資生等語，此事固應奏請酌行，但插漢丹進等與西藏素通往來，非不相干涉之人可比，似應令其自向達賴喇嘛以情理討回，庶為妥便，斷不可稱說業經奏聞，行令達賴喇嘛退還原主也，至若插漢丹盡等既得喀木藏衛原管番

子，勢必又討伊等邊內原管舊屬，彼時將何詞謝絕，不可不行預料，邊內番族向因役屬青海，不沾王化，所以內外交通擾亂地方，拒敵官兵，今甫經平定安心內附，豈可緣伊等不得添巴之故更開釁端耶，此等處俱應計及，倘慮插漢丹盡等向達賴喇嘛求討不與，今理藩院侍郎鄂賴現住西寧，可密與之商籌，竟令鄂賴以己意寄信與藏內辦事之貝子阿爾布巴等，將未曾叛逆叛無罪如插漢丹盡等所屬喀木藏衛番子查明退還或庶幾可耳。再者插漢丹盡住牧之地去西寧較遠與河州最近，去歲定議青海蒙古不許擅自進邊，止准其於二八月至納拉薩拉地方交易兩次，貿易人等馱去藏巴諒亦無多，且離伊住處數百餘里，安能及時購買，雖得賞銀終屬無濟，作何令其就近得買口糧之處，爾另行詳議具奏，勿謂前議既定不敢更張，事有未便當因時制宜，務俾永遠遵行方為妥協，此一事朕已諭年羹堯斟酌矣，爾其確議密奏以聞。

〔66〕雲南提督郝玉麟奏報駐劄官兵情形摺（雍正三年四月初三日）[2]-[4]-574

提督雲南等處地方總兵官署都督僉事紀錄一次臣郝玉麟謹奏，為奏聞駐劄官兵情形上慰聖懷事。

竊臣仰蒙聖恩帶領官兵貳千名駐劄察木多，臣於上年貳月自中旬起程肆月抵察木多迄今壹載，屢蒙皇上垂念將弁兵丁，頻加恩賞，官兵莫不感激思奮，臣思駐劄官兵月有口糧鹽菜，察木多食物價值雖貴，兵丁關支折給廩菜亦足日用，惟喂養馬匹草料出產無多，未免價值過昂，臣與督撫二臣斟酌接濟，上年拾貳月督臣高其倬撫臣楊名時布政使臣李衛念塞外嚴寒，仰體我皇上愛恤官兵之至意，至臣以下或製送皮衣或捐給銀兩，每兵各賞皮衣壹件，差員押解軍營散給，今年叄月又解幫臣盤費銀壹千兩，絲將遊擊守備千把各幫銀陸拾肆拾貳拾拾餘兩不等，漢土兵丁每名又賞銀貳兩，官兵飽食煖衣人人自勵踴躍歡忭，臣恐上廑聖懷，理合繕摺奏聞，伏乞皇上睿鑒施行，謹具奏聞。

雍正叄年肆月初叄日

硃批：知道了，朕自然有殊恩，高其倬等原係實心任事之人，朕皆洞悉，奉旨薦舉一摺留中。

〔67〕雲貴總督高其倬奏請功加進征西藏外委兵丁摺（雍正三年五月初六日）[2]-[4]-741

雲貴總督臣高其倬謹奏，為奏聞功加外委兵丁情節仰懇皇仁事。

　　查雲南前次進征西藏外委兵丁稍有微勞者仰荷皇上恩加格外，勅部議敘，皆得從優給與副將等銜劄付，皇上所以鼓勵戎行者聖恩高厚聖意深遠，嗣經部劄發到給領之時臣以為此等兵丁既加副將等銜或應赴部，酌行推選，隨經臣以應否開除名糧咨部候選之處咨候部示，隨准部咨不便在營食糧，令其開除，臣隨遵照在案，今候數月兵部將應否送部候選之處未另行知照，而前咨內亦止令開除名糧，無應否送部候選之語，臣思此項兵丁係稍有微勞者，乃未奉部示，既未能赴部稍邀寸進，而開除名糧，又難與在營兵丁一體拔補，且此內貧乏亦倚名糧養贍者頗眾，臣謹將情節奏聞，請將功加各兵仰乞睿鑒，仍留本營食糧，俟千把缺出與漢子〔註304〕好弓馬熟嫺之目兵選擇問補，庶各兵仰沐皇仁將來獲上進之階，目前得養贍之地矣，臣謹繕摺請旨。

　　雍正叁年伍月初陸日

　　硃批：發兵部議奏。

〔68〕雲貴總督高其倬奏陳查木多由滇歸川暫委官兵駐防摺（雍正三年五月初六日）[2]-[4]-742

　　雲貴總督高其倬謹奏，為奏聞事。

　　雍正叁年五月初一日臣接准到撫遠大將軍年羹堯令諭，內開為軍務事照得策妄既經歸順，西海亦已蕩平，則西藏路遠不便久駐大兵，而查木多地方不可無兵彈壓，應將松潘鎮帶領駐藏之兵盡行撤回而留雲南之兵一千名暫駐查木多，或選總兵或選副將管領此兵，並於中甸駐兵數百以為聲援，其四川兵馬現在西藏與各處防汛者共二千八百餘名，應令松潘鎮於撤兵之日在此兵內留三百名駐防乍丫，留三百名駐防巴塘，各令遊擊一員管理，雲南提督帶兵五百名，松潘鎮帶兵五百名，由查木多至裡塘一路會同踏勘地界，近川者歸川，近滇者歸滇，務宜從公，不可偏執己見，事畢之日雲南提督即由裡塘帶兵回滇，松潘鎮則帶此五百名兵暫駐裡塘彈壓，兩省兵糧照舊令兩省委員分運，其餘兵馬不在派留之數者先行撤回原汛，已經奉有諭旨，出行松潘鎮，雲南提督，雲南巡撫，四川巡撫外，擬合就行，為此仰該督查照，將官兵所需糧餉仍委員運供勿致遲誤，施行等因到臣。臣隨飛行知照，除一切迎勞賞給馬匹船隻以及糧餉，臣俱料理無誤，陸續具疏另奏外，惟留雲南之兵駐扎查木多之處，臣查查木多離四川近，離雲南遠，雖中甸現駐雲省之兵五百名，然相離仍遠，前臣准

〔註304〕原文作漢子，疑為漢仗之誤。

川陝總督年羹堯咨將查木多地方已歸四川，彼地喇嗎番人亦以為伊等係四川所管，雲南官兵凡購買炒麵柴草皆呼應不靈。臣愚昧之見，以為若正當用兵之時一切調遣駐扎惟在隨機應變，原不拘必以本省之兵方駐本省之地，今西藏軍務已竣，兵馬已撤回，乃照常辦理之時應籌經久。所有查木多地方係歸川省管轄，不應留駐雲南之兵，且供運買購恐將較川省所費亦多。但臣細查來文內有暫駐字樣，又令雲南提督郝玉麟松潘鎮總兵周瑛會同踏勘，其歸川歸滇之處，或有改易亦未可定，又撤兵來文一面行臣衙門，已一面行知軍前各處，以事勢揆之，若再用咨行，往復商籌，必趕不及川滇已撤之兵，勢難久待，查木多地方目下不容空虛，臣再四思維，隨一面飛檄現駐扎天柱寨鶴麗鎮總兵張耀祖帶兵一百名前往查木多，再將現在查木多之兵留九百名，共合一千名，一總管領，暫行駐防，盡心彈壓，一面咨呈撫遠大將軍年羹堯，查木多既歸川省，踏勘後聽撥川省官兵管轄駐扎，臣謹一面將詳細情節繕摺奏聞。再中甸地方現有副將李宗膺帶兵五百名駐防，應仍留暫駐，俟踏勘定後，量歸滇地之廣狹，臣再將酌安將弁兵丁之處具疏仰請睿裁。再查木多既有雲南之總兵帶兵駐扎，其一路安臺遞送公文之兵亦應暫留，合併聲明，謹奏。

雍正三年五月初六日

硃批：發議政議奏。

〔69〕署川陝總督岳鍾琪奏報達賴喇嘛之兄陳類暫解打箭爐摺（雍正三年五月二十六日）[2]-[5]-111

奮威將軍世襲三等公署理四川陝西總督印務四川提督拜他喇布勒哈番臣岳鍾琪謹奏，為奏請聖裁事。

竊照達賴喇嘛之兄陳類係有罪該斬之人，蒙聖恩推念達賴喇嘛，免死安置，接准理藩院咨文令臣交與裡塘駐防官兵嚴行看守，毋令亂走，與番人見面，每月賞給陳類銀二兩。并每人每月令將蠻人交納青稞各給三斗等因。臣查裡塘乃陳類生長地方，且今現有官兵安營駐劄，將陳類安置看守亦無不可，但屬撥防並非額設營汛，俱各插帳居住，並無城堡房屋，況係番蠻四通八達之區，一有疏防，即關干係。且恐將來官兵一撤，是必又要更遷，臣愚莫若將陳類解送打箭爐安置，查打箭爐水土與番人相宜，又離遠陳類生長之地，且得交與打箭爐駐防官兵看守，並令打箭爐監督同化林協副將不時查察，便可永久無虞，其每月賞給陳類銀二兩，並每人每月青稞口糧三斗之處，即行建

昌道在於額征番糧內供支，亦是妥便，陳類現在西安地方，暑熱不便久留，臣已飭令原解官役先解打箭爐暫住，候旨遵行，臣未敢擅便，伏乞聖主睿裁，謹奏。

雍正三年五月二十六日具。

硃批：此事原屬料理不妥，朕與議政著實議論，未言及此，甚好。

附修訂摺一件

同日又奏，為奏請聖裁事。

竊照達賴喇嘛之兄陳類係有罪該斬之人，蒙聖恩推念達賴喇嘛免死安置，接准理藩院咨文令臣交與裡塘駐防官兵嚴行看守，毋令亂走與番人見面等因。臣查裡塘乃陳類生長地方，日今現有官兵安營駐劄，將陳類安置看守亦無不可，但屬撥防並非額設，營汛俱各插帳居住，並無城堡房屋，況係番蠻四通八達之區，一有踈防即關干係，且恐將來官兵一撤，是必又要更遷，臣愚莫若將陳類解送打箭爐安置，查打箭爐水土與番人相宜，又離遠陳類生長之地，且得交與打箭爐駐防官兵看守，並令打箭爐監督同化林協副將不時查察，便可永久無虞，陳類現在西安地方，暑熱不便久留，臣已飭令原解官役先解打箭爐暫住，候旨遵行，臣未敢擅便，伏乞聖主睿裁，謹奏。

雍正三年五月二十六日具。

硃批：斯事原屬料理未協，朕與議政大臣等曾經再三論議未思及此，今照所奏安置始覺妥貼。

〔70〕理藩院右侍郎本錫奏報達賴喇嘛使者病況摺（雍正三年七月初五日）[1]-2081

侍郎臣本錫〔註305〕謹奏，為奏聞事。

奴才曾奉命帶領達賴喇嘛等人之使臣住於海子，今據醫治達賴喇嘛使臣堪布之病之大夫荊祺稱，堪布之內外病狀俱已好了，唯因氣虛腳下無力，現行服者係補藥等語。再據患病堪布扎木揚端珠克稟稱，我來自遠方，因多病且遇到天熱，未指望自身能活，蒙神聖慈仁之皇上睿鑒，眷念達賴喇嘛，賞醫治療小呼巴喇克〔註306〕。又以天熱，海子地方涼爽派我等住於此，故我的病很好了，凶命復生，雖氣虛足不得力，然今已立秋請於本月初八日赴達賴喇嘛之廟

〔註305〕《清代職官年表》滿缺侍郎年表作理藩院右侍郎本錫。
〔註306〕呼巴喇克僧人意。

服用補藥等語。本錫查得使臣堪布扎木揚端珠克感戴皇上之恩，不時作揖叩頭，甚為欣喜，堪布此病痊癒皆由皇上撫遠惻隱生靈之聖心所致也，故將使臣堪布病癒，本月初八日移至達賴喇嘛之廟之處一併謹具奏聞。

雍正三年七月初五日

硃批：朕甚欣慰覽之，朕亦未指望伊之病將如何，此亦堪布其行善添壽，特佛天賜朕臉面所致，大禧，初八日進城好，知道了。

〔71〕西安副都統伊禮布奏參協領等妄行貪虐等事摺（雍正三年七月二十一日）[1]-2113

西安右翼副都統臣覺羅伊禮布〔註307〕謹奏，為參貪虐官員，以正國法事。

竊照今歲七月十五日據鑲藍旗披甲墨爾格之妻呈稱，我丈夫墨爾格係原佐領枚爾圖之子，披甲後隨額楞特〔註308〕、策淩〔註309〕出兵西藏後未還，故前大臣等欽遵聖祖仁皇帝旨意贍養我家口，令我家生丁巴爾賽披甲，已有數年，不料今歲正月我旗協領索岱〔註310〕無故裁我家巴爾賽披甲，令其妻胞弟佐領布占泰養子披甲等語。為臣查得西安滿洲兵駐防年久，仰賴皇上之福滿洲繁衍，戶口甚眾，皆令其子弟、家生丁披甲贍養已故披甲之戶口，墨爾格為皇上効力出兵西藏後未還，情屬可憐，而索岱即裁其披甲徇情撥給其親戚，遂於十六日臣於射場同將軍閱射時問伊此事情，伊反而強勝巧言。

又本月二十日准原佐領阿思哈之母呈稱，我子佐領阿思哈以及我孫披甲華連布出兵巴里坤二年，皆已病卒，屍骨未到之先我旗協領索岱伊有披甲五名，而隱匿披甲四名，以為披甲止一名，無故裁我家二披甲，以撥給其未成丁之孫等語。查得去歲六月臣同年羹堯監督披甲時索岱不親去，而派佐領阿爾薩將已故佐領阿思哈家二披甲、又一披甲皆著落索岱未成丁三孫名下取之，於是臣言原佐領阿思哈在軍前數年，伊自己伊弟之子已同亡，且屍骨尚未到，故將此披甲暫不應裁減等情，年羹堯不知何意不聽臣言，便將披甲分給協領索岱，加之前五披甲，伊一人即有八披甲。

〔註307〕《欽定八旗通志》卷三百三十二作西安副都統覺羅伊禮布，時為雍正元年，三年表內無。
〔註308〕《平定準噶爾方略》卷三頁二十一作湖廣總督署理西安將軍額倫特，《清史稿》卷二八七、《欽定八旗通志》卷一七四有傳。
〔註309〕《平定準噶爾方略》卷二頁二十二作一等侍衛色楞。
〔註310〕《陝西通志》卷二十三頁四十七作鑲藍旗協領索代。

今詳查訴狀內緣由，協領索岱、佐領阿爾薩彼此徇情，欺誑貪虐，情甚可惡，若不嚴懲此類，則安能正國法，臣望將索岱、阿爾薩交該部嚴加議罪，前將索岱由佐領保題協領時雖署理將軍印務公普照〔註311〕、年羹堯、伊禮布臣同保題，然迄今尚未引見，臣遂跪報貝勒延信曰，請參臣之錯保時貝勒延信不肯，倘將臣錯事匿而不舉則罪將愈重，請將臣伊禮布亦交部議罪，為此不勝戰慄，謹奏請旨。

雍正三年七月二十一日

硃批：此事爾應同將軍商議而行，即奏朕者非也。

〔72〕甘肅巡撫石文焯奏報供應進藏馬駝緣由摺（雍正三年七月二十四日）[2]-[5]-443

甘肅巡撫臣石文焯跪奏，為據實陳明恭請聖裁事。

竊臣仰蒙皇上知遇隆恩畀以邊疆重寄，惟期殫心竭力辦理地方公務以副委任，事無鉅細不敢一毫隱諱，謹將供應進藏馬駝緣由備細為我皇上陳之。西寧地方供應進藏差使馬駝一項最為要緊，若非膃壯不足以供馱載，挑選購買甚是艱難，在康熙伍拾肆年以前即一時購買不及尚有營中肥馬可以借用通融接濟，隨後買還，迨自軍興以來馬駝缺少，價值益貴。自康熙陸拾壹年雍正元貳年每馬壹匹價銀貳拾壹貳兩貳拾叁肆兩不等，每駝壹隻價銀伍拾兩伍拾壹貳兩不等，且挑選膃壯尤不易得，而各營中亦無肥馬可以借應。凡遇差使必須預買喂養照數齊備方免臨時貽悞，及差員到日應付馬駝內或需折價貳叁分者，有折價肆伍分者，蓋因道路遙遠惟恐中途馬駝力乏，無可更換難以前進，有此折價銀兩便可隨處購覓接濟，此亦勢有不得不然者，但所折之價必至浮於採買時價，稍拂其意則嫌馬駝疲瘦，故意作難，迫以不得不從之勢，既經折價則預備之馬駝又有餘剩，一時變賣不出只得收槽喂養以待下次差使。查此項供應例不動支正項錢糧，一遇差使皆係暫那應付，續籌還項，臣愚以為差員馬駝折價之處原期長途接濟無悞差使，而為此權變之計，揆情度勢實難禁止，若不將馬駝及折價分別定數並議定馬駝每匹各折價若干，差員以非係動用正項錢糧勢必任意高下，應付為難，仰請聖恩敕部確議，嗣後供應進藏差使每馬拾匹內應給馬幾匹，折價幾匹，每駝拾隻內給駝幾隻，折價幾隻，馬壹匹折價若干，駝壹隻折價若干，著為定例，如此則差員與應付之官皆有

〔註311〕清太祖努爾哈赤第十二子阿濟格後裔，為年羹堯繼室叔父。

所遵守矣。再照今次差徃藏裡去的扎薩克之喇嘛羅卜藏哥隆〔註312〕等所需馬
駝鑼鍋帳房喫食約估銀肆萬捌千叁百玖拾餘兩，查止有存貯司庫引價銀叁萬
捌千兩，遇有供應差使之處具題動用，據布政使彭振翼在於此項引價內動發
銀叁萬兩，令西寧府知府楊若㮋先行預備，經臣具疏題報。又駄經馬匹添雇
人夫捧送，併加增肆箇月口糧貳項約估銀壹萬柒千玖百餘兩，連前馬駝等項
通共需銀陸萬陸千餘兩。又據布政使彭振翼將所餘引價捌千兩，又動陳茶變
價銀柒千兩，共發銀壹萬伍千兩，臣隨咨報戶部在案，其各項價值臣屢飭嚴
加核減，毋許絲毫浮冒，統俟供應完日造冊題銷外。又供應策妄阿喇布坦來
使博落胡爾哈等一案，據肅州道胡仁治借領喂養馬駝料草及置備鍋帳口糧羊
隻等項銀共叁萬玖千陸百捌拾肆兩零，現准辦理軍務工部尚書臣綽奇咨請撥
解還項，又准靖逆將軍臣富寧安來咨，策妄阿喇布坦來使等於本年陸月貳拾
捌日到營，柒月初伍日起行，飭令潼商道王全臣供給過米麪羊隻駝馬等物，
亦應還項。臣查司庫止有存貯引價銀叁萬捌千兩，為供應差使之用，今於扎
薩克之喇嘛羅卜藏哥隆等案內已經動發，又動陳茶變價銀柒千兩，尚不敷用，
再加以供應策妄阿喇布坦來使馬駝口糧等項需銀甚多，尚無抵項。再查巡撫
衙門每年有茶馬規例銀貳萬兩，自康熙陸拾壹年為始照戶部原議充作軍需，
今司庫現存康熙陸拾壹年雍正元年茶規銀共肆萬兩，雍正貳年茶規銀因商人
尚未繳庫即以存庫茶規肆萬兩充用，尚屬不敷，此外並無別項銀兩可以動用，
理合據實奏明，伏乞睿鑒，謹奏。

　　雍正叁年柒月貳拾肆日具。

〔73〕四川松潘總兵周瑛奏請陛見摺（雍正三年七月二十六日）
[2]-[5]-455

　　鎮守四川松潘等處地方總兵官左都督臣周瑛謹奏，為微臣戀主心切，恭請
陛見事。

　　切臣寒邊介士，至愚極陋，荷蒙聖主隆恩補授松潘總兵官，帶兵駐扎叉
木多，臣即於化林起程，由打箭爐出口抵叉木多駐扎，續又領兵進藏，迄今
貳載有餘，仰仗聖主天威遠播，凡臣所到之處惟恪遵聖訓，和輯番部，安靜
防守，以致唐古忒一帶地方人民樂業，鼓舞歡欣，雖臣日思報効，亦並無一

〔註312〕第二十二號文檔作扎薩克喇嘛羅卜藏巴爾珠爾噶布楚，第四十七號文檔作扎
　　　　薩克達喇嘛噶布楚羅卜藏巴爾珠爾

毫出力之處，今奉文撤兵，則臣瞻天有日，但犬馬依戀之忱情愫已久，臣思臣到叉木多時會同雲南提督郝玉麟查勘地界，分隸新舊投誠部番，歸川歸滇均係盛世版圖，臣等面加確議，可以旬日而定，即至裡塘，其一帶番部又均係久經向化者，臣到彼調集各處番目，宣布聖主浩蕩皇恩，獎賞撫綏，令其安靜住牧，臣在彼暫駐，則事無不就緒者。惟查叉木多、乍丫、巴塘均駐有官兵，而裡塘與打箭爐相隔不遠即係化林協汛地，若蒙聖恩准臣赴京陛見，臣即就近將化林中軍守備調赴裡塘，將臣所領之兵令其暫行管領駐扎於斯，則聲氣相通，足資防範，臣減從輕騎自打箭爐進口，馳赴闕庭，仰觀天顏，況臣生長松潘，其地處極邊，寒苦之狀臣所素悉，而控制番彝及一切操守機宜關係封疆綦重，若不跪請訓旨，臣雖刻刻氷兢，尤恐不堪勝任，臣謹繕摺專差家人張璘齎捧奏請，伏乞皇上睿鑒俯准施行。

雍正叁年柒月貳拾陸日

硃批：已用你提督了，俟到任料理一半年有旨著你來，朕甚想要見你見你，特勞苦了，歇息歇息，不必忙，遵旨好。

〔74〕四川松潘總兵周瑛奏報奉文自藏撤兵日期摺（雍正三年七月二十六日）[2]-[5]-456

鎮守四川松潘等處地方總兵官左都督臣周瑛謹奏，為恭報微臣奉文自藏撤兵起程日期事。

雍正叁年伍月拾肆日奉前督臣年羹堯令諭，內開為軍務事，照得策妄既經歸順，西海亦已蕩平，則西藏路遠未便久駐大兵，應將松潘鎮帶領駐藏之兵盡行撤回，但料理西藏事宜現在酌議請旨，俟後檄一到即分頭料理明白，將西藏之兵撤至叉木多，該鎮帶兵伍百名，會同雲南提督沿途查勘地界，乍丫、巴塘應各留兵叁百名，委遊擊各壹員管領駐扎，直至裡塘，其地界之歸川歸滇各從其相近者以為准，事畢之日該鎮即帶此五百兵暫駐裡塘彈壓，其餘兵丁不在派留之數者先行撤回，並移知駐藏員外郎常保一同撤回等因到臣，臣遵奉在案。今於雍正叁年陸月拾玖日承准署督臣岳鍾琪照會，令臣會集貝勒康金鼐、貝子阿爾布巴、公隆布奈、噶隆頗羅奈、索諾木達爾扎等宣佈皇仁，明白開說，命伊等務須和衷辦事。於阿里克及噶爾藏胡察〔註313〕、木魯烏蘇、康巴一帶隘

〔註313〕《衛藏通志》卷四頁二十二作噶爾藏骨察，前藏由陽八井至噶爾藏骨察，計程一千三十五里。

口派撥土兵遠行哨探，加謹防守，不可自分彼此，以此固守西藏，即以此仰報聖恩。仍令貝勒康金鼐與喇答格杆〔註314〕時通信息，和好如前，各守封疆，該鎮即班師，統領撤回官兵凡經過地方秋毫毋許違犯，使唐古忒人等咸知懷德畏威，並將各遵行緣由具文報查等因到臣。

臣同駐藏員外郎臣常保，會集貝勒康金鼐、貝子阿爾布巴、公隆布奈、扎薩克台吉頗羅鼐、扎爾奈暨達賴喇嘛之父索諾木達爾扎，同至達賴喇嘛處宣佈聖主浩蕩皇恩，將奉行事宜，逐一明白開誠曉諭。當據康金鼐等咸稱，我西藏地方人民久沐聖主天恩，自大兵進藏將諄噶爾〔註315〕驅逐之後，人民樂業，黃教復興，前年因羅卜藏丹盡悖逆，上瀆宸衷，即刻遣發大兵進藏防護，以致逆彝不敢妄窺，我等僧俗人民毫無驚擾，實皆仰恃大兵彈壓，今大兵奉撤，我等無計可留，惟有遵奉，同心協力勤謹辦事，固守地方。其噶爾藏胡察及木魯烏蘇等處隘口渡口俱添撥番目，帶兵嚴加防範。至於阿里克地方係康金鼐哥子噶日奈〔註316〕在彼防守，與喇答格杆亦甚和好，與伊時通消息，康巴一帶，自西藏設塘站起，直至叉木多，不敢一毫懈忽，我等亦輪流親身前往巡查隘口，以期仰報皇上隆恩等語。臣隨取具貝勒康金鼐等同心辦事不致有誤地方彝字甘結，咨呈署督臣岳鍾琪備查外，臣隨即行調駐裡塘臣標左營遊擊鄧國棟，迅赴乍丫接管留原駐之兵叁百名，並行原防巴塘峨邊營遊擊徐天鳳，亦於巴塘原駐兵內留兵叁百名仍駐巴塘，其餘兵丁不在派留之數者令原派雲南援剿右協副將郭壽域、龍安營參將陳玉琳、重慶鎮標左營遊擊保瑤、川北鎮標右營遊擊高麟端、提標右營遊擊中軍守備董之駿並千把總等帶領回川，交代各營操防。臣將駐防西藏官兵帶領於雍正叁年柒月貳拾玖日同員外郎常保自西藏起程，俟抵叉木多，臣即會同雲南提督臣郝玉麟，將新舊投誠部番地界歸川歸滇之處公勘明白，另具奏聞。臣即帶兵伍百名暫駐裡塘地方，所有微臣奉文撤兵自西藏起程日期，理合繕摺，專差家人何吉成齎捧奏聞，伏乞皇上睿鑒施行，謹摺奏以聞。

〔註314〕即拉達克汗，《欽定外藩蒙古回部王公表傳》卷九十一頁二十九作尼瑪納木扎勒，《拉達克王國史950～1842》頁一七二作尼瑪南傑，康熙三十三年至雍正七年在位。

〔註315〕今常寫作準噶爾。

〔註316〕即康濟鼐兄噶錫鼐子。《欽定西域同文志》卷二十四頁六載，噶什瓦納木佳勒策丹，轉音為噶錫巴納木扎爾色布騰，封輔國公，辦噶卜倫事。《欽定外藩蒙古回部王公表傳》卷十二頁二載，噶錫巴納木扎勒色布騰，噶錫鼐色布登喇什長子，雍正六年襲一等台吉，九年晉輔國公，詔世襲罔替。

雍正叁年柒月貳拾陸日

硃批：覽奏朕深為嘉悅，卿過勞矣，朕實嘉之憐之。

〔75〕雲南提督郝玉麟奏報帶兵料理察木多地方邊務情形摺（雍正三年八月二十二日）[2]-[5]-627

提督雲南等處地方總兵官署都督僉事紀錄一次臣郝玉麟謹奏，為奏聞事。

竊臣蒙聖恩帶領漢土官兵貳千餘員名駐劄察木多，揚威策應，抵察木多隨遣將備弁兵於各地方不時遊巡查訪，誠恐逆賊遣人前來煽惑番民，即便拿解，雍正叁年正月初玖日據臣遣永北鎮千總張文遠遊巡蒙古揭雜處卡〔註317〕地方，回營稟稱，一路番民各皆安靜，有西海所屬覓食蒙古男婦柒捌拾人住在蒙古揭雜處卡，彼地頭人正欲帶領前赴察木多投順天朝，適遇千總遊巡，一同帶領頭目貳人來營。臣隨詢問何人部落，貳人名字，據稟稱是丹仲部落，因屬兔年〔註318〕捌月內羅卜藏丹盡與竹農打仗，差兩個官帶兵把我們壹千家百姓裏來粟魯木地方住著，這兩個官屬兔年拾月裡回去了，我們百姓俱各四散，我們貳拾多家百姓因沒有騎駝的牲口，就在粟魯木地方住下，屬龍年〔註319〕拾貳月有雜處卡的人看見我們，說如今察木多到了壹個大官叫作提督，在那裡安撫地方，有田的賞牌賞綢緞，窮的賞銀子，你們為甚麼不去投，我們聽見隨跟著他到雜處卡，男人肆拾名，女人肆拾壹口，我們是窮百姓，只求做主，永遠做萬歲爺的百姓，名字壹個叫卡特之，壹個叫敦住等語。臣思是否果係丹仲百姓，未足為憑，且該頭人說為羅卜藏丹盡擄掠，是必知羅卜義丹盡潛逃何處，臣反覆跟究逆賊信息，卡特之等堅稱我們被羅卜藏丹盡差來的官把我們裏來粟魯木地方住著，羅卜藏丹盡我們眼裡不曾見，亦不曾聽見他逃往那裡去了。臣又問蒙古揭雜處卡貳處頭人，據稱卡特之等實係丹仲百姓，昔年到我們地方來過，今投順萬歲爺的心是實，我們可以保得。臣已詢問確實隨重加犒賞，命蒙古揭雜處卡頭人將卡特之等男婦暫行看管，一面報明大將軍年羹堯作何安插去後，肆月貳拾柒日准川陝督臣年羹堯咨覆，內開察木多一帶皆係唐古特住牧，而丹仲蒙古若皆屬蒙古，安插於唐古特地方目下即或相安，將來難期無事，況丹仲所遺部落現有在松潘口外住牧者應令同歸一處，已咨四川撫院酌捐盤費銀兩，將卡特之、敦住男婦候青草茂盛

〔註317〕今四川省石渠縣。
〔註318〕藏曆第十二饒迴水兔年癸卯，雍正元年。
〔註319〕藏曆第十二饒迴木龍年甲辰，雍正二年。

之時令其速回松潘口外與丹仲所遣部落一同住牧，移覆到臣。臣隨問卡特之丹仲部落現在何處，據稟在松潘口外黃河邊上，我們現有親戚在那裡，認識的人甚多，臣思卡特之等實係丹仲部落，應令其回松潘口外與所遣部落一同住牧，但察木多離松潘口外程途遙遠，誠恐賞給盤費卡特之等竟不徃松潘口外，或投徃他處，設致飄零四散，且慮或尚有流落失所如卡特之等分散覓食之百姓，若不查明周濟一併送歸原處，倘窮迫滋事非所以慰我皇上中外一體無一夫不得其所之聖心，臣是以酌派隨營中甸効力外委把總更噶，多給銀兩帶領兵丁拾名，並檄行蒙古揭雜處卡貳處番目，每處挑番兵拾名共兵叁拾名，將卡特之等男婦趂青草茂盛之時押送起程徃松潘口外與丹仲所遣部落一同住牧，取據彼地頭人收管報查，並令沿途宣播皇仁，若有流落失所蒙古人等一併周濟帶同前去，卡特之等盤費臣令察木多四川糧務溫江縣知縣楊以寧給發，至押送番兵叁拾名徃回騎駝馬匹日用係臣捐給，不動正項錢糧。臣於伍月貳拾貳日自察木多遣行，今於捌月初肆日據遣差外委把總更噶帶兵回抵軍營，稟稱奉差押送卡特之等，所到之處宣揚萬歲主子的恩，莫不感激，途中甚是安靜，竝無流落蒙古人等，於柒月初貳日到黃河邊上，有三百餘家蒙古，卡特之遇見他親兄弟墨爾根翁布並伊姊，今取有地方頭人密岡處之收明信子，該處男婦大小數百餘人感戴萬歲主子洪恩焚香頂頭叩首歡呼等語。今於捌月初陸日准駐藏松潘鎮總兵官周瑛移咨，於柒月貳拾玖日自藏起程赴察木多，臣俟總兵周瑛一到，即帶兵由乍丫巴塘一帶地方會勘地界，所有臣在察木多料理遣回卡特之等并一帶地方寧靜緣由，謹繕摺專差隨營鶴麗鎮千總施善元家人楊芳聲捧齎奏明，伏乞皇上睿鑒施行，謹具奏聞。

雍正叁年捌月貳拾貳日

硃批：料理甚屬得當，知道了，候周瑛到來查勘地界，當著實悉心籌畫，務圖萬全久久行之而無礙方好，勉力和衷辦理。

〔76〕川陝總督岳鍾琪奏請加恩喇蕩罕摺（雍正三年十一月二十日）[2]-[6]-382

四川陝西總督臣岳鍾琪謹奏，為奏請聖裁事。

竊照喇蕩罕[註320]歸順天朝以來，實心出力，應予加恩，前聞貝勒康金

〔註320〕《欽定外藩蒙古回部王公表傳》卷九十一頁二十九作尼瑪納木扎勒，《拉達
　　　　克王國史 950～1842》頁一七二作尼瑪南傑，康熙三十三年至雍正七年在
　　　　位。

鼐有差人來京信息，是以臣曾奏明俟其途次迎見，問悉備細，再行奏聞。今據遊擊王剛〔註321〕稟稱，康金鼐差人至今尚未到陝，但喇蕩罕情願請封與否之處，必問康金鼐定知實情，今王剛隨欽差進藏，臣欲作臣自己意見寫書一封，付王剛帶去，問取康金鼐回音奏報，未識可否，謹敢繕摺奏請聖裁，伏乞睿鑒批示遵行，謹奏。

雍正三年十一月二十日具。

硃批：甚好，朕亦面諭王剛矣。

附修訂摺一件

世襲三等公川陝總督臣岳鍾琪謹奏，為奏請聖裁事。

竊照喇蕩罕歸順天朝以來，實心出力，應予加恩，前聞貝勒康濟鼐有差人來京信息，是以臣曾奏明俟其途次迎見，問悉備細，再行奏聞。今據遊擊王剛稟稱，康濟鼐差人至今尚未到陝，但喇蕩罕情願請封與否之處，必問康濟鼐定知實情，今王剛隨欽差進藏，臣欲作臣自己意見寫書一封，付王剛帶去，問取康濟鼐回音奏報，未識可否，謹敢繕摺奏請聖裁，伏乞睿鑒批示遵行，謹奏。

雍正三年十一月二十日

硃批：汝此意見甚好，朕亦面諭王剛矣。

〔77〕副都統達鼐奏報察罕丹津索要番人摺（雍正三年十一月二十八日）[1]-2233

一等侍衛副都統臣達鼐謹奏，為奏聞事。

前日羅卜藏丹津悖恩叛亂，聖主天威神武頃刻蕩平，皇上天賦好生，賞給餘眾永業，編制旗佐領以絕爭端，令各照舊安居，蒙此不稱重恩，全青海人無不感激。昔日聖祖仁皇帝恤念顧實汗，對青海人之無知寬容相待，施以種種恩惠，又為其內不睦屢次遣臣頒旨教訓，故而伊等先人荷蒙聖恩甚為安樂。其後逆賊羅卜藏丹津等非但不知感恩，反悖隆恩，心生反意，為天所不容，必然滅亡。本年臣等編出旗佐領後，王戴青和碩齊察罕丹津呈書索要伊沿邊而居之兩部番子，臣等謂之曰羅卜藏丹津叛亂，王爾感激主恩按兵未動，但爾屬下番子卻曾助賊，為此派兵剿殺抵抗為敵者，將附隨之人收為邊內之民，王爾不應呈書索要之等語，遂即作罷。而後察罕丹津又呈書索要木魯烏

〔註321〕此人又名樊廷。

蘇那邊之伊屬東巴〔註322〕、喇克舒〔註323〕、玉樹、察布康〔註324〕等部番子，臣等謂之曰木魯烏蘇那邊番子不知如何料理，我們二人誰若去京城，順便將此情奏明皇上等語安慰之。臣細觀青海人性與其他蒙古不同，有的人雖感激主恩，卻不知輕重甚為貪婪，唯以得便宜為要，臣愚以為該青海人等剛剛編旗設佐領，實行扎薩克制，正是法紀初設，教化倫理，昭示恩威之際，尚未形成常規，想必難以擯棄小氣貪婪之習，王察罕丹津、額爾德尼額爾克托克托鼐等此次是初觀聖明叩謝天恩，嗣後所有王台吉觀見將照此例而行，是以伏乞皇上明鑒，為此謹將臣一己拙見冒昧密奏。

雍正三年十一月二十八日

硃批：所奏甚是，朕甚嘉悅。

〔78〕諭達賴喇嘛賞賜土地及委任噶倫（雍正三年十一月〔註325〕）[3]-621

奉大承運皇帝敕諭西天大善自在佛所領天下釋教普通瓦赤喇怛喇達賴喇嘛。

朕撫育萬方，統御天下，惟希諸方眾生安樂，社稷永固，國運昌隆，仰賴大恩，朕躬甚安，想爾喇嘛廣弘釋教，導風育俗，勤於經典，善為勸導，爾喇嘛之前世五世達賴遣使向太宗皇帝恭齎〔註326〕方物，友好往來，自太宗皇帝始，政教合一，歷經四代，始終扶植黃教，和睦相處，迄今已近百年，次旺熱丹〔註327〕遽然率軍侵佔拉薩，據衛藏康域為己有，搶劫〔註328〕村落寺院，毀

〔註322〕清廷統一西藏青海西康後將青藏間七十九藏人部落分別劃隸駐藏辦事大臣及西寧辦事大臣管轄，其中劃隸西寧辦事大臣四十族內有洞巴族，分作三百長，今青海省囊謙縣東壩鄉境內。

〔註323〕清代檔案文獻多作納克書，清時期西藏所屬三十九族藏人部落內貢巴族、畢魯族、琫盆族、達格魯族、拉克族、色爾札族六部落皆冠以納克書者，今西藏比如縣一帶地區。

〔註324〕清廷統一西藏青海西康後將青藏間七十九藏人部落分別劃隸駐藏辦事大臣及西寧辦事大臣管轄，察布康族是否為七十九族之一之異寫待考。

〔註325〕原註，此件原無月日，據《清世宗實錄》卷三八雍正三年十一月初一日上諭所載，此件當為特遣大臣前往西藏將賞給各部落之處曉諭達賴喇嘛知悉而頒給達賴的敕諭，故其時間應在十一月初一日之後。

〔註326〕原文作賚，今改正為齎。

〔註327〕原註，次旺熱丹即漢文件中所稱之策旺阿拉布坦。輯者註《平定準噶爾方略》卷一頁一作策妄阿喇布坦。

〔註328〕原文作掄劫，今改正為搶劫。

滅黃教，擾害藏眾之時〈聖祖〉眷念皇祖與前世達賴喇嘛親密相處之情，佛法聖地，不忍無故遭受搶劫，故遣師兩路驅逐次仁頓珠〔註329〕之徒，安定藏域，扶植爾喇嘛坐床，復興黃教，大軍所經，沿途藏眾一體期盼內附，地方第巴等亦呈請納服，為裨益於衛藏守軍之輜重起運及過往行人起見，暫准其內附，皇考遣兵征剿完畢，原擬詳查地情，封賜爾喇嘛，然因防守衛藏之將士凱歸，未及詳查，繼而青海羅卜藏丹津叛亂，故懸宕至今，茲西部諸事業已辦畢，朕作為大施主，既為釋教不惜遣師數萬名，賜銀數〔註330〕萬兩，焉能收回爾等為釋教服務之寺廟莊園乎，且今吾等乃一家之人，拉薩叛亂〔註331〕，既屬朕域，朕絕無內外親疏之意，惟念僅衛藏賦稅，不敷爾喇嘛之費用，故應賜爾之地域，經詳查後隨即賞賜。再裡塘、巴塘、中甸原係內屬地域，仍歸原屬，嗣後諾班固〔註332〕逆叛起，始歸青海管轄，然仍有屬彼等之地域，亦似有屬爾喇嘛之地域，後被準噶爾次仁頓珠所佔據，現已遣師收回，該地域離關〔註333〕較近，據史籍載，該地屬內地，故復為內轄。另昌都〔註334〕和乍丫二地世世歸帕巴拉〔註335〕、羅藏南結活佛〔註336〕管轄，皇考恩准二地區仍舊帕、羅管轄，昌都對面之洛隆宗、嚓哇坐爾剛〔註337〕，桑噶吹宗〔註338〕、袞卓〔註339〕

〔註329〕原註，次仁頓珠即漢文中所稱之策凌敦多布。輯者註《蒙古世系》表四十三作策凌端多布，其父布木。此人為大策凌端多布，以區別於小策凌端多布。
〔註330〕原書譯者此處補一「百」字，此次輯錄經辨識刪除之。
〔註331〕原文如此，疑為翻譯錯誤，似乎意為準噶爾佔據拉薩之叛亂既平之意。
〔註332〕似乎指吳三桂叛亂。
〔註333〕原註，關當指康定（打箭爐），昔稱出康定為出了關。
〔註334〕清代檔案文獻常作察木多，今西藏昌都縣。
〔註335〕《番僧源流考西藏宗教源流》頁八十五載，黃教察木多帕克巴拉第六輩濟克美丹貝甲錯，康熙五十八年支應進藏官兵烏拉出力，賞加講衍黃法額爾德尼諾們罕名號，並頒給敕書銅印，年四十一歲圓寂。
〔註336〕《番僧源流考西藏宗教源流》頁八十七載，黃教乍丫呼圖克圖第四輩羅布藏朗結，康熙五十八年支應進藏官兵烏拉出力，賞加講衍黃法諾們罕名號，給與印信敕書，年五十八歲圓寂。
〔註337〕原文作嚓哇、坐爾剛，誤作兩地，今改正。《大清一統志》（嘉慶）卷五百四十七載，匝坐里岡城，在巴塘城西北三百五十里。《欽定理藩院則例》（道光）卷六十二作作崗宗，今西藏左貢縣田妥鎮。
〔註338〕原文作桑噶、吹宗，誤作兩地，今改正。《大清一統志》（嘉慶）卷五百四十七作桑阿充宗城，在巴塘城西南六百里。《欽定理藩院則例》（道光）卷六十二作桑昂曲宗，宗址在今西藏察隅縣古玉鄉布玉村塔巴寺。
〔註339〕《欽定理藩院則例》（道光）卷六十二作官覺宗，今西藏貢覺縣，宗址在今西藏貢覺縣哈加鄉曲卡村。

等部族，欲賞賫爾喇嘛，以援例徵說。又據聞爾等從裡塘、巴塘之藏商中，原有徵收駄畜稅之例，今該域已內屬，但為裨益於釋教寺廟起見，將賞給比爾等每歲徵收稅額更多之錢等情，特遣內大臣副都統宗室鄂齊〔註340〕暨內閣學士班第〔註341〕、呼和浩特扎薩大喇嘛格勒克綽爾濟〔註342〕、扎爾果齊諾布等齎敕〔註343〕往諭。

貝子康濟鼐暨阿爾布巴、公隆布鼐、扎薩頭等台吉頗羅鼐、札爾鼐等五人原無噶倫職銜，然因竭力効勞，地位高，為區別於別人，特簡授貝子康濟鼐為總理，噶倫阿爾布巴為協理，著二人掌辦藏事，欽此。隨諭賜六十兩重銀鑲鎏金箍茶桶一個鑲金圖案銀鵝頸瓶一個銀盞一個緞子三十疋大哈達五方小哈達四十方、五寶各二份，遣員齎往〔註344〕。（西藏館藏原件藏文）

〔79〕盛京將軍噶爾弼奏請議敘其父額爾德黑功績事摺（雍正三年十二月初十日）[1]-2242

鎮守奉天等處地方將軍臣噶爾弼謹奏，為仰祈聖主睿鑒，以請恩施事。

奴才之父額爾德黑〔註345〕自十六歲起於多羅特、通奎、左衛、朝鮮、塔山、寧遠、三河、錦州、松山、杏山、鱉山、前屯衛等地共二十一次行軍打仗，進山海關滅流賊二十萬眾時曾經擊敵，追擊至慶都縣後又擊敵，破流賊定河南江南時於潼關擊流賊兵三次，於蕪湖縣江邊擒獲福王〔註346〕，招降其屬下兵，復克江陰縣。從征四川時擊賊何徵〔註347〕兵三次，定漢中府。率兵出征山西省時擊賊兵八次，圍大同城時賊被圍困無奈即殺賊渠蔣憲〔註348〕，並將其首級呈獻。從征共三十餘次，打仗百餘次，衝鋒在前射殺無算，捉賊甚多，當時由於在王府〔註349〕長史上行走故未請功，後來海賊鄭國姓叛，陷

〔註340〕《欽定八旗通志》卷三百二十一作滿洲正黃旗副都統鄂奇，時為雍正四年。
〔註341〕《清代職官年表》內閣學士年表作內閣學士班第。
〔註342〕《清代藏事輯要》頁一一〇作扎薩克大喇嘛格勒克綽爾濟。
〔註343〕原文作賫敕，今改正為齎敕。
〔註344〕原文作賫往，今改正為齎往。
〔註345〕《欽定八旗通志》卷一七三《噶爾弼傳》載其父名額爾德赫。
〔註346〕指南明首位皇帝弘光帝朱由崧。
〔註347〕此人名賀珍。
〔註348〕指明大同總兵姜瓖，先投降李自成農民軍，復投降清軍，順治五年據大同叛清廷，兵敗為屬下殺之獻首級於清軍。《清史列傳》卷八十逆臣傳有其傳記。
〔註349〕指敬謹莊親王尼堪。

我閩安鎮之後授內大臣達素為將軍〔註350〕，護軍統領賚塔〔註351〕為左翼護軍統領兼參贊大臣，而奏請右翼大臣時世祖皇帝特諭奴才之父額爾德黑為右翼護軍統領兼參贊大臣，進剿海賊時將軍達素兵敗於海上，賚塔折兵於陸地，惟奴才之父戰殺賊大將軍閩安侯〔註352〕，奪獲賊船，大敗賊兵，將此情形奏報時世祖皇帝下令將達素、賚塔拏解至京城議罪，而將奴才之父授為將軍，於軍中任職三年，海賊懼而未敢出。後來撤兵之後議政大臣等議得，奴才之父額爾德黑雖立有功，但將軍、參贊大臣均折兵，故未敘功反而降一級。後來削去喇布〔註353〕王爵降為公，亦削去奴才父之王府長史一職，此乃奴才之父一生所効力之處。再奴才雖率兵進藏奏效，實則皆賴於聖祖皇帝之指教，並非奴才之力所為。雍正元年聖主頒旨賞與進藏二路將軍以阿達哈哈番，由部議奏，已特旨封延信為貝勒，授策妄諾爾布〔註354〕為貝子，故另不議外，原定西將軍噶勒弼〔註355〕已欽命恕罪，給還原銜，派往軍營効力，俟案結返回時另行議奏等因具奏。奴才仰蒙聖主恩澤，親赴布隆吉爾，於今年三月返回，只因奴才屢蒙聖恩甚重，故此次議敘不敢再接受，奴才再三叩請敕部議敘時不議敘奴才之進藏情事，而僅將奴才之父一生効力之處皇上睿鑒之後，追賜諡號，若能如是奴才之父額爾德黑於九泉之下亦能蒙受聖主之無窮殊恩，且奴才本人及至子孫亦將蒙受聖主之無窮殊恩，為此謹奏。

雍正三年十二月初十日

硃批：摺奏甚當，著該部查核檔冊恩施議奏。

〔80〕川陝總督岳鍾琪奏問過康金鼐差人願否領受封號摺（雍正三年十二月十五日）[2]-[6]-445

四川陝西總督臣岳鍾琪謹奏，為奏聞事。

〔註350〕《清代職官年表》軍事統帥年表順治十六年表作安南將軍達素。
〔註351〕《欽定八旗通志》卷三一七作護軍統領賴塔。
〔註352〕指閩安侯周瑞。
〔註353〕清太祖努爾哈赤同母弟和碩莊親王舒爾哈齊裔，祖和碩鄭獻親王濟爾哈朗，父和碩簡純親王濟度，喇布襲封簡親王。
〔註354〕《平定準噶爾方略》卷三頁二十二作公策旺諾爾布，《蒙古世系》表三十一作策旺諾爾布，喀爾喀蒙古人，扎薩克鎮國公托多額爾德尼嗣子。《欽定外藩蒙古回部王公表傳》卷七十二有其身世之簡介。
〔註355〕《欽定八旗通志》卷三百十八作護軍統領噶爾弼。《平定準噶爾方略》卷六頁六作護軍統領噶爾弼，後為自四川率軍入藏之統帥，佩定西將軍印，《清史稿》卷二九八、《欽定八旗通志》卷一七三有傳。

臣於十二月初二日到西安，適值康金鼎差人亦到西安，臣詢問差來之人，在喇蕩罕〔註356〕是否情願領受封號或不受封號之處，備細詳問。據云我係差來小人，至喇蕩罕情願受封號與不受封號，我實不知道等語，此事臣已奏明。臣自行寫書問取康金鼎回信奉聖旨硃批諭旨，甚好，朕亦面諭王剛矣，欽此。臣自當遵旨而行也，所有問過差人緣由，相應奏聞，伏乞睿鑒，謹奏。

雍正三年十二月十五日具。

硃批：好。

〔81〕四川提督周瑛奏陳料理西藏地方事宜管見摺（雍正三年十二月二十一日）[2]-[6]-473

提督四川總兵官左都督拜他拉布勒哈番記餘功三次臣周瑛謹奏，為亟請聖裁以安藏地事。

竊臣駐藏二載，地方事宜靡不細心體訪，凡有所見所聞自應披誠入告，是以恭請陛見，臣欲面為陳奏，乃蒙我聖主憐臣勞苦，命臣遵旨，臣又何敢妄瀆，今接准督臣岳鍾琪咨開，將賞給達賴喇嘛番部，會同臣定議具奏，臣正咨覆督臣定議具奏間，復蒙聖主硃批到臣，臣隨恭設香案，望闕叩頭閱讀，蒙批，覽，爾平安回任在邇，朕深為欣悅，但不料爾等查勘如此迅速，今因岳鍾琪來陛見，將應賜達賴喇嘛地方著欽差同郝玉麟同你定界，想岳鍾琪已經咨與你矣，應如何料理處悉心籌畫，與岳鍾琪協同定議具奏，欽此欽遵。臣謹遵俞旨，將應給達賴喇嘛，應收入內地之番部量其地界，造具戶口圖籍，咨會督臣查核具題外，臣伏思巴爾喀木一帶地方，經督臣籌畫奏請聖主恩加異域，又經議政議妥實為安定封疆之至計，臣復何敢妄為置喙，但臣駐藏日久，尚有見聞，不敢不為我聖主詳悉陳奏。如西藏地方原係唐古特人民聚會之區，先年拉藏汗領其部屬蒙古住坐其地，拉藏汗被害，而其部屬蒙古尚遺留千有餘口為康濟鼐收管，此外尚有各處蒙古來歸康濟鼐者，即達賴喇嘛之父索諾木達爾札名下亦有投奔依附者，此等蒙古住坐西藏似屬無益，且每月悉於達賴喇嘛庫中支給口糧以資養贍，夫以唐古特輸納之糧供此蒙古閒散之人，情理似未允協，恐終又不能相安，臣切冒昧請旨與達賴喇嘛及貝子噶隆等務將藏地所居蒙古人等盡行查出，量頒恩賞，如有願歸原處住牧者聽其自

〔註356〕《欽定外藩蒙古回部王公表傳》卷九十一頁二十九作尼瑪納木扎勒，《拉達克王國史 950～1842》頁一七二作尼瑪南傑，康熙三十三年至雍正七年在位。

往，如有仍於藏屬地方住牧者，將達賴喇嘛廠上孳生牛羊騾馬之內按其人口酌定數目給與遷移於達木〔註357〕一帶地方住牧，令達六卡杜拉爾台吉等彝目鈐管，仍聽康濟鼐調遣，如此則此輩蒙古不致於滋事矣。再有圖爾古特厄爾德尼隆吉隆丹仲，乃羅布藏丹盡之親，於雍正二年帶領其家口來藏投誠，經臣具奏在案，況吉隆丹仲已調往西海放扎薩官，則其所管巴爾喀木之霍耳鎖戎等處亦應賞給達賴喇嘛為香火之地，但其妻子雖係唐古特之人，尚留藏地，相應請旨令其搬往西海，應不致重斂矣。臣詳看藏地甚是遼闊，近經議政議以貝子康濟鼐為正，阿爾布巴為副，臣愚以為既有正副之分，應請專汛之責，俾貝子等分領汛防，不時親身巡察，庶於地方有益，如貝子康濟鼐乃後藏之人，其人忠實而兼勇敢，雍正二年內同臣率領漢土官兵前往沙拉達魯會剿逆彝，力圖報効，伏乞聖恩，量加陞賞，頒給印信，令其管理後藏阿里，接連陽八景、達木、騰革羅爾〔註358〕一帶地方，防禦諄噶爾要隘，以扎薩克台吉叵羅奈〔註359〕副之。查叵羅奈曾於舊歲帶兵招撫餘樹等處，後隨臣往沙拉達魯，臣見其為人慎重，亦甚勇健，堪為佐理。至貝子阿爾布巴乃工布〔註360〕之人，深為諳練，甚屬忠勤，各處番人最所敬服，臣前出兵時伊在西藏籌慮駝載，運送軍糧，實為出力，亦乞聖恩量加陞賞，頒給印信，令其管理工布、達布〔註361〕、及巴爾喀木等處，即可與附內之巴塘、得爾革〔註362〕、霍爾〔註363〕一帶互相倚重矣。公隆布奈正係西藏之人，老成持重，深感皇恩，經臣同在藏學士臣鄂賴派往哈喇烏蘇一帶駐防一載有餘，實心出力，亦懇聖恩量加陞賞，令其管理西藏及哈喇烏蘇並臣等新招撫之餘樹、納克樹等處，至木魯烏蘇止，仍以扎薩克台吉扎爾奈佐之，如此則各有地方之責任。凡遇冬春寒冷草枯之時俱在西藏協和辦理噶隆事物，至夏秋草茂之時輪流赴汛巡查

〔註357〕 達木蒙古語沼澤之意，今西藏當雄縣一帶。
〔註358〕 《大清一統志》（嘉慶）卷五百四十七載名騰格里池，蒙古語騰格里諾爾，騰格里蒙語天之意，水色如天青也，諾爾即湖之意，今西藏納木錯。
〔註359〕 即頗羅鼐。
〔註360〕 《大清一統志》（嘉慶）卷五百四十七載，恭布部落，番夷三千餘戶，每歲進馬二匹於達賴喇嘛。入清後此地區已設宗，非部落狀態，位於尼洋曲流域，為西藏氣候溫和、物產豐饒、人口繁庶之區，包括今西藏林芝縣、工布江達縣、米林縣等地。
〔註361〕 常寫作達布，包括今西藏桑日縣以東加查縣、朗縣等地。
〔註362〕 清時期為德爾格忒宣慰司，轄地包括今四川省德格、鄧柯、石渠、白玉諸縣。
〔註363〕 常寫作霍爾，藏人對非藏人之北方游牧民族之統稱，此處似指三十九族。

防範，則西藏自可永保無虞矣。臣更有請者，索諾木達爾札乃達賴喇嘛之父，我皇上隆重其子，賜以冊寶，加封為佛，其父則尚未蒙曠典，臣見其人甚是純篤，實心辦理黃教，且唐古特人民無不敬信，臣切懇聖恩於此番差遣天使之時賜一封號，不但索諾木達爾札感仰聖德，即達賴喇嘛暨唐古特僧俗人民靡不倍增慶倖矣。以上事宜因我聖主軫念遐荒，務使裨益，凡在臣下不敢不仰體聖心，竭盡籌策，以期至當。臣身沐聖恩至重至渥，值今年齒尚壯可任驅策之時何敢妄冀安閒，伏懇聖恩俯允，此番欽差進藏之便，容臣減從輕騎同往西藏宣佈聖主恩德，將前項事宜逐一料理，使內外相安，一勞永逸，至臣四川提督事務暫交重慶鎮總兵官臣路振揚代臣料理，亦必能盡心慎重，以仰報皇仁也，理合一並請旨，臣蒭蕘之見，不敢妄題，謹繕密摺，差千總叚起賢齎捧奏聞，伏乞皇上睿鑒施行。

雍正叁年拾貳月貳拾壹日

〔82〕四川提督周瑛奏謝恩賜元狐帽等物摺（雍正三年十二月二十一日）[2]-[6]-474

提督四川總兵官左都督拜他拉布勒哈番紀餘功三次臣周瑛謹奏，為恭謝天恩事。

雍正叁年拾貳月拾玖日接臣前差家人謝榮齎捧聖主硃批奏摺，併蒙恩賜元狐煖帽琺瑯翎管孔雀翎子到川，臣隨出郊至署恭設香案，望闕九叩跪領訖。伏念臣邊末武夫，至愚極陋，荷溫旨之頻頒，蒙珍物之疊賜，臣何人斯敢邀聖恩榮寵以至此極，臣惟有竭盡駑駘，黽勉愚忱以期仰報皇恩於萬一也，謹繕摺隨差恭謝天恩，伏乞皇上睿鑒施行。

雍正叁年拾貳月貳拾壹日

硃批：知道了，條奏藏中事宜識見甚屬錯謬，另有旨矣，尊旨而行，不必至藏指明邊界，作速回任，路振揚早有旨調來引見，署任已有旨，著你同岳鍾琪擬代。

〔83〕年羹堯奏請批發西藏撤兵後令康濟鼐兼辦西藏阿里等事片（雍正三年〔註364〕）[3]-623

臣年羹堯謹奏。

〔註364〕原註，時間為編者考定。

西藏撤兵之後令康金鼎往來兼辦西藏阿里克事情，臣與鄂賴會同酌議，於四月初二日具摺請旨，未蒙批發，今撫遠大將軍印信於四月二十四日遵旨齎送〔註365〕回京。所有前摺議奏之事，伏祈批示臣，以便敘明奉旨緣由，即用總督印文行知總兵周瑛遵奉料理，臣謹奏請旨。

硃批：因繳庭議，所以未披發，已有旨了。（一史館藏宮中硃批奏摺）

〔84〕川陝總督岳鍾琪奏請頒賜緞疋恩賞西藏一路曾効力之土番頭目摺（雍正四年正月初四日）[2]-[6]-510

四川陝西總督臣岳鍾琪謹奏，為奏明事。

竊臣前面奉諭旨查西藏一路土番頭目曾經効力者一一開單，俟欽差進藏時順道辦給恩賞，臣曾奏稱需緞百疋，今臣伏查康熙五十九年王師進藏時有工布頭目達克巴迭巴〔註366〕等一十八名帶領番兵二千名隨師直抵西藏，似應一例邀賞，倘蒙恩允則連前共需內庫緞二百疋方足頒賜，臣謹據實具奏，伏乞我皇上睿鑒施行，謹奏。

雍正四年正月初四日具。

硃批：已有旨矣。

〔85〕和碩怡親王允祥等奏報達賴喇嘛奏疏等事摺（雍正四年正月初十日）[1]-2264

議政大臣和碩怡親王臣允祥等謹奏，為欽遵上諭事。

切接准達賴喇嘛奏疏言，仰賴奉天承運年少文殊師利萬歲主膝下為生之達賴喇嘛瞻望金殿，拈檀香香，撒吉祥花跪奏，大皇帝為眾生靈之依靠，前準噶爾賊迫使土伯特國陷於大難，聖主聞之惻然，遣天兵護送小僧，令坐達賴喇嘛世傳禪床，以拯救土伯特國大難，撫綏寺廟之離散僧人如初。後以公策旺諾爾布等駐守將軍，兵丁久駐，恐累土伯特人民而撤回，為照看我土伯特人民之安危派章京筆帖式來，故我地方所有大小黃黎眾民喜悅，各得太平，仰賴皇上之恩安居樂業。時羅卜藏丹津辜負皇上重恩忽然起亂後，復恐來侵略我土伯特國，遣發總兵官大軍以保護，故賊未能向我來，我眾生靈仰賴聖主恩威，無兵戈且雨水時調，故長享太平，茲據聞得已諭令撤回總兵官大軍及章京等語，若無一人奏報我地安危諸事，明斷各種是非，則我地距離朝廷

〔註365〕原文作賫送，今改正為齎送。
〔註366〕即第巴。

遼遠，故奏事者不能明白詳述，特請軫念西地黃黎眾生靈，務必恩遣一員照看土伯特國生活，明斷一切事宜，並賞訓旨，不勝感戴之處，請明鑒之，明鑒之，以祈請禮備辦福字哈達，於七月吉日達賴喇嘛叩奏等語。雍正四年正月初三日由內閣翻譯，繕摺交付乾清門藍翎豐阿拉、尹扎那等轉奏，奉旨，著交議政處議奏，欽此欽遵。

臣等會議得，據達賴喇嘛奏疏言，前準噶爾賊迫使土伯特國陷於大難，聖主發兵拯救，令小僧坐床，撫綏土伯特國離散者，恢復如初。後以兵久駐恐累土伯特人民而撤回，為照看我土伯特人民之安危派章京筆帖式來，故我地方所有大小黃黎眾民喜悅，各得太平，仰賴皇上之恩安居樂業。時羅卜藏丹津辜負皇上重恩忽然起亂後復恐來侵略我土伯特國，遣發總兵官大軍以保護，故賊未能向我來，我眾生靈仰賴聖主恩威，無兵戈且雨水時調，故長享太平。茲據聞得已諭令撤回總兵官大軍及章京等語，若無一人奏報我地安危諸事，明斷各種是非，則我地距離朝廷遼遠，故奏事者不能明白詳述，特請軫念西地黃黎眾生靈，務必恩遣一員照看土伯特國生活，明斷一切事宜，並賞訓旨，不勝感戴之處，請明鑒之明鑒之等語。切查得雍正元年為撤駐藏兵由議政處議奏，既撤駐藏兵，則我方之人不能不駐彼處，其應派官員由該部具奏請旨，駐彼討信等因由理藩院具奏，派員外郎常保前往。其後征滅羅卜藏丹津，平定青海，撤回駐藏總兵官周瑛之時亦撤回員外郎常保在案。西藏先是準噶爾賊來侵，破壞地方，殺喇嘛等離散，形勢大亂，聖祖仁皇帝遣發大軍擊敗準噶爾賊，再行撫綏土伯特地方，俾喇嘛民人安逸如初。至是聖主又以於辦理西藏事務之噶隆內不可無有為首人，特頒給康濟鼐以敕書，令其為首辦事，仰賴皇上之威福今西藏無事，達賴喇嘛奏請派遣照看官員之處毋庸議。請頒敕與達賴喇嘛，敕書內寫，先是準噶爾賤來侵破壞藏地，殺喇嘛等離散，形勢大亂，聖祖仁皇帝不惜數百萬兩正項錢糧，遣發大軍擊敗準噶爾賊，送（喇嘛）爾至藏坐床，再行撫綏土伯特地方，俾喇嘛民人等安逸如初。其後羅卜藏丹津作亂朕又以伊等來侵藏地調總兵官周瑛率兵駐防，以保護爾土伯特人民，同時亦派章京筆帖式駐守，至是已征滅羅卜藏丹津等，平定青海，寧謐無事，故將總兵官周瑛、章京筆帖式等盡行撤回。喇嘛爾奏請之前朕念及爾藏務緊要，於噶隆內不可無有為首人，故以康濟鼐為首阿爾布巴為副，與其他噶隆等同心辦事，並頒發敕書。夫康濟鼐者始終感激[我大國]（聖祖皇父）之恩，抵禦準噶爾賊，効力斥堠，虔誠扶持黃教，此事喇嘛爾明

知者，況且土伯特全民無不知者，若令如康濟鼐可信之人辦理藏務則與由朕處遣員無異。且今西藏衛等地皆與我四川雲南等省交界，每年遣使往來不斷，凡事即可聽到，[其後若有事，康濟鼐前往別處不得辦理噶隆事務後]（日後若有遣大臣、官員應辦之事），彼時[視喇嘛爾奏請照看官員，由此處遣派，亦不致耽誤]再行遣派，喇嘛爾奏請之意知道了等因書而發之，將所發敕書，交付內閣照此繕寫奏覽，交付現來康濟鼐使臣塔喇沙爾〔註367〕發去，至以頒敕禮而賞賜之緞疋等物照例從該處領取，一併發去可也，為此謹奏請旨。

　　雍正四年正月初十日

　　議政大臣和碩怡親王臣允祥。

　　議政大臣辦理理藩院尚書事務多羅果郡王臣允禮。

　　議政大臣多羅順承郡王臣錫保〔註368〕。

　　議政大臣世子臣弘昇〔註369〕。

　　議政大臣多羅貝勒臣滿都呼。

　　議政大臣鎮國公臣德普。

　　大學士伯臣馬齊。

　　議政大臣領侍衛內大臣公馬爾賽。

　　議政大臣領侍衛內大臣兼都統公臣尹德〔註370〕。

　　大學士臣嵩祝。

　　署理大學士事務戶部尚書臣徐元夢。

　　議政大臣協理理藩院事務散秩大臣兼都統太僕寺卿臣拉錫。

　　議政大臣散秩大臣兼總管臣阿齊圖。

　　議政大臣兵部尚書署理吏部尚書事務臣遜柱。

　　吏部尚書臣蔡珽〔註371〕。

　　議政大臣禮部尚書兼都統臣賴都。

〔註367〕 《頗羅鼐傳》頁二六三載康濟鼐遣往京城之使者名答巴惹降瑪瓦和崔尺達巴，《西藏通史松石寶串》頁七三五載此二使者名饒絳巴和楚臣塔爾巴，後書應據前書所撰，譯名不同而已，此處此人應即《頗羅鼐傳》所載之崔尺達巴。

〔註368〕 《欽定八旗通志》卷二百七十頁五○二一作錫保。代善後裔。

〔註369〕 清聖祖第五子允祺子，《欽定八旗通志》卷二百七十一和碩恆親王允祺表未列此子。

〔註370〕 《欽定八旗通志》卷三百一十八作領侍衛內大臣公殷德。

〔註371〕 《清代職官年表》部院大臣年表作吏部尚書蔡珽。

議政大臣都察院左都御史兼理兵部尚書事務尚書臣法海〔註372〕。

理藩院尚書兼理侍郎事務臣特古忒。

〔86〕和碩怡親王允祥等奏議貝子康濟鼐主管藏務摺（雍正四年正月初十日）[1]-2265

議政大臣和碩怡親王臣允祥等謹奏，為欽遵上諭事。

據西藏貝子康濟鼐奏稱，天下地上所有天人眾靈所感戴之奉承天命至高文珠師利皇帝腳面金輪光環下叩奏，至高文珠師利皇帝光明無比，天人眾靈皆為感戴，普享逸樂，我身猶如地下蟲蟻，不能為至高文珠師利皇帝出毫毛之力，但至高文珠師利皇帝仍扶持我，鑒朽木如檀香，以利於事。哎，為唐古特蒙古施以無窮高厚恩澤，委實從未有聞，僧俗眾生得享逸樂，如同得食喜筵，在至高文珠師利皇帝恩澤之下沐浴之小貝子康濟鼐虔誠禱祝，我今後之日子雖如殘星，但願佛法永存，憫恤土伯特之民，僧俗眾生所賴以生存之至高文珠師利皇帝腳下蓮花，將永遠照耀在天人頭頂上。今小貝子康濟鼐特意奏報，前土伯特人之生活太平安逸，不料準噶爾賊違背至高文珠師利皇帝之至意，暗中派兵殺害拉藏汗，殄滅佛法，傷害胡巴拉克〔註373〕等，無端殺戮土伯特僧俗人等，土伯特人不堪忍受其害，懼怕至甚，故而逢迎逆賊準噶爾者有之。當無人維護至高文珠師利皇帝事業、達賴喇嘛班禪額爾德尼並佛教時，小貝子矢志於至高文珠師利皇帝之事業及達賴喇嘛班禪額爾德尼並佛教事業，雖身遭受千刃萬刀亦不懊悔，必與準噶爾賊決一死戰。戌年〔註374〕至高文珠師利皇帝派出大軍之後，小貝子斷定準噶爾賊必從阿里地方敗走，亥年〔註375〕車凌敦多布搶掠拉藏汗屬人千餘口從阿里地方走出時我截殺準噶爾賊百餘人，搶回拉藏汗屬人，又將欺騙至高文珠師利皇帝陛下大軍之十八人拏獲後已交付公將軍，當時欲將此情具陳，由於道路被賊截堵未能通報。後於子年〔註376〕給衛藏僧俗眾生行文曉諭，不得逢迎準噶爾賊策凌敦多布，至高文珠師利皇帝絕不會視而不救土伯特人，小貝子康濟鼐於子年四月從阿里出兵，與準噶爾賊交戰，奪回藏地之人，守護班禪額爾德尼。小貝子康濟鼐

〔註372〕《清代職官年表》部院大臣年表作都察院左都御史法海。
〔註373〕僧人之意。
〔註374〕藏曆第十二饒迴土狗年戊戌，康熙五十七年。
〔註375〕藏曆第十二饒迴土豬年己亥，康熙五十八年。
〔註376〕藏曆第十二饒迴金鼠年庚子，康熙五十九年。

欲將阿里至藏地眾生奉獻給至高大皇帝陛下及達賴喇嘛，故自納古爾〔註377〕
前來拜見皇上所派二位將軍，並叩拜達賴喇嘛，當陳告小貝子康濟鼐我之所有
經歷後二位將軍速派我去辦理噶隆之事，我即依照所言辦理之。丑年〔註378〕
由駐守土伯特之至高文珠師利皇帝陛下大臣公策旺諾爾布等派我至準噶爾賊
來路納克章〔註379〕、噶珠〔註380〕地方布兵，由於已昇天前大皇帝敕諭到達，
我於當年即至阿里，於準噶爾賊之來路布兵固守，並讓大軍防備，以利皇帝
陛下之事業，又與拉達克汗〔註381〕商議之後以觀察準噶爾賊之舉動，將所見
所聞俱行通報於公策旺諾爾布。寅年〔註382〕至高文珠師利大皇帝陛下敕諭到
達，諭曰準噶爾事消弭之前仍駐守阿里地方。卯年〔註383〕我至多碩特地方，
青海羅卜藏丹津有負至高文珠師利大皇帝之鴻恩四處作亂，由侍郎等奉大將
軍之令調我至招，自阿里至卡木地方於準噶爾賊之來路要隘，又羅卜藏丹津之
遊牧住地佈設哨卡，與至高大皇帝之使臣侍郎等同心協力辦事。辰年〔註384〕
於騰格里池〔註385〕、達木、喀喇烏蘇等地佈兵，以防準噶爾賊又來犯，并親
率所屬唐古特蒙古等不時巡視効力，此皆以利於至高大皇帝之事業矣。再為
達賴喇嘛班禪額爾德尼之佛法殫竭血誠，勤勉効力者並非爭名利圖富貴享逸
樂矣，亦不曾違背至高文珠師利皇帝陛下、達賴喇嘛班禪額爾德尼之旨意，
更無不知廉恥地以滿足私欲而奏請恩寵之事，此等之事懇請至高文珠師利皇
帝陛下詳慮明鑒，總之亦曾奏聞於已昇天前聖主陛下矣，曾讓我辦理噶隆之
事時，時由至高文珠師利大皇帝陛下利及於天下眾生，並扶持達賴喇嘛班禪，
推興黃教，憫恤我土伯特人，因而我竭盡仰副聖主之意盡力辦成聖主之事，
每次頒下敕諭即刻遵旨而行，現今叨蒙至高大皇帝陛下之恩德，土伯特極為
太平，安居樂業。再土伯特之所有事情皆由於至高皇帝陛下恩施多派辦事噶

〔註377〕納古爾即阿里意。

〔註378〕藏曆第十二饒迴金牛年辛丑，康熙六十年。

〔註379〕《欽定理藩院則例》（道光）卷六十二作納倉宗，今西藏申扎縣一帶地區，清
　　　　代檔案文獻常作納克產。

〔註380〕待考。

〔註381〕《欽定外藩蒙古回部王公表傳》卷九十一頁二十九作尼瑪納木扎勒，《拉達克
　　　　王國史 950～1842》頁一七二作尼瑪南傑，康熙三十三年至雍正七年在位。

〔註382〕藏曆第十二饒迴水虎年壬寅，康熙六十一年。

〔註383〕藏曆第十二饒迴水兔年癸卯，雍正元年。

〔註384〕藏曆第十二饒迴木龍年甲辰，雍正二年。

〔註385〕《大清一統志》（嘉慶）卷五百四十七載名騰格里池，蒙古語騰格里諾爾，騰
　　　　格里蒙語天之意，水色如天青也，諾爾即湖之意，今西藏納木錯。

隆，因而無所難礙，極為順當，小貝子康濟鼐已無事可做，故請免去我噶隆一職，特請睿鑒。再小貝子以為我與準噶爾結怨很深，伊等決不與土伯特善罷甘休，而阿里、納克章乃賊來犯之路，故小貝子擬駐於隱蔽處所，若有準噶爾賊又來犯，必與賊死戰，以効力於至高大皇帝及達賴喇嘛班禪之法門，懇請至高皇帝陛下務必體仁明鑒以上情由，佛家之寶教，黃教永行推興於世，天下眾生得享安逸，達賴喇嘛班禪之諸事得以廣敷有信，皆有賴於至高文珠師利皇帝陛下，弦等無邊無際，內外所有教民皆願叨蒙殊恩，以涵容於仁慈之中，昔被理義開導，孕育於教化之中，永不間斷，我懇請皇帝陛下賞賜甘露般訓諭，為此不勝感戴，奏呈此文時又另擬單呈送禮品等因，於雍正四年正月初三日由內閣翻譯具摺，交乾清門藍翎尹扎納〔註386〕等轉奏，奉旨，著交議政議奏，欽此欽遵。

　　臣等會議得，據西土貝子康濟鼐奏稱，小貝子康濟鼐特意奏報，前土伯特人之生活太平安逸，不料準噶爾賊違背至高文珠師利皇帝陛下之至意，暗中派兵殺害拉藏，殄滅佛法，傷害胡巴拉克等，無端殺戮土伯特僧俗人等，土伯特人不堪忍受其害，懼怕至甚，故而逢迎逆賊準噶爾者有之。當無人維護至高文珠師利皇帝陛下事業，達賴喇嘛班禪額爾德尼並佛教時小貝子矢志於至高文珠師利皇帝之事業及達賴喇嘛班禪額爾德尼并佛教事業，雖身遭受千刃萬刀亦不懊悔，即殺準噶爾賊百餘人，搶回拉藏汗屬人，交付與公將軍，當時欲將此情具陳，由於道路被賊截堵未能通報。我給衛藏僧俗眾生行文曉諭不得逢迎準噶爾賊車凌敦多布，至高文珠師利皇帝絕不會視而不救土伯特人。後又與準噶爾賊交戰奪回藏地之人，守護班禪額爾德尼，我欲將阿里至藏地眾生奉獻給至高大皇帝陛下及達賴喇嘛，自納古爾前來陳告我之經歷後二位將軍速派我去辦理噶隆之事，我即依照所言辦理之。為預防準噶爾賊又來犯，已調我所轄唐古特蒙古兵，而我親率兵丁巡視，從不懈怠，此皆為大皇帝陛下之事業，並非爭名利享富貴之意，懇請至高文珠師利皇帝陛下多加詳慮明鑒，我之此意亦曾奏聞於已昇天前聖主陛下矣，曾讓我在招地辦理噶隆之事，由於至高文珠師利大皇帝陛下利及於天下眾生，并扶持達賴喇嘛班禪，推演佛教，憫恤土伯特人，因而我竭盡仰副聖主之意，盡力辦成聖主之事，每次頒下敕諭即刻遵照而行。現今叨蒙至高大皇帝陛下之恩德土伯特極為太平，安居樂業。再土伯特之所有事情，皆由於至高皇帝陛下恩施，多派

―――――――――――――――

〔註386〕第八十五號文檔作尹扎那。

辦事噶隆，因而無所難礙，極為順當，小貝子康濟鼐已無事可做，故請免去
我噶隆一職，特請睿鑒。再小貝子以為我與準噶爾結怨很深，伊等決不與土
伯特善罷甘休，而阿里、納克章乃賊來犯之路，故小貝子擬駐於隱蔽處所，
若有準噶爾賊又來犯，必與賊死戰以効力於至高大皇帝及達賴喇嘛班禪之法
門，懇請至高皇帝陛下務必體仁明鑒以上情由等語。查得前由川陝總督公岳
鍾琪奏，康濟鼐、阿爾布巴均已授封為貝子以辦理藏務，則可頒給敕書，令
康濟鼐為正，阿爾布巴為副，同心協力辦事之，又曉諭唐古特人可聽從該二
人之管轄，如此事有專權自然可無煩亂之患等因具奏。臣等當即議准貝子康
濟鼐為正、阿爾布巴為副，共同辦理藏務，擬發敕書等因具奏，并將所頒發
之敕書已交付我派往達賴喇嘛處之使臣副都統宗室鄂齊等帶去在案，該所發
敕書尚未到達，而康濟鼐之奏書又前來，故令理藩院將此情由咨行康濟鼐知
照，並於咨文內擬寫如下之事，爾之所作所為所有効力之處，前由聖祖仁皇
帝均加明鑒之後嘉許甚深，并格外封為貝子，給食俸祿，授為噶隆，令辦藏
務，現今大聖主亦軫念〔註387〕爾始終感戴天國之恩，効力於行伍之中，虔誠
黃教更利於推演，故頒敕書於爾以主管藏務，此乃聖上大皇帝極信賴於爾，
特將西藏大小諸事託付與爾辦理，爾應感戴如此信賴託付之天高地厚恩澤，
竭誠辦理任內諸事，無偏無私，果斷勤奮，絕不可推諉於人等語，咨行該文
時仍照前例賞給大緞十疋，至於該咨文及所賞大緞，擬交付康濟鼐使臣塔拉
沙爾〔註388〕帶回，為此謹奏請旨。

　　雍正四年正月初十日
　　議政大臣和碩怡親王臣允祥。
　　議政大臣辦理理藩院事務果郡王臣允禮。
　　議政大臣多羅順承郡王臣錫保。
　　議政大臣世子臣弘昇。
　　議政大臣多羅貝勒臣滿都護〔註389〕。
　　議政大臣鎮國公臣德普。

〔註387〕原文作僅念，今改正為軫念。
〔註388〕《頗羅鼐傳》頁二六三載康濟鼐遣往京城之使者名答巴惹降瑪瓦和崔尺達
　　　　巴，《西藏通史松石寶串》頁七三五載此二使者名饒絳巴和楚臣塔爾巴，後書
　　　　應據前書所撰，譯名不同而已，此處此人應即《頗羅鼐傳》所載之崔尺達巴。
〔註389〕《欽定八旗通志》卷三百二十一作滿洲正白旗都統貝勒滿都護。清聖祖弟常
　　　　寧子，《欽定八旗通志》卷二百七十一作滿都祜。

大學士伯臣馬齊。

議政大臣領侍衛內大臣公臣馬爾賽。

議政大臣領侍衛內大臣兼都統公臣尹德。

大學士臣嵩祝。

署理大學士戶部尚書臣徐元夢。

議政大臣協理理藩院事務散秩大臣兼都統太僕寺卿臣拉錫。

議政大臣散秩大臣兼總管臣阿齊圖。

議政大臣兵部尚書兼吏部尚書事臣遜柱。

吏部尚書臣蔡珽。

議政大臣禮部尚書兼都統賴都。

議政大臣都察院左都御史兼兵部尚書臣法海。

理藩院尚書仍兼理侍郎事臣特古忒。

〔87〕副都統鄂齊等奏報在西安府候旨摺（雍正四年正月十九日）[1]-2267

奴才鄂齊、班第〔註390〕謹奏，為奏聞事。

竊照去歲十二月二十一日奴才等自京城起行，不勞驛站，日行一百二三十里於今年正月十三日抵達西安府，臣等遵旨與總督岳鍾琪商議賞賜達賴喇嘛及地方事宜。問據岳鍾琪言，為此件事臣與提督周瑛會議具摺，已於正月初四日齎奏，大概自本月二十日始發回，復有奉命更議之處亦未可料，今我等不必即行定議，若臣等起程前行，則彼此行文商議反不得盡意，以致誤事，臣等暫候數日，命下之時定議賞賜達賴喇嘛及地方事宜畢再起行前去〔註391〕為好等語。奴才等現候旨駐於西安府，命下之日與總督岳鍾琪定議應議諸事畢起程前往四川，抵達四川後修整數日前往藏地。據詳問岳鍾琪其中惟裡塘寺之堪布先皆由達賴喇嘛處補遣，商賈等曾於裡塘地方均取牲口等物更換，今既為內地，達賴喇嘛倘若仍照前請求由藏補遣堪布，行商者於裡塘地方更換牲畜，則不可聽從其言，奴才等除同議另奏請旨外，為此謹奏以聞。

雍正四年正月十九日

硃批：應該等候，至於另奏請旨摺子及諭旨，將由議政處發去。

〔註390〕《清代職官年表》內閣學士年表作內閣學士班第。

〔註391〕原文作潛去，今改正為前去。

〔88〕四川提督周瑛奏遵查員外郎常保進藏用過錢糧虛實情形摺（雍正四年正月二十一日）[2]-[6]-542

提督四川總兵官左都督拜他拉布勒哈番記餘功三次臣周瑛謹奏，為欽奉上諭事。

雍正肆年正月拾玖日准理藩院咨開，雍正叁年拾貳月貳拾柒日多羅果君王、散軼大臣兼都統拉錫面奉上諭，自西藏回來員外郎常保將帶去錢糧壹萬兩用了等語，著行文總兵官周瑛將常保用過錢糧壹萬兩所用虛實之處逐一詳查，據實具奏，欽此欽遵，為此合咨前去，查照奉旨內事理欽遵施行等因到臣。准此，竊查臣於雍正元年拾月內自叉木多准咨進藏，於拾貳月拾捌日始抵西藏，其學士鄂賴員外郎常保等自西寧出口已先於玖月內到藏，鄂賴即同趙儒前往後藏阿里地方，及臣到藏之時彼等亦自阿里地方回，又於雍正貳年貳月內鄂賴回京，行次洛隆宗地方欽奉硃批下旨與達賴喇嘛，遂復回藏地，會同臣料理西藏事宜，遣發叅將郭壽域帶兵前赴哈喇烏蘇協同公隆布奈分防隘卡，並遣叅將趙儒同噶隆叵羅奈帶領漢番官兵前往木魯烏蘇一帶躧緝羅卜藏丹盡踪跡，隨經招撫納克樹、餘樹等處地方，事竣學士鄂賴奉文撤回。臣伏查辦事異域往還其間，凡一舉動賞需腳價不無所費，常保亦曾向臣稱說學士鄂賴動用銀兩甚多，本年捌月內臣奉文同康金鼎等帶領漢番官兵前赴克里野沙拉達魯會剿逆彝，員外郎常保又曾犒賞兵番，但臣與常保同住西藏將及二載，雖伊等數次犒賞官兵約計銀伍百餘兩乃臣所知者，至於別項動用錢糧虛實之處常保自記清字檔子，臣實不能詳悉周知，今蒙恩旨命臣詳查據實具奏，臣謹將前項情由據實繕摺，由驛恭齎奏聞，伏乞皇上睿鑒施行。

雍正肆年正月貳拾壹日

〔89〕敕諭七世達賴喇嘛覆其請派官員指導事務以康濟鼐等辦理藏務與中央官員無異（雍正四年正月二十五日）[3]-624

奉天承運皇帝敕諭西天大善自在佛所領天下釋教普通瓦赤喇怛喇達賴喇嘛。

朕臨治天下務期率土之民各安生業，弘揚道統，爾達賴喇嘛恭請朕安，虔誠奏書，以表忠心，朕已知悉，仰賴天恩朕躬甚安，據爾奏云，請遣官一員，眷顧土伯特眾生，指導諸事等語。前準噶爾賊擾掠藏地，殺戮驅散眾喇嘛，實屬大逆不道，聖祖仁皇帝不惜正項錢糧數百萬兩，遣發大軍，擊敗準噶爾，送爾喇嘛至藏坐床，俾土伯特地方復歸安定，喇嘛民眾照前樂業，後羅卜藏丹津

叛逆，兵敗逃竄，朕恐彼再犯藏地，特遣總兵官周瑛率兵駐藏，守護土伯特，章京、筆帖式亦同遣往駐防，今羅卜藏丹津已滅，青海底定，寧靜無事，故令總兵官周瑛連同章京、筆帖式等悉行撤回，爾喇嘛奏請之前，朕以藏務重要，噶倫中不可無總理之人，故特頒敕諭，著貝子康濟鼐為總理，阿爾布巴為協理，與眾噶倫同心辦事，康濟鼐始終感激皇考聖祖之恩，抵禦準噶爾，効力邊務，虔誠扶持黃教，此爾知之甚悉，全土伯特亦無不知之，康濟鼐等辦理藏務與朕所派官員無異，且藏衛等地與川滇交界，每年遣使往來不絕，即可探知諸事，日後若需遣官辦理之事，即行派員前往，為此特諭，以頒敕禮，賞爾六十兩重鍍金銀茶筒一個、鍍金酒壺一把、銀盅一個，各色緞五匹、大哈達五方小哈達四十方、五色新樣哈達十方，一併交康濟鼐使者達喇沙爾〔註392〕等齎回，至時祗領，特諭。（西藏館藏原件滿蒙藏文）

〔90〕川陝總督岳鍾琪奏報令周瑛確勘應賞達賴喇嘛地方摺（雍正四年二月初一日）[2]-[6]-576

四川陝西總督臣岳鍾琪謹奏，為奏聞事。

竊查賞給達賴喇嘛地方事，除臣與欽差面議，應請旨者已經具摺奏請外，今臣復查周瑛冊內所開，應給達賴喇嘛地方內如切近叉木道〔註393〕、喳丫〔註394〕等處零星人戶，尤恐有與各處呼圖克圖並青海各台吉所屬地方犬牙相錯之處，應令周瑛此番到彼，逐一再加確勘明白，然後會同欽差，應給達賴喇嘛者給達賴喇嘛，應歸原主者給還原主，務必細心勘酌，毋得草率完事，除一面咨移周瑛外，理合繕摺奏聞，伏乞睿鑒，謹奏。

雍正四年二月初一日

〔91〕川陝總督岳鍾琪奏報鄂齊等起程進藏日期及另備賞賜摺（雍正四年二月初一日）[2]-[6]-577

四川陝西總督臣岳鍾琪謹奏，為奏聞事。

欽差散秩大臣鄂齊等到西安，臣隨將進藏一切事宜共相商度，具摺奏請

〔註392〕《頗羅鼐傳》頁二六三載康濟鼐遣往京城之使者名答巴葱隆瑪瓦和崔尺達巴，《西藏通史松石寶串》頁七三五載此二使者名饒絳巴和楚臣塔爾巴，後書應據前書所撰，譯名不同而已，此處此人應即《頗羅鼐傳》所載之崔尺達巴。

〔註393〕即察木多。

〔註394〕即乍丫。

在案，今鄂齊等已於二月初一日自西安起身，由川出口，所有需用馬匹帳房等項，臣已飭四川布按二司照例預備，務從充裕外。再查口外沿途番寨喋巴 〔註395〕 頭目人等已蒙皇上頒給恩賞，其餘一切地方多有小頭目人等，聞欽差經臨，必來迎送伺候，不可不給賞賜，臣檄四川署藩司於庫貯，臣衙門舊例應得庫規捐作公用銀內動支三千兩，交鄂齊等攜帶前往，以充賞需，所有臣另備賞賜緣由及鄂齊等起程日期，理合一並奏聞，為此謹具摺奏，伏乞睿鑒，謹奏。

雍正四年二月初一日具。

〔92〕副都統鄂齊等奏報踏勘青海玉樹等地方事宜摺（雍正四年二月初一日）[1]-2280

奴才鄂齊、班第謹奏，為奏聞事。

切照正月二十九日到由部發去議賞達賴喇嘛與地方，歸隸內地之地方檔冊，奴才等看視畢詳問總督岳鍾琪，據岳鍾琪言臣與周瑛會奏應賞給達賴喇嘛之地方內有青海所屬地方前未曾陳奏，今既永清界地，則將此事理應奏明等語，除奴才等同岳鍾琪會議另摺請旨外，奴才等於二月初一日自西安起行前赴四川。又據議政處議發文內開，令奴才等同周瑛親臨看視玉樹、納克樹、霍耳鎖戎等地畢議奏如何為之等語，此事問據岳鍾琪言，因伊未親臨彼地，故不甚清楚，大概此等地方皆在木魯烏蘇以外，由打箭爐路以去繞行二千里等語，奴才等抵四川後與周瑛會議，將玉樹、納克樹、霍耳鋑戎等如何往勘料理之處，准再議奏聞，為此謹奏。

雍正四年二月初一日

〔93〕副都統鄂齊等奏請賞賜達賴喇嘛事宜摺（雍正四年二月初一日）[1]-2281

散秩大臣副都統宗室臣鄂齊等謹奏，為請旨事。

切臣等於正月二十九日接准部咨，以玉樹等地方原非達賴喇嘛所屬，而周瑛以為應給達賴喇嘛者，或以為此等地方離內地遼遠鞭長莫及等情，另有所見始行具奏亦未可定，然此數部落駐牧地方俱係自西寧進藏必由之路，不可視為尋常，此等情由此地無憑灼見，難於揣議，相應著周瑛一同鄂齊等前往，將納克樹、玉樹、霍耳鎖戎等處地方形勢察看詳細，或應令其自立，或應作如何料

〔註395〕即第巴。

理管轄，務俾日後不致紛擾等處，會同詳議具奏之日再議等因具奏，奉旨，這事著依議，欽此欽遵咨行到臣。該臣岳鍾琪查得周瑛造送應賞給達賴喇嘛冊內尚有達拉〔註396〕、幫木〔註397〕、力庶〔註398〕、江卡〔註399〕等數處，皆在巴塘之木魯烏蘇之外，乃進藏必由之路，臣岳鍾琪於康熙五十八年駐劄巴塘招撫各部落時達拉係察罕丹津所屬，幫木乃羅卜藏丹津所屬，力庶、江卡則係色布騰扎爾〔註400〕管轄，後因羅卜藏丹津叛逆，經四川化林副將張成隆〔註401〕將此數處盡行招撫，歸入內地管轄，造冊報部在案。但臣查此數處前雖係青海管束，而其地皆在達賴喇嘛所屬地方之中，曾有人言乃策零敦多布〔註402〕竊踞西藏之時，因此地為進藏之要道，伊等取為已有等語，雖未知確否，然此數處並非大部落，土瘠人貧，俱係零星散居，索不守法專以偷竊為生，若歸內地管轄不特疆界混淆不清，更恐鞭長難以管束，若仍歸青海人等管束則伊等駐處離青海甚遠，每年派人收取添巴必經過得爾格特、裡塘、巴塘，今得爾格特等處既歸內地，自不便仍任青海之人往來交通，況係進藏咽喉，將來探聽消息往來不便，所關不小，前經提臣周瑛造冊開此數處應賞給達賴喇嘛，與臣岳鍾琪所見相同，是以將原冊送部，今臣鄂齊等會議得此數處向係青海所屬，今應否賞給達賴喇嘛之處，臣等未敢擅便，相應具摺請旨，伏乞睿鑒批示遵行，謹奏。

　　雍正四年二月初一日

　　散秩大臣副都統宗室臣鄂齊。

　　內閣學士臣班第。

　　四川陝西總督臣岳鍾琪。

〔註396〕《四川通志》（乾隆）卷二十一頁五十三賞給達賴喇嘛各地方戶口錢糧載，上下達拉住牧，原係西海代青和碩氣屬下，管轄頭人六名，番民一百四十二戶，每年納騾十五頭，牛十五隻，茶十五甀。

〔註397〕常寫作邦木，西藏芒康縣然堆村附近《西藏自治區地圖冊》。

〔註398〕《四川通志》（乾隆）卷二十一頁五十三賞給達賴喇嘛各地方戶口錢糧載，力秦三處住牧，原係羅藏頂慶屬下，管轄大小頭人十二名，番民二百八十戶，每年納糧銀三百兩。常寫作力樹，當在西藏芒康縣措瓦鄉如通麥村附近《中國電子地圖2005》。

〔註399〕《欽定理藩院則例》（道光）卷六十二作江卡宗，今西藏芒康縣。

〔註400〕《蒙古世系》表四十三作色布騰札勒，準噶爾部巴圖爾渾台吉孫，其父卓特巴巴特爾。

〔註401〕《四川通志》卷三十二頁五十六作化林營副將張成隆。

〔註402〕《平定準噶爾方略》卷四頁十八作策零敦多卜。《蒙古世系》表四十三作策凌端多布，其父布木。此人為大策凌端多布，以區別於小策凌端多布。

〔94〕川陝總督岳鍾琪奏請寬宥逃藏之公布渣布摺（雍正四年二月十二日）[2]-[6]-613

四川陝西總督臣岳鍾琪謹奏，為請旨事。

竊臣查得羅卜藏丹盡親信任用之喇嘛累正沙布隆吉〔註403〕並伊弟莫爾根諾延公布渣布俱隨羅卜藏丹盡之母垂母素逃走，到喀齊烏蘭烏蘇地方累正沙布隆吉遂棄垂木素走進西藏，已經學士臣鄂賴、松潘鎮臣周瑛拿獲正法，後伊弟公布渣布亦到藏裡赴營投見，隨師至騰格里腦兒〔註404〕到木魯烏蘇一帶行走，貝子康金鼎噶隆等公同保求，欲將公布渣布留在西藏，臣隨即飛檄松潘鎮臣周瑛知會康金鼎等，若要保全公布渣布斷不可留在西藏，務必送來請皇上恩旨定奪去後，今於雍正三年十二月二十六日准川提臣周瑛差員將公布渣布押解到，臣訊問口供，據稱伊娶羅卜藏丹盡另一母所生的姐姐厄布為妻，伊原係查漢諾木漢〔註405〕的人，羅卜藏丹盡之父扎什巴兔兒〔註406〕將伊改為黑人，配以女兒，給與人口過活，其妻已身死，因見羅卜藏丹盡背叛，帶了母親兒子原要奔西寧進口，恐被搶掠，故奔往西藏，如今母親兒子都安插在康金鼎處等情。臣伏思公布渣布雖據供因羅卜藏丹盡叛逆，帶母攜子逃亡西藏，但原係叛逆親屬，理應正法，而貝子康金鼎及噶隆等先為保求，今又遵法解出，且公具番信哀懇代奏，求聖恩寬宥，亦足徵畏威懷德之誠悃，可否法外矜全寬以不死，除西藏青海二處外另行作何安置，出自聖主洪仁，非臣所敢擅專也，倘蒙恩允，其母子尚在西藏，臣候旨下之日行文提取，合併聲明，謹具摺奏聞請旨。

雍正四年二月十二日具。

硃批：應寬恩者，朕意其母子既在藏，朕施此恩，諒爾亦人也，斷無負恩妄為之理，與其提取不如釋還，交與康金鼎，你意如何，若可即遵諭行，一面

〔註403〕熱振寺清代檔案文獻常譯作呼正寺，與累正音近，沙布隆為藏傳佛教喇嘛等級之一，次於呼圖克圖。據《東噶藏學大辭典歷史人物類》頁一五五，西藏甘丹頗章政府具有出任掌辦商上事務（即所謂攝政）一職四大呼圖克圖之一者熱振呼圖克圖第一世為第五十四任甘丹池巴阿旺曲丹，其成為熱振寺寺主在乾隆年間，故此處累正沙布隆吉大概為熱振寺內一地位較高之喇嘛。

〔註404〕《大清一統志》（嘉慶）卷五百四十七載名騰格里池，蒙古語騰格里諾爾，騰格里蒙語天之意，水色如天青也，諾爾即湖之意，今西藏納木錯。

〔註405〕指第三世拉穆活佛羅桑丹貝堅贊，曾學經於哲蚌寺郭莽扎倉，清康熙二十一年於今青海省尖扎縣建德千寺，為七世達賴在塔爾寺出家時之堪布與經師。

〔註406〕《蒙古世系》表三十七作達什巴圖爾，顧實汗圖魯拜琥幼子，即第十子。

引旨具奏，發部以結此案，若必當不可令還，朕未見此人，不便懸定，可具摺請旨一面密奏，朕諭部寬其罪，交你另作安置。

附修訂摺一件

奏為請旨事。

竊臣查得羅卜藏丹盡親信任用之喇嘛累正沙布隆吉並伊弟莫爾根諾延公布渣布俱隨羅卜藏丹盡之母垂母素逃走，到喀齊烏蘭烏蘇地方累正沙布隆吉遂棄垂木素走進西藏，已經學士臣鄂賴、松潘鎮臣周瑛拿獲正法，後伊弟公布渣布亦到藏裡赴營投見，隨師至騰格里腦兒到木魯烏蘇一帶行走，貝子康金鼐噶隆等公同保求，欲將公布渣布留在西藏，臣隨即飛檄松潘鎮臣周瑛知會康金鼐等，若要保全公布渣布斷不可留在西藏，務必送來請皇上恩旨定奪去後，今于雍正三年十二月二十六日准川提臣周瑛差員將公布渣布押解到，臣訊問口供，據稱伊娶羅卜藏丹盡另一母所生的姐姐厄布為妻，伊原係查漢諾木漢的人，羅卜藏丹盡之父扎什巴兔兒將伊改為黑人，配以女兒，給與人口過活，其妻已身死，因見羅卜藏丹盡背叛帶了母親兒子原要奔西寧進口，恐被搶掠故奔往西藏，如今母親兒子都安插在康金鼐處等情。臣伏思公布渣布雖據供因羅卜藏丹盡叛逆帶母攜子逃亡西藏，但原係叛逆親屬，理應正法，而貝子康金鼐及噶隆等先為保求，今又遵法解出，且公具番信哀懇代奏，求聖恩寬宥，亦足徵畏威懷德之誠悃，可否法外矜全寬以不死，除西藏青海二處外另行作何安置，出自聖主洪仁，非臣所敢擅專也，倘蒙恩允，其母子尚在西藏，臣候旨下之日行文提取，合併聲明，謹具摺奏聞請旨。

雍正四年二月十二日

硃批：公布渣布應予寬宥者，據奏除西藏青海二處外，另行作何安置等語，朕意其母其子既皆在藏，今與其提取莫若釋還，諒彼亦人也，受恩如此寧猶有背負妄為之理，將伊放回交與康濟鼐，卿意以為然否，如以為可即遵諭行，一面援旨題奏，以便發部結案，倘放伊回藏有必不宜處，朕未親見其人殊難懸定，可仍具密摺請旨，候朕諭部寬免其罪，交汝另作安置也。

〔95〕四川提督周瑛奏遵旨會同欽差前往指授賞給達賴喇嘛地方疆界摺（雍正四年二月二十八日）[2]-[6]-663

提督四川總兵官左都督拜他拉布勒哈番記餘功三次臣周瑛謹奏，為欽奉上諭事。

雍正肆年貳月初拾日臣接理藩院咨開，議政大臣會議賞給達賴喇嘛地方，特遣天使降發旨意等因具奏，已遣副都統宗室鄂齊，學士班第等前往在案，今提督周瑛既稱巴爾喀木以及西藏俱係身親經歷，願請同往，應照周瑛所請，隨同敕使，一同到指授疆界地方，將應作內地，應賞賴喇嘛地方之疆界，明白指授。再提督周瑛在藏時招撫納克樹、餘樹〔註407〕、霍耳鎖戎等處，以為應歸達賴喇嘛等語，查此數部落地方，俱係自西寧進藏必由之路，不可視為尋常，此等情由此地無憑灼見，難於揣議，相應著周瑛一同鄂齊等前往，將納克樹、餘樹、霍耳鎖戎等處地方形勢，或應令其自立，或應作如何料理管轄，務俾日後不致紛擾等處，會同詳議，具奏之日商議等因啟奏，奉旨，這事情著依議，提督周瑛既行前往指授地方，四川提督事務不可無署理之人，交與岳鍾琪周瑛，著伊等會同將應署理之員，好生揀選保奏署理，欽此欽遵，該提督查照奉旨內事理，欽遵施行等因到臣，欽此欽遵。竊臣查於雍正叁年拾月內接理藩院咨內，據督臣岳鍾琪條議內，將察木多以外之洛隆宗、擦哇作崗等處，及雲南提督臣郝玉麟所招之南稱巴卡〔註408〕等處啟奏，蒙聖恩將此等地方，特沛恩旨賞給達賴喇嘛，臣識見短淺，因此一時愚昧，以為納克樹、餘樹等處係臣於雍正貳年駐防西藏時會同學士鄂賴遣發參將趙儒，帶領漢土官兵剿捕羅卜藏丹盡時所招撫者，其地在木魯烏蘇、哈喇烏蘇兩河之中，與圖爾古特濟農丹仲〔註409〕所屬之霍耳鎖戎犬牙相錯，且與南稱等處地界相聯，離四川內地甚屬遼遠，是以臣遂將此等地方冒昧造入賞給達賴喇嘛冊內，咨商督臣，今經議政處以納克樹、餘樹、霍耳鎖戎等處數部落乃自西寧進藏必由之路，不可視為尋常等語，但臣實未經親歷其地，謬以己見參越，仰荷皇恩高厚，臣清夜捫心，冒昧之愆無以自逭，於本年貳月拾伍日欽差散秩大臣副都統宗室臣鄂齊等已抵四川成都府，除一面會商出口事宜，俟起程之日另疏具奏外。竊臣悉心細察，往納克樹、餘樹等處地方必至察木多，始由類五齊〔註410〕前往，而此種番部

〔註407〕即玉樹。

〔註408〕清代舊籍常作巴彥囊謙、南稱巴彥，羅卜藏丹津亂，清廷招撫原屬西藏青海間藏人部落七十九處，其中四十族劃隸青海辦事大臣管轄，其中囊謙設千戶，勢最大，其餘諸部均為百戶百長，囊謙為名義上諸部落之首，故以巴彥囊謙代指此四十部落，囊謙千戶轄地即今青海省囊謙縣一帶地區。

〔註409〕屬土爾扈特部遊牧於青海者，《蒙古世系》表四十六作丹忠，號額爾德尼濟農，父拜博。

〔註410〕通常作類烏齊，清時期此地為類烏齊呼圖克圖管轄，統屬於達賴喇嘛與駐藏大臣，即今西藏類烏齊縣類烏齊鎮。

人民，多係以黑帳房為住牧之所，且番性素屬狡悍，罔知遵守法紀，雖經招撫內附，實猶未化誨馴良，今臣同天使前去，隨從騎駝約計數百，此類番民一時驟見，必然驚惶逃遁，致滋釁端均不可定，且較之由洛隆宗大道赴藏又迂遠二千餘里，計算臣等到彼正值伍陸月之間，沿途河水阻隔勢所布免，伏查欽差齎有下與達賴喇嘛並貝子康濟鼐等旨意，以及恩賜物件，暨沿途恩賞撫馭事宜，甚屬緊要，若一同前往，不獨途中雨水阻滯，倘或稍有疏虞，則臣負罪更為深重矣，是以臣謹冒昧仰懇聖恩，臣同欽差備員至察木多時將界址指明，天使即於洛隆宗、碩版多一路宣佈皇仁，直赴西藏，臣量帶隨從由類五齊至納克樹、餘樹、霍耳鎖戎等處宣播皇恩，將此一帶地方形勢察看詳細，繪畫輿圖，由得爾革、霍耳一路查明戶口，撫綏番部，即行回任，統俟天使事竣回川，臣等會同詳議具奏，並將輿圖恭呈御覽，伏候聖裁，竊臣因此番欽差進藏事關重大，臣等一面會同前進，謹繕摺專差家人張璘齎捧請旨，伏乞皇上睿鑒施行。

雍正肆年貳月貳拾捌日

〔96〕川陝總督岳鍾琪奏遵旨將公布渣布交與康金鼐處並報起程日期摺（雍正四年三月初四日）[2]-[6]-689

四川陝西總督臣岳鍾琪謹奏，為奏聞事。

竊臣具奏公布渣布一摺奉到硃批諭旨，應寬免者，朕意其母子既在藏，朕施此恩，諒亦人也，斷無負恩妄為之理，與其提取，不如釋還，欽此。臣跪讀之下仰見我皇上天心仁恕，無物不被生全，臣細看公布渣布狀貌亦甚朴實，若交與康濟鼐處居住，自必頂戴聖恩，不敢妄為，今值康濟鼐差來之達爾沙爾蘭占巴〔註411〕自京回抵西安，臣謹即遵旨將公布渣布交與康濟鼐差人順便帶回，宣示聖恩，併將旨意行文康濟鼐，使其咸知頂感，已於三月初二日自西安起程訖，理合具摺奏聞，並繳奉到硃批原摺一扣，伏乞睿鑒，謹奏。

雍正四年三月初四日具。

硃批：若可如此甚合朕意，極好之事。

附修訂摺一件

世襲三等公川陝總督臣岳鍾琪謹奏，為奏聞事。

〔註411〕《頗羅鼐傳》頁二六三載康濟鼐遣往京城之使者名答巴惹降瑪瓦和崔尺達巴，《西藏通史松石寶串》頁七三五載此二使者名饒絳巴和楚臣塔爾巴，後書應據前書所撰，譯名不同而已，此處此人應即《頗羅鼐傳》所載之崔尺達巴。

竊臣具奏公布渣布一摺奉到硃批諭旨，欽此。臣跪讀之下仰見我皇上天心仁恕，無物不被生全，臣細看公布渣布狀貌亦甚朴實，若交與康濟鼐處居住，自必頂戴聖恩，不敢妄為，今值康濟鼐差來之達爾沙爾蘭占巴自京回抵西安，臣謹即遵旨將公布渣布交與康濟鼐差人順便帶回，宣示聖恩，併將旨意行文康濟鼐，使其咸知頂感，已于三月初二日自西安起程訖，理合具摺奏聞，伏乞睿鑒，謹奏。

硃批：若可如此安置甚合朕意，乃係極好之事。

〔97〕西安將軍延信奏請展限賠償進藏時用過銀兩事摺（雍正四年二月二十六日）[1]-2314

鎮守西安等處地方將軍多羅貝勒臣延信謹奏，為請聖恩展限事。

由部議臣進藏時所帶銀兩時將臣所用七萬九千五百兩餘銀，責成臣及原巡撫噶什圖〔註412〕分別賠償，當初臣率領大軍進藏時原巡撫噶什圖與臣言，藏地遙遠，所帶糧草盤纏等項於途中延誤亦難逆料，我兩省已捐輸十萬兩銀隨營送去，若於途中盤纏延誤駝畜倒斃可以用之，若有所餘可以酌量動用，以利於眾，此皆並非正項錢糧云云，並交付參將楊福時〔註413〕等，用官駝托運隨營帶去，進藏、撤回時沿途補充缺少馬畜、採買供應所需糧草，供給大臣官員以盤纏，用以賞賜兵丁及唐古特人，又臣之盤纏未供給時亦曾用之，以上各項均由臣酌情調撥之動用之，理應責成臣全數賠償之，今既責成臣只賠償一半，則應依照部文賠償完結，臣賴以聖恩而生存者即俸銀及地租，此二項每年所得銀共為七千兩，倘若將此銀兩全數賠償則必每日所需之項無著落，自今日起若不將臣之實情先行聲明，不請聖主明鑒恩施而延誤賠償，由部加以問罪時則難承受，臣所懇請者將臣應行賠償之銀兩分十年陸續如數交納完結。如是官屬賠償款項得以明確，且臣之生計亦不致艱難困苦，故而謹具摺奏請，伏乞聖主睿鑒，敕部可照臣之所請議覆施行，為此謹奏請旨。

雍正四年二月二十六日

硃批：此事按理應該責成爾一人賠償，此亦朕之特旨恩澤，以爾之為人朕應寬免，即便寬免亦有國法在，朕不能私下辦理，已照爾之所請降旨於部。

〔註412〕《清代職官年表》巡撫年表作陝西巡撫噶什圖，雍正元年四月十三日差赴西寧，由范時捷署。

〔註413〕待考。

〔98〕副都統鄂齊等奏報自川進藏領取銀兩數目摺（雍正四年三月十五日）[1]-2326

奴才鄂齊、班第謹奏，為奏聞事。

竊奴才等於三月十五日自成都府起程，於三月十二日接准總督岳鍾琪來文內稱，該總督於四川應得銀兩內撥給奴才等三千兩以便途中賞賜小頭目用等因，經奏請後行文前來等語，將此文送巡撫法敏〔註414〕閱後，據法敏言，從我四川進藏無例，據川省定例載，凡驛馬一匹折銀八兩，營馬一匹折銀十二兩，一駝折合三匹馬，大臣等攜帶八個月口糧衣物帳篷鍋具等物需要置備，再加之馱用官賞物品之馬畜亦計算在內，共需銀七千八百兩餘，倘若照此撥給，往返租畜，沿途需用似為不足，是以我等經商議後，除總督岳鍾琪資助銀三千兩外由本巡撫及布政使按察使資助，共撥給銀一萬六千八百三十兩餘，銷算時仍照四川所定驛馬價銷算為七千八百兩，總督岳鍾琪所資三千兩銀，已於部文到來之前撥入此數中給之等語，故奴才等未取岳鍾琪所資三千兩銀，沿途需賞小頭目等之銀兩皆由奴才鄂齊、班第所得銀兩中酌情賞之，為奴才等撥給銀兩數，與自西寧進藏人員所領數目相同，故照數領取之，所有領取銀兩細數漢字摺，亦一併謹奏覽。

雍正四年三月十五日

硃批：知道了，何以如此瑣屑，朕無暇閱此摺。

〔99〕四川提督周瑛奏明動支口糧及預備庫項緣由摺（雍正四年三月十六日）[2]-[6]-730

提督四川總兵官左都督拜他拉布勒哈番記餘功三次臣周瑛謹奏，為奏明事。

竊臣會同欽差副都統鄂齊，學士班第等前往叉木多指授賞給達賴喇嘛地界，並往納克樹、餘樹等處察看形勢，所有臣等起程日期，另疏題報外，伏思臣身任提督，奉命出口，指授邊界，不得不量帶官兵以供差遣，以資隨從，除臣隨帶兵丁貳拾名外，又添派臣標及化林營千把總伍員，馬步兵丁壹百名，千把總跟役拾名，總共壹百叄拾陸員名，但此官兵出口必資口糧，若令自行裹帶，長途馱運艱難，臣思裡塘巴塘乍丫等處均皆貯有糗糧，是以咨商撫臣法敏可否邀請聖恩，照官兵出口之例支給鹽菜口糧，俾官兵有飽騰之歡，無

〔註414〕《清代職官年表》巡撫年表作四川巡撫法敏。

駝運之累，則行走輕便矣，但事關動支錢糧，應聽撫臣具題請旨。再臣受恩深重，圖報無能，此番出口隨帶官兵製辦行裝以及沿途賞需並雇覓駝腳等項皆需費用，臣不敢再為動支正項，是以咨明撫臣借支庫銀貳千伍百兩，內千總壹員給銀叁拾兩，把總肆員每員給銀貳拾兩，馬兵拾名每名給銀陸兩，步兵伍拾名每名給銀肆兩，令其製辦出口行裝，其餘銀兩臣動用備買一切賞番之需，以及沿途腳價之費，俟臣事竣回任之日清算動用過若干兩之處，咨明撫臣，於臣俸薪親丁餉乾內扣除還項，設有不足，懇於公費名糧內補足，庶庫帑不致久懸，而臣犬馬之心亦獲稍盡矣，所有動支口糧及預備庫項緣由合併繕摺奏明，伏乞皇上睿鑒施行。

雍正肆年叁月拾陸日

硃批：甚是，甚好，知道了。

〔100〕四川巡撫法敏奏代進欽差鄂齊等摺子二封摺（雍正四年三月十七日）[2]-[6]-738

四川巡撫法敏謹奏。

欽差散秩大臣兼副都統宗室鄂齊等奏摺一封，又東川府知府周彬奏摺一封，齎送到臣，理合代為恭進，為此謹奏。

雍正肆年叁月拾柒日

硃批：批回伊等奏摺不必發與，候伊等回時交與。

〔101〕四川巡撫法敏奏報籌辦欽差進藏費用情形摺（雍正四年三月十七日）[2]-[6]-739

四川巡撫法敏謹奏，為奏聞事。

竊臣荷蒙聖恩，調補川撫，抵任之日值欽差大人鄂齊等同日到省，臣查此番降與達賴喇嘛諭旨，賞給地方，指與邊界之處，係我皇上特沛殊恩，非常曠典，關係緊要，凡事務期充裕，且有齎捧敕書，欽賞等物，非比尋常差使，查從前進藏由西寧出口者多，並未有欽差大人由四川出口者，四川定例馬一匹折價八兩，若照此計算，此番欽差員役欽定總共七十九員名，所需八個月口糧及馬駝帳房等項共應折給銀七千八百餘兩，但天使經過之處，一路番寨頭目人等俱各前來迎送，例有賞需，況口糧既難裹帶，駝載牲口必須沿途雇用，價值不一，前數實屬不敷，是以臣等公酌議約計需銀一萬六千餘兩，除照例應銷之七千八百餘兩外，將督臣岳鍾琪捐銀三千兩與臣同兩司捐銀六

千兩一併交給欽差收受備用訖。於本月十三日又准督臣岳鍾琪咨稱奏明捐銀三千兩作一路賞需之用等因到臣。查督臣捐此項銀兩業於未准咨之前匯入一萬六千八百餘兩數內交給矣。再欽差由成都省城至打箭爐例應騎用驛馬，查成都一路每驛額設馬止六匹，若照例應付，馬匹不敷，必雇覓民間馬騾應用，現在東作方興，不便誤其耕種之時，臣仰體皇上宵衣肝食無時無刻不以民生為念之至意，亦同兩司捐貲另雇駝騾應付，自成都直送至打箭爐，並未動用驛馬。又提臣周瑛同欽差出口，帶有官兵前去，因備辦行裝及軍需等項需用銀兩，出具印領借司庫銀二千五百兩，以俸薪抵補，並請撥給出口官兵鹽菜口糧，臣隨檄行藩司查例議詳，續准提臣來咨以官兵出口在即，實難措辦，必請借給，自當具摺奏聞等語，臣查提臣隨帶官兵出口，不無費用，若不通融借給，恐難措辦，因照司詳准借，並給發鹽菜口糧在案，除另疏題明外，臣謹一併奏聞，至欽差鄂齊等自入川境以來，在省城住居二十日俱各安靜，並無多事騷擾之處，臣謹附奏，為此謹奏。

雍正肆年叁月拾柒日

硃批：知道了，周瑛亦奏聞矣。

〔102〕署四川提督潘之善奏提臣會勘事竣抵省有期並請俯准隨帶人員前赴安西摺（雍正四年六月十六日）[2]-[7]-344

署理四川提督印務川北鎮總兵官臣潘之善〔註415〕謹奏，為提臣會勘事竣，抵省有期，臣仰懇聖恩俯准隨帶人員以收臂指事。

本年陸月拾伍日有撫標馬兵外委劉欽自昌都回省，據稱周瑛於伍月拾壹日抵昌都，西藏之貝子阿爾布巴及川滇新舊招撫各處番目俱已畢集，將沿途勘定應賞達賴喇嘛地方譯造彝冊公同欽差給貝子收管，提督因奉文不往餘樹等處於貳拾肆日貝子護送欽差等進藏訖，提督周瑛已於貳拾伍日由疊耳革一帶清查地方回署，柒月中旬可以抵省等語。臣遵旨俟提臣周瑛回川即便交代前赴安西新任，但臣思安西一鎮，設在極邊，所需人員務在得人，方足以供驅策，今臣看得川北鎮標左營馬兵由丁酉科中式武舉陳微老成練達，辦事明敏，又有臣前於潼關營副將任內看得馬兵外委張閱年力精壯，辦事勤慎，曾經進藏，著有微勞，查陳微張閱漢仗弓馬頗有可觀驗，其才品均堪任使，仰懇我皇上格外施仁，俯准帶赴安西以資料理，庶邊地得人，而臣亦收臂指之效矣。倘蒙聖慈

〔註415〕《四川通志》（乾隆）卷三十二頁二十四作川北鎮總兵潘之善。

允臣所請，遇有千把總缺出，容臣擢補，則陳薇等益思奮勉，矢竭駑駘，仰報主恩於萬一耳，理合摺奏以祈皇上批示遵行，為此謹具奏聞。

　　雍正肆年陸月拾陸日

　　硃批：照所請行，該部知道。

〔103〕四川提督周瑛奏報勘定內外戶口數目緣由並請陛見摺（雍正四年七月十九日）[2]-[7]-497

　　提督四川總兵官左都督拜他拉布勒哈番記餘功三次臣周瑛謹奏，為微臣查邊事竣，憐主情懇恭請陛見事。

　　竊臣奉旨會同副都統宗室臣鄂齊等前往叉木多一帶指授賞給達賴喇嘛地方疆界，臣等欽遵同往，由打箭爐裡塘巴塘等處確查交錯情形，畫清內外疆界，至巴塘連界之邦木〔註416〕地方，因邦木係巴塘往宗俄〔註417〕一帶必由之道，在奉旨賞賜達賴喇嘛地方數內，臣等確商再四，應將邦木收巴塘所屬界內，隨公同勘定，邦木與南登〔註418〕兩界之中有山名寧靜山〔註419〕，擬以山頂立定界石情由，臣等於叉木多聯銜恭摺奏聞在案。今查賞給達賴喇嘛地方自南登起至碩般多〔註420〕止，共計大小地方貳拾叁處，營官喋巴頭人共叁拾名，總計管下番眾壹萬壹千捌百零貳戶，達賴喇嘛深感皇恩，特遣貝子阿爾巴遠迎至叉木多，臣等將賞賜地方開具彝檔，交付貝子阿爾布巴帶回，同欽差臣鄂齊等赴藏降旨，臣即由疊爾革〔註421〕、霍爾一帶宣布皇仁，駕馭各番，逐一獎賞清查戶口回署。所有收入內地地方自裡塘巴塘起至疊爾革、上納奪〔註422〕、林蔥〔註423〕、霍耳、束署〔註424〕止總計大小地方叁拾捌處，土官叁拾名，土目拾捌名，戶口叁萬叁千貳百陸拾柒戶，皆係接壤相連，應

〔註416〕西藏芒康縣然堆村附近《西藏自治區地圖冊》。

〔註417〕待考。

〔註418〕西藏芒康縣幫達鄉附近。

〔註419〕據《西康圖經》頁一一一載，寧靜山藏語作邦拉，為金沙江與瀾滄江之分水嶺，去巴塘二百里，山勢平衍，作高原形，上立西藏四川分界碑，邦木塘屬西藏，南登塘屬四川。

〔註420〕《欽定理藩院則例》（道光）卷六十二作碩板多宗，今西藏洛隆縣碩督鎮。

〔註421〕清時期為德爾格忒宣慰司，轄地包括今四川省德格、鄧柯、石渠、白玉諸縣。

〔註422〕《大清一統志》（嘉慶）卷三百八十三至卷四百二十三上納奪安撫司，西藏江達縣德登鄉境內西北尚納多。

〔註423〕《大清一統志》（嘉慶）卷三百八十三至卷四百二十三作納林沖長官司。

〔註424〕四川省甘孜縣東南。

收入內地管轄，臣除現在分晰彙冊咨送督臣查核具題，請授大小土司職銜，辦給印信號紙鈐束部番外，一切事宜均應俟欽差臣鄂奇〔註425〕等回川之日公同繪圖繕冊恭呈御覽，但臣等已經出口數月，恐瀆宸衷，今臣先已回署，謹將勘定內外戶口數目清冊情由晷陳具奏。再有玉墅〔註426〕、納克墅〔註427〕、霍爾鎖戎等處已經議政議奏請旨交西寧散秩大臣達鼐就近查明辦理具奏，其有雲南提臣郝玉麟所招之南稱巴卡等共貳拾貳處亦均在木魯烏蘇沿河一帶，與玉墅等處接連住牧，臣已經造冊咨送督臣轉咨西寧散秩大臣達鼐就近一併查明。竊臣更有請者，臣以邊鄙庸愚荷蒙聖主特恩，授臣松潘總兵官，即奉命領兵駐扎叉木多，復移兵進藏，時切氷兢，毫無寸補，於雍正叁年柒月內自藏撤兵至裡塘，具摺奏請陛見，蒙硃批已用你提督了，俟到任料理一半年有旨著你來再來等因，欽此欽遵，臣何敢再為煩瀆聖聽，但緣提督之任愈大而責愈重，時抱蚊負之懼，高厚之恩愈渥而感愈深，日懷戀主之忱，臣一介微陋，歷任邊防，識見囿於方隅，職守恒多隕越，今事竣回署，亟欲瞻仰天顏，伏乞聖恩鑒臣懇請，俟鄂齊等回川之日臣隨一同赴闕跪聆聖訓，俾臣有所遵循，得以竭蹶駑駘，仰報皇上如天之恩於萬一也，為此繕摺耑差家人李正元齎捧奏聞，伏乞皇上睿鑒施行。

雍正肆年柒月拾玖日

硃批：所奏知道了，陛見候鄂齊等回來，邊外事一切安貼後有旨著你來。

〔104〕副都統鄂奇等奏報赴藏見諸喇嘛情形摺（雍正四年八月初三日）[1]-2480

奴才鄂奇、班第謹奏，為奏聞事。

竊奴才等於五月二十四日由察木多起行，六月二十二日抵招，貝子康濟鼐等率眾第巴、鐘闊爾〔註428〕等迎於噶爾招木倫河〔註429〕邊恭請聖安，奴

〔註425〕《欽定八旗通志》卷三百二十一作滿洲正黃旗副都統鄂奇，時為雍正四年。此人為宗室。

〔註426〕為清時期玉樹部落，非今青海省玉樹縣所在地結古鎮，清代玉樹部落位於金沙江之上源，當青海入藏大道渡口，今青海省治多縣一帶地區。

〔註427〕清代檔案文獻多作納克書，清時期西藏所屬三十九族藏人部落內貢巴族、畢魯族、琫盆族、達格魯族、拉克族、色爾札族六部落皆冠以納克書者，今西藏比如縣一帶地區。

〔註428〕即仲科爾。

〔註429〕即拉薩河，藏名機楮，見《衛藏通志》卷三，《大清一統志》（嘉慶）卷五百四十七作噶爾招穆倫江。

才等進布達拉後達賴喇嘛起座，下樓三層，恭請聖安後宣讀敕書畢。謂達賴
喇嘛曰聖主為振興黃教屢行頒恩於爾喇嘛，今又特頒旨，以我等已收取之地
盡賞給喇嘛，皇上惟以推興佛法俾眾生安居樂業為念，況且皇上自王時以來
即崇尚佛法，諒喇嘛亦稔知者，嗣後喇嘛仰副皇上之慧勤於經典，興廣黃教，
造益於生靈，若西地無事眾生安逸，則即可稱仰報皇上之恩也，皇上亦愈加
獎賞施恩不已等語。時達賴喇嘛告言小僧一介卑微，仰蒙文殊師利大皇帝格
外憐念，視犬如獅，屢頒鴻恩不勝枚舉，今又為喀木地方下頒斯聖旨，仰賴
皇上之大恩無以報答，小僧年幼雖無治法之才能，但祈禱上三寶，仰仗大皇
帝之福，盡力為佛法勤勉等語。

又當眾謂康濟鼐言爾始終為佛法虔心効力，蒙聖主明鑒，不僅大〔註430〕
加獎賞，且所有大臣官員等無不知者，今特頒敕以爾為首辦理藏務，將西地
諸事交付與爾以示信賴，爾應感念皇上信用之重恩，愈加為佛法効力，斷不
可遇事推人躲避嫌隙以圖安逸，若爾誠念皇上之恩虔心為佛法効力，將享恩
無窮矣等語。時康濟鼐告言小僧本一介微賤，亦未為大皇帝効力之處，準噶
爾賊來時雖口稱為佛法而行，然內心並無為佛法而行反而傷害佛法，使我土
伯特人受苦，是以小僧極為憤慨，不惜身命與賊抗拒，未曾想能到今時，大
皇帝乃黃教大施主，恩鑒小僧為佛法効力，格外加恩，今復令為首辦事，小
僧雖無才能但盡小僧之力仰副大皇帝金旨，不惜身命為造益佛法而効力，同
心奮勉等語。

又對貝子阿爾布巴、公隆布鼐等曰，爾等皆為承受皇上重恩者，其中康濟
鼐為佛法効力較他人多，故皇上命伊為首辦事，爾等同心協助康濟鼐，為裨益
佛法黽勉行事，方可謂仰報皇上之恩，如此則皇上亦矜念將施恩不已矣，倘互
相不睦各存私心而行，則國有定律斷不可以等語。阿爾布巴等告言小僧等皆仰
承大皇帝重恩不敢懷私，為佛法怠忽行事，我等之內並無互不和睦之處，今大
皇帝特以佛法為念頒旨將我等編次序辦事，大臣等又訓誨若此，我等必仰副大
皇帝金旨照大臣訓誨，幫助康濟鼐同心扶持達賴喇嘛，為裨益佛法而努力等
語。

臣等於六月二十九日起行，七月初七日抵扎什倫布，赴班禪處宣讀敕書
畢，班禪恭請聖安後告言，文殊師利大皇帝撫馭天下，率土生靈各安生業，弘
揚道統，我西土雪地眾生及小僧自己乃至眾喇嘛等皆享太平安逸之恩，而且大

〔註430〕原文作天，今改為大。

皇帝推興黃教，屢頒恩於小僧，又以今歲達賴喇嘛噶倫〔註431〕受戒大喜，大皇帝為文殊師利菩薩，凡事先知，為副此喜慶之兆以喀木地方賞與達賴喇嘛，故我西地大小無不喜悅者，小僧為喇嘛，惟晝夜祝佛，祈禱大皇帝金座永固，同噶拉布造益佛民，率眾喇嘛等勤於誦經等語。

　　奴才等於七月十二日自扎什倫布起行，本月十九日返回招地，將由部咨行奉命查議事項皆已辦理完畢，於八月初三日率達賴喇嘛所遣謝恩使臣袞楚克扎木蘇等由招起程返還，為此謹奏以聞。

　　雍正四年八月初三日

〔105〕副都統鄂奇等奏報赴藏見達賴喇嘛噶倫等情形摺（雍正四年八月初三日）[1]-2481

　　奴才鄂奇、班第謹密奏，為奏聞事。

　　切准理藩院咨稱，雍正四年三月十九日多羅果郡王〔註432〕、散秩大臣兼都統喇錫〔註433〕、尚書兼都統特古忒奉旨，西招地方乃佛法之源，經教之地，且我西邊與外國交界之緊要地方，承辦唐古特地方之經教、眾喇嘛等國民生計及諸事，依靠者為貝子康濟鼐、阿爾布巴、隆布鼐等，及達賴喇嘛之父索諾木達爾扎為看護教習達賴喇嘛時依靠之人，此四人皆受朕恩者，亦各欲瞻聖明，朕若頒旨令伊等來，則伊等想是有為難之處未可逆料，不可都來，如爾等啟發之辭言之，若伊等甚樂意來則地方事務緊要，語伊等輪班來，若見朕凡事遵朕指示而行則於法教地方民人永有稗益，且伊等辦事亦容易，將此咨行班第等，下頒朕旨，伊等中若有已出痘者樂意來，或二人來抑或一人來，由伊等議定，伊等來時令班第等承辦，一面具奏一面隨爾等同來，欽此欽遵，為此咨行等因到奴才等。

　　奴才等抵藏後語康濟鼐等言，爾等皆為欽承聖主重恩之人，西地之諸事皇上依靠爾等，爾等進京城瞻仰聖明畢，為佛法及地方諸事皇上將頒旨指教爾等，爾等返回後辦事容易，且於諸事皆有裨益，若皇上降旨令爾等來則惟恐爾等中有不能去為難之情，故蒙鑒諒未特頒旨，爾等中若有願去者則稟報我等，我等一面奏聞皇上一面隨我等同去等語。康濟鼐等會議數日畢告言，我等均仰

〔註431〕常寫作格隆，為藏傳佛教戒律之一種，非噶布倫。
〔註432〕清聖祖第十七子胤禮（允禮）。
〔註433〕《欽定八旗通志》卷三百二十一作滿洲正白旗都統拉錫。《欽定八旗通志》卷一百八十六有拉錫傳，曾與學士舒蘭往窮河源。

承大皇帝重恩，欲瞻仰聖明之心誠切，但我藏屬曰布魯克巴〔註434〕之部落原係向達賴喇嘛進貢稻米之地，因近數年斷貢故今發兵往征之，頃蒙大皇帝頒旨以康濟鼐為首辦事，又達喇沙爾喇木扎木巴〔註435〕來時，有為佛法受命之事，正值遵旨整飭之際，若棄之赴京城，在此期間或外敵乘隙空來侵，或於我牧所內出一事則關係大，眾皆以為康濟鼐於今歲內暫停去，現雖不必與大臣等同去，但或來年或後年必去瞻仰聖明叩請訓旨。阿爾布巴未出痘不可去，索諾木達爾扎病不能起，隆布鼐年老體弱且現亦病，達賴喇嘛已〔註436〕令貝子康濟鼐，阿爾布巴為使臣叩拜皇上天恩，與大臣等同往等因來報〔註437〕。

奴才等看得伊等不和睦，互相提防而行，康濟鼐極為孤獨，索諾木達爾扎娶隆布鼐之二女，故二人結黨，隆布鼐行多背逆，阿爾布巴亦依附此二人同心行事，扎爾鼐為人不及無多邪術，頗羅鼐為人明白材技優長，但中立，頃奉旨以康濟鼐為首伊雖不敢表露，但似乎有厭惡之心，康濟鼐此間去內地亦恐三人合夥施計傷害伊，阿爾布巴未出痘是實，索諾木達爾扎、隆布鼐因行為怪異，故甚畏去內地，並非真病，奴才等見伊等之情形亦未催促之。

再接准恰親王寄信稱，索諾木〔註438〕若有干預事之樣子則爾等即以利害開導之等語，觀之索諾木達爾扎雖不公開干預事，但同阿爾布巴、隆布鼐結黨，其行為名聲有不恰當之處。奴才等謂索諾木達爾扎曰爾乃達賴喇嘛之父，於此除達賴喇嘛班禪額爾德尼外再無比爾大者，仰賴大皇帝之恩達賴喇嘛之力爾如此安享榮貴，因此爾惟好生侍奉達賴喇嘛，勿得干預閒事，凡辦諸事有朝廷命官噶倫，按國家法典不可看情面，爾若妄加干預事情為皇上所聞則必治罪，恐將後悔，倘不干預事情寧靜享樂，則將永保富貴也等語。索諾木

〔註434〕即今不丹，清時期為西藏屬部。《皇清職貢圖》卷二頁六載，布嚕克巴部落在藏地之西南，本西梵國所屬，西藏郡王頗羅鼐始招服之，今每歲遣人赴藏恭請聖安，其男子披髮裹白布如巾幘然，著長領褐衣，肩披白單，手持素珠，婦女盤髮後垂，加以素冠，著紅衣，外繫花褐長裙，肩披青單，項垂珠石纓絡圍繞至背，其俗知崇佛唪經，然皆紅教也。

〔註435〕《頗羅鼐傳》頁二六三載康濟鼐遣往京城之使者名答巴蒼降瑪瓦和崔尺達巴，《西藏通史松石寶串》頁七三五載此二使者名饒絳巴和楚臣塔爾巴，後書應據前書所撰，譯名不同而已，此處此人應即《頗羅鼐傳》所載之崔尺達巴。

〔註436〕原文作以，今改為已。

〔註437〕此句翻譯不確，意為達賴喇嘛已令貝子康濟鼐、阿爾布巴各自派出使臣，與大臣等同往叩拜皇上，以此意來報我等。

〔註438〕即七世達賴喇嘛之父索諾木達爾扎。

達爾扎懼而告言，小的為一介卑賤，仰賴皇上慈愛達賴喇嘛之恩小的方為如此榮貴，如此恩情無以報答，惟感念聖恩遵旨而行外不敢有他念，前小的亦對所有來此之大臣等言停止干預事情，閒居侍奉達賴喇嘛，今蒙大臣等如此教誨，於小的大有裨益，嗣後小的對凡事不干預，惟侍奉達賴喇嘛，為皇上寶座永固念誦六字真言咒而生等語。

又據寄信稱，阿爾布巴、隆布鼎、頗羅鼐、扎爾鼐等分割藏地，口稱達賴喇嘛賞賜，噶倫等各用其記號，將此爾等打聽等語。奴才等訪問得噶倫等乃至康濟鼐，以及索諾木達爾扎皆稱達賴喇嘛賞賜彼等以諸申〔註439〕，每人霸佔數百戶部落，征正賦者屬實，但除扎爾鼐無記號外其他噶倫等各用各之記號，康濟鼐奏請棄噶倫者亦為此亂〔註440〕，是惟恐受牽連之故。奴才等觀眾噶倫之情勢，既感激聖恩且多畏懼，無不聽從者，是以奴才等即對伊等言，據聞達賴喇嘛賞給爾等以土地征正賦等語，前準噶爾來時霸佔全藏地，肆意踐踏佛法，虐待民人，無敢抵抗者，大皇帝為佛法發重兵討賊平定地方，將此地方雖給達賴喇嘛專主，但皆係大皇帝所屬之地，即達賴喇嘛安可擅自賞給爾等耶，皇上為興廣黃教之故未收取此等地方，皆為達賴喇嘛之商上〔註441〕進貢，特為贍養眾寺廟喇嘛等，今又恐達賴喇嘛之商上所用拮据故查我內地所屬之地方以賞給達賴喇嘛，爾等皆為奉皇上之命所設之噶倫，諸事爾等親料理，反以達賴喇嘛賞賜為口實肆意分佔佛法之地可乎，況且在封爾等之誥命中亦載有不可霸佔達賴喇嘛之地方，此事與理不合，殊屬非是，皇上聞之未必稱道爾等。又先拉藏殺第巴〔註442〕，準噶爾來殺拉藏時皆曾以伊等不尊敬達賴喇嘛枉費商上之物為口實，爾等皆為奉皇上之命所設之噶倫，倘若外人又著落爾等以糜費達賴喇嘛之商上，霸佔佛法之地之名，則玷辱皇上擢用之恩，且事之釁端由此而〔註443〕致。又據聞得爾等辦事時各用各之記號等語，由此觀之可知爾等不同心，若四五噶倫各用各之記號而行則民人等聽誰之言，事將何由而成，今奉皇上之命以康濟鼐為首辦事，不可仍照前懷有異心肆意妄行，凡

〔註439〕滿語，滿洲人、奴僕之意。

〔註440〕原文如此，疑翻譯不確。

〔註441〕清代文獻指為達賴喇嘛管理庫藏及財政收支之機構，主管曰商卓特巴。

〔註442〕此第巴指第巴桑結嘉措，《欽定西域同文志》卷二十四頁三載，桑皆佳木磋，初為總管衛藏四屬第巴，即以第巴名封王爵，賜印，後得罪，為拉藏汗所誅。

〔註443〕原文作面，今改為而。

辦事時務必同心商議，惟求是尋理，持用憑據方無繁亂等語。時五人同言於我土伯特地方自前達賴喇嘛、達賴汗〔註444〕、拉藏汗以來，曾有効力者以及賞給達賴喇嘛之父母以諸申者，今達賴喇嘛以康濟鼐、頗羅鼐効力疆場，阿爾布巴自前世達賴喇嘛時効力，隆布鼐、扎爾鼐亦曾出力，索諾木達爾扎為達賴喇嘛之父，皆賞給數百戶人，並允准征正賦，又噶倫等皆係奉旨擢用辦事之人，皇帝、達賴喇嘛皆未賞印，惟以辦事通告時無印則無證據，我等私用記號各一張者屬實，今既皇上命以康濟鼐為首，阿爾布巴為副，我眾人協助辦事，則我等必遵皇上旨意同心竭力，勤於佛法，嗣後停止另用記號，向達賴喇嘛請憑據以交付康濟鼐，將達賴喇嘛賞與我等之地方亦還給商上等語，對此康濟鼐倡首說之。

　　再接准理藩院咨稱，令奴才等抵藏後觀其形勢，倘應給康濟鼐以印信則議奏可也等語，奴才等觀之康濟鼐為人耿直，誠心勤於黃教，感激皇上之恩，下屬民人亦心服，其他噶倫等現雖當奴才等面如此言之但似乎不可信，伊等中互相不和仍有掣肘之事，能踐言與否未可逆料，倘奉皇上之命賞給康濟鼐以印信則辦事有力，且於地方佛法甚有裨益，眾亦無奈服從康濟鼐。至於由部咨行奉命查議事項容奴才等返還後逐一奏明外，將達賴喇嘛、噶隆等請面奏之言及奴才等所知此處形勢觀見皇上後再行密奏，為此謹密奏以聞。

　　雍正四年八月初三日〔註445〕

〔註444〕《松巴佛教史》頁五四九表六作熱旦達賴汗，為西藏和碩特第三代汗，父顧實汗長子達延汗。《蒙古世系》表三十八作朋素克。

〔註445〕《清世宗實錄》卷五十二載清廷於鄂齊此奏處理如下，此亦馬喇、僧格入藏之緣由，及阿爾布巴之亂平，清廷留此二人駐藏辦事，此為清廷於西藏設駐藏大臣之始，此二人即為首任駐藏大臣。
「雍正五年正月丁巳（三十日）議政王大臣等議覆，副都統宗室鄂齊奏稱，臣至西藏審視情形，首領辦事之人互相不睦，每每見於辭色。達賴喇嘛雖甚聰敏，但年紀尚幼，未免有偏向伊父索諾木達爾扎之處。康濟鼐為人甚好，但恃伊勳績輕視眾噶隆，為眾所恨。阿爾布巴賦性陰險，行事異于康濟鼐。而索諾木達爾扎因娶隆布奈二女，三人合為一黨，若調唆達賴喇嘛與康濟鼐不睦，必至爭競生事。再噶隆甚多反增繁擾，隆布奈行止妄亂，扎爾鼐庸懦無能，應將此二人以噶隆原銜解任，則阿爾布巴無人協助，自然勢孤，無作亂之人矣。請降訓旨，曉諭達賴喇嘛、康濟鼐、阿爾布巴等和衷辦事，均應如所請，遣大臣一員，齎旨前往曉諭，令伊等和好辦事。再達賴喇嘛母舅袞都阿喇木巴既誠心守護，應給與達爾漢之號，賞緞六疋，得旨，著內閣學士僧格、副都統馬喇差往達賴喇嘛處，各賞銀一千兩。」《清代藏事輯要》頁一一〇所載與此同，文字稍異。

〔106〕雲貴總督鄂爾泰奏請撤回叉木多官兵摺（雍正四年八月初六日）[2]-[7]-604

雲南巡撫管雲貴總督事臣鄂爾泰謹奏，為請旨事。

案准兵部咨，議政大臣會議，叉木多乃通藏要路，留駐兵丁特為藏地揚威，有事易於救援，故暫將雲南兵一千名駐扎叉木多，今藏地無事，青海事亦完畢，防守各省要地應令各省官兵駐防，但現經雲南提督郝玉麟，四川總兵周瑛會勘兩省地界，俟分定後，叉木多地方若歸川省，則應將川省官兵派撥更換，若歸雲南或將現駐之兵暫留或另派官兵更換，行令署總督岳鍾琪，總督高其倬詳加權商定議具題等因，奉旨依議，欽遵在案，嗣准川陝督臣岳鍾琪奏請叉木多照舊聽胡圖克兔管理，凡叉木多以外洛龍宗等處一切部落概歸達賴喇嘛管轄。臣查叉木多地方既不歸滇，亦不歸川，雲南現駐官兵似應撤回，隨咨商川陝督臣岳鍾琪，續准咨覆，現今欽差前往查勘地界，俟到叉木多時仍令駐防官兵接替護送，俟欽差回日請旨定奪等因，今准部咨叉木多等處給達賴喇嘛及胡圖克兔管轄，其餘應歸蜀歸滇者，亦經分定，臣已委員前往會同蜀員清查界址等項，而叉木多所駐官兵似屬無益，應俟欽差藏回之日捲撤回滇，以省繁費。再中甸所駐官兵原為叉木多聲援，叉木多既撤兵，中甸又非進藏大路，若仍駐扎中甸，更替委調既多往返之費，復需犒賞之貲，且中甸天氣寒冷，不能種植，人多疾病，似應於中甸附近之喇普〔註446〕、為西等處擇一和暢可居之地，另設一營為久遠計，不惟可專彈壓巡防，在各兵久居斯土，操演哨巡之餘，尚可開墾耕種，以裕兵食，似不無裨益，除俟委員勘明界址之日商定安營處所，並官兵作何裁減抽調，另疏具題請旨遵行外。所有駐防叉木多官兵應先撤回緣由，臣謹會同管撫事督臣楊名時，提臣郝玉麟合詞具奏，伏乞聖主批示遵行，謹奏。

雍正四年八月初六日

硃批：此奏未到已有旨矣，料理籌畫甚善，流土考成以專職守之奏摺留中，發部議。

〔107〕川陝總督岳鍾琪奏請撤回駐防乍丫巴塘裡塘一帶官兵摺（雍正四年八月二十六日）[2]-[7]-655

四川陝西總督臣岳鍾琪謹奏，為請旨事。

〔註446〕今雲南維西縣塔城鄉。

　　竊查川省打箭爐口外巴塘裡塘乍丫叉木多一帶地方，自安藏之後尚留官兵駐劄防範，今蒙皇上特差散秩大臣兼副都統宗室臣鄂齊等會同四川提臣周瑛前往勘明界址，已准提臣周瑛咨報，業經會勘明確，將乍丫叉木多交彼地胡圖克兔收管，至應賞賜達賴喇嘛之地方，俱已指定界址，開具彝檔交貝子阿爾布巴隨欽差進藏降旨賞給。其巴塘裡塘收入內地者，現在查造戶口清冊並議設大小土司職銜，另行咨商具題授職管轄等因到臣。臣伏思巴塘一帶既已查勘定界，悉歸版圖，則仰仗聖主仁威，自能安靜，共樂昇平，約計欽差鄂齊此時事畢，已將自藏啟程，所有駐防乍丫巴塘裡塘一帶官兵似應請旨，俟欽差回日即隨後撤回，以省國帑糜費。至叉木多駐劄官兵應聽雲南督臣奏請，但官兵久駐口外，今既議撤自必一體俱撤，使共沐我皇上休養洪仁，故臣敢冒昧並陳，倘蒙俞允，伏乞特旨敕部行文滇省，令將駐防官兵俱俟欽差回後即盡行撤回，各歸營汛，庶無後先遲速之異矣，事關軍務，是否允協，謹具摺密奏請旨，伏乞睿鑒施行，謹奏。

　　雍正四年八月二十六日

　　硃批：所奏甚是，朕亦有此意，另有旨。

附修訂摺一件

　　同日又奏，為請旨事。

　　竊查川省打箭爐口外巴塘裡塘乍丫叉木多一帶地方，自安藏之後尚留官兵駐劄防範，今蒙皇上特差散秩大臣鄂齊等會同四川提臣周瑛前往勘明界址，已准提臣周瑛咨報業經會勘明確，將乍丫叉木多交彼地胡圖克兔收管，至應賞賜達賴喇嘛之地方俱已指定界址，開具彝檔交貝子阿爾布巴隨欽差進藏降旨賞給，其巴塘收入內地者現在查造戶口清冊並議設大小土司職銜，另行咨商具題授職管轄等因到臣。臣伏思巴塘一帶既已查勘定界，悉歸版圖，則仰仗聖主仁威，自能安靜，共樂昇平，約計鄂齊等此時事畢已將自藏起程，所有駐防乍丫巴塘裡塘一帶官兵似應請旨俟欽差回日即隨後撤回，以省糜費。至叉木多駐劄官兵應聽雲南督臣奏請，但官兵久駐口外，今既議撤自必一體俱撤，使共沐我皇上休養洪仁，故臣敢冒昧並陳，倘蒙俞允伏乞特旨敕部行文滇省，令將駐防官兵俱俟欽差回後即盡行撤回，各歸營汛，庶無先後遲速之異矣，事關軍務是否允協謹具摺密奏請旨，伏乞睿鑒施行，謹奏。

　　雍正四年八月二十六日

　　硃批：撤兵之議甚是，朕正有此意，候另有旨飭諭。

〔108〕四川松潘總兵張元佐奏報番人攔路劫殺摺（雍正四年九月初三日）[2]-[8]-22

四川松潘總兵官署都督僉事臣張元佐謹摺，為奏聞事。

竊臣所屬漳臘營管轄祈命之黑思漫寨番民爭壩他等伍人於雍正叁年玖月內出黃勝關口外貿易，被竹浪所管之哈納撒賊彝劫殺，雍正肆年正月初玖日據漳臘營遊擊邱名揚稟報前來。臣查川陝總督岳鍾琪奏請西寧河州松潘沿邊番部凡有竊奪之事，仰請皇上諭令副都統臣達鼐會同各該總兵官查明秉公料理等因，欽遵在案。臣即咨商副都統達鼐作何查追去後，嗣准咨覆希於糸將遊擊內責派壹員帶領有名漢番人役於陸月貳拾以內至公厄爾克代青〔註447〕處所，會同本副都統派委來員秉公嚴查剖斷等語。臣隨行委該管之漳臘營遊擊邱名揚束裝前往會查，茲據該遊擊呈報，卑職隨帶官兵伍拾貳員名於陸月初拾日起程前至公厄爾克代青營上，等候多日未見副都統達鼐差員前來，於本年陸月貳拾柒日接奉本鎮令牌發到，卑職陞任雲南普威營糸將劄票，會查事宜著交隨帶之千把總張興林湯義羙在彼完結，卑職於陸月貳拾玖日帶兵叁拾名自公厄爾克代青營上起程，先遣通事王貴生等拾名押解駄子前行，卑職在後，約行叁拾里至姜墮地方，尚未黎明，突出賊番數十餘人各執器械攔路邀截，將前行駄子馬匹等項盡行劫搶，押駄兵丁前往追奪物件帶傷貳名，卑職隨即星率目兵馳至姜墮地方追捕，而賊番遠遁，且口外地方遼闊，兼之劄票限期急迫不敢緩延，是以回漳交代起程赴任，理合稟報等情。臣查該遊擊呈報行至姜墮地方被劫，但不知係何處賊番，除一面檄行該營確查，一面揀差能幹兵役前往口外躧捕賊踪，因不知係何部落賊番，是以未敢草率奏聞，除即咨報督撫提臣在案。今據差役馬應等捉獲賊番絨孝等貳名，當即審訊，據供實係下郭羅克賊番，喀賴林噶布為首率領賊番肆拾貳人劫奪是實，臣即撰寫彝信揀差幹役前往著落上中郭羅克土目旦增拆旺他等務擒賊犯，追賠搶去馬匹物件。查郭羅克於康熙陸拾年內招撫，而賊心未改，雖遣差著落勒繳賊首，恐番性犬羊未肯實力奉行，臣酌調鎮屬土兵揀差能幹外委撫彝統領前往擒拿賊犯外，俟擒拿至日照番例完結，今差查的確捉獲賊番貳名供吐實情，故敢繕摺專差親信家人陳天祥齎捧奏聞，伏乞睿鑒施行。

雍正肆年玖月初叁日四川松潘總兵官署都督僉事臣張元佐。

〔註447〕台吉額爾克戴青阿喇布坦札木蘇，《蒙古世系》表三十九作阿喇布坦札木素，顧實汗圖魯拜琥第五子伊勒都齊曾孫，父岱青巴圖爾，祖博碩克圖濟農。

硃批：此如強盜行劫之事耳，然此風不可長，亦不可多事以邀功，凡事總聽岳鍾琪指揮而行可也。

〔109〕四川松潘總兵張元佐奏報剿辦郭羅克地方番人情由摺（雍正四年九月二十二日）[2]-[8]-110

四川松潘總兵官署都督僉事臣張元佐謹摺，為奏聞事。

竊查漳臘所屬祈命之黑思漫寨貿易番民爭壩他等伍人被竹浪所管哈納撒賊彝劫殺一案，隨委漳臘營遊擊邱名揚前往會查，在該遊擊因陞任雲南普威營參將，限期急廹，是以自公厄爾克代青營上起程，被賊番將前行馱子馬匹劫奪，臣當即揀差通事馬應等捉獲賊番絨孝等貳名緣由，隨經繕摺奏聞。臣復行該管並揀差的役前往口外著落上中郭羅克土目旦增等，曉以利害勒獻賊首，並追取馬匹物件去後。茲據該差袁受等於玖月貳拾日回松稟稱，查前劫奪騾子馬匹實係下郭羅克賊番，當據土目旦增等供稱，搶劫各物為首賊番絨孝等貳名已經拿獲，其賊番喀賴林噶布與為縱賊番，聞賊首絨孝等既被擒拿遂各棄贓迯避，將搶劫馬匹物件盡數追出收領回松等情到臣。臣生長松潘，稍知彝情，荷蒙皇恩簡拔重鎮，受事以來惟有仰體我皇上如天之德，撫綏柔遠，力圖安靜，但郭羅克賊番前曾搶奪由西寧進藏之欽差馬匹及親王插漢丹津〔註448〕、貝子丹仲、公厄爾克代青所管部落，並隣近番彝莫不受其荼毒，康熙陸拾年內聖祖仁皇帝天威震怒，特命四川提督臣岳鍾琪用兵勦撫，從此懲創之後惟上中郭羅克稍覺馴順，獨下郭羅克此種番蠻不務耕種，專以搶奪為事，且伊等住牧去內地甚遠，鞭長莫及，至於劫去馬匹物件已經追出，賊首既擒，惟賊番喀賴林噶布與為縱賊番尚未盡獲，以臣愚見莫若先將捉獲賊首絨孝等貳名梟斬首級，傳示下郭羅克地方土目牌番，宣佈天威使知畏懼。再查下郭羅克番蠻終非善類，若不嚴加勦洗誅其首惡，分散其勢，必為沿邊後患，應否俟明歲青草茂盛之時調集鎮屬漢土官兵臣親身統領前往相機勦撫，庶內外肅清一勞永逸，是否准臣所請伏候聖裁批示以便遵行，為此繕摺專差親信家人馬忠齎捧奏聞，仰祈聖主睿鑒。

雍正肆年玖月貳拾貳日四川松潘總兵官署都督僉事臣張元佐。

硃批：此事與撫督岳鍾琪酌妥協具奏。

〔註448〕即察罕丹津。

〔110〕川陝總督岳鍾琪奏覆馬會伯堪任甘肅提督周瑛可補四川 提督摺（雍正四年十月二十八日）[2]-[8]-245

四川陝西總督臣岳鍾琪謹奏，為遵旨回奏事。

竊臣欽奉硃批諭旨令臣以川甘二缺於馬會伯周瑛二人之中直陳無隱，臣敢不據實陳奏以備聖主採擇，臣查川甘二提督缺泛論似屬相等，而詳細斟酌則四川地雖寬廣沿邊不過番猓諸蠻，習知其情則駕馭固易，而即有剿捕亦無甚大難，若甘肅地方則係三邊重地，而青海初定，安西新設，其彈壓應援之任關係最大，且臣前過甘肅一帶見營伍廢弛，急宜整理，此時甘提一缺必得才守兼優謀勇具備者任之方為有益。馬會伯與臣同進西藏，其胆畧才識臣所素知，今蒙特簡甘肅提督，實能勝任。至若周瑛之才品原非出眾，不過熟習川省及西藏情形，故臣有駕輕就熟之請，若甘肅重地則非周瑛所能辦理，況臣姪成都城守營叅將岳含奇輪流保送引見路過西安，為臣言周瑛自西藏回川即有風濕之症，目今日見尫瘦，據此則川提之任亦所難勝，惟俟周瑛到京陛見之日可否留用自難逃聖明洞照，倘果羸瘦不堪尤乞我皇上特簡才守出眾之員另行補放，即或番情未能盡悉而才識既優自不難漸就熟習，臣又何敢以有疾之人妄懇委任以致貽悮耶，臣受恩深重遵旨直陳，伏乞我皇上恩賜垂察，為此謹具摺密奏以聞。

雍正四年十月二十八日具。

硃批：知道了，馬會伯已用他巡撫矣，周瑛朕見朕自有定奪。

附修訂摺一件

同日又奏，為遵旨回奏事。

竊臣欽奉硃批諭旨令臣以川甘二缺于馬會伯周瑛二人之中直陳無隱，臣敢不據實陳奏以備聖主採擇。臣查川甘二提督缺泛論似屬相等，而詳細斟酌則四川地雖寬廣，沿邊不過番猓諸蠻，習知其情猶易駕馭，即有剿捕亦無甚大難，若甘肅地方則係三邊重地，而青海初定，安西新設，其彈壓應援之任關係最大，此時甘提一缺必得才守兼優謀勇具備者任之方為有益，馬會伯與臣同進西藏其胆畧才識臣所素知，今蒙特簡甘肅提督實能勝任。至若周瑛之才品原非出眾，不過熟習川省及西藏情形，故臣有駕輕就熟之請，若甘肅重地則非周瑛所能辦理，況臣姪成都城守營叅將岳含奇輪流保送引見路過西安，為臣言周瑛自西藏回川即有風濕之症，目今日見尫瘦，據此則川提之任亦所難勝，惟俟周瑛到京陛見之日可否留用自難逃聖明洞照，倘果羸瘦不堪，尤乞我皇上特簡才守出眾之員另行補放，即或番情未能盡悉而才識既優自不

難漸就熟習矣，臣謹遵旨直陳，伏乞我皇上恩賜垂察，謹奏。

硃批：知道了，馬會伯已用為巡撫矣，周瑛不日到京朕面見時自有定奪。

〔111〕四川巡撫法敏奏報欽差副都統鄂齊到川返京日期摺（雍正四年十一月初二日）[2]-[8]-256

四川巡撫臣法敏謹奏。

竊照欽差副都統鄂齊等於十月十四日回至成都省城，臣謹遵諭旨，將前奉到硃批伊等奏摺齎送訖，鄂齊等於本月十八日自省起程回京，所有從打箭爐至省，臣自省至陝西騎騾駝載供應等項，臣等俱逐一捐備應付矣，理合奏聞，為此謹奏。

雍正肆年拾壹月初貳日

〔112〕川陝總督岳鍾琪奏請自大安至鞏昌一路添設驛站馬匹摺（雍正四年十一月十二日）[2]-[8]-308

四川陝西總督臣岳鍾琪謹奏，為酌議暫設遞馬奏聞請旨事。

竊臣准部咨，奉諭旨令臣前往駐劄成都，欽此。臣查自成都至蘭州若由驛路必須先至西安而後可以抵蘭，今甘省現有各處城工事務，凡有緊要公文不便遲滯。查漢中府屬之大安驛乃成都至西安適中之地，由大安驛小路越略陽西和禮縣寧遠等縣前至鞏昌府不過八百五十里，因係僻路皆無驛馬。再由鞏昌至蘭州不過三百五十里，本係大路，現有驛遞，若由此一路遞送緊要公文自成都至蘭州通共不過二千四百里，較之由西安一路約近一千五百里，臣因酌議自大安驛至鞏昌府一路擇其山路稍平水草便易之處分十二站，每站暫設遞馬十匹馬夫五名，按陝甘兩省所轄地界各在就近驛遞內抽撥安設，其馬夫工食馬匹料草即在各原撥驛遞內按數支給，至馬房槽廠或賃店屋或租民房，令其居住喂養，如此則緊要公文不致遲悞而錢糧不必增添，統俟臣回西安之日各將馬匹撤回仍歸原驛，似屬有益，是否合宜仰祈睿鑒勅部施行，為此謹繕摺恭奏以聞請旨。

雍正四年十一月十二具。

硃批：照該督所請行，該部知道。

附修訂摺一件

同日又奏，為酌議暫設遞馬奏聞請旨事。

竊臣准部咨，奉諭旨令臣前往四川駐劄成都，欽此。臣查自成都至蘭州若由驛路必須先至西安而後可以抵蘭，今甘省現有各處城工事務，凡有緊要公文不便遲滯，查漢中府屬之大安驛乃成都至西安適中之地，由大安驛小路越畧陽西和禮縣寧遠等縣前至鞏昌府不過八百五十里，因係僻路皆無驛馬。再由鞏昌至蘭州不過三百五十里，本係大路，現有驛遞，若由此一路遞送緊要公文較之由西安一路至蘭約近一千五百里，臣因酌議自大安驛至鞏昌府一路分十二站，每站設遞馬十匹馬夫五名，按陝甘二省所轄地界各在就近驛遞內抽撥安設，其馬夫工食馬匹料草即在各原撥驛遞內按數支給，如此則緊要公文不致遲悞而錢糧不必增添，統俟臣回西安之日各將馬匹撤回仍歸原驛，似屬有益，是否合宜仰祈睿鑒勅部施行，謹奏。

硃批：照該督所請行，該部知道。

〔113〕川陝總督岳鍾琪奏報參將王剛赴藏情節摺（雍正四年十一月十二日）[2]-[8]-309

四川陝西總督臣岳鍾琪謹奏，為奏聞事。

雍正四年十一月初六日差員參將王剛自西藏回抵西安，臣逐一細訊其到藏情形，據稟，自四月初三日由打箭爐出口，至裡塘、巴塘一路，番民喇嘛聞得將伊地方收入內地，無不踴躍齊集，叩迎天使，且云自大兵進藏一切烏喇食用俱係給我銀兩，今又蒙皇恩特頒賞賜，更收入內地，使我子子孫孫得為天朝百姓，不勝歡悅蹈舞。五月初四日至乍丫，十一日至渣木多〔註449〕，將兩處地方仍交大小胡爾兔圖管轄，俱甚頂戴聖恩，歡悅不盡。有達賴喇嘛聞得欽差進藏賞給地方，差貝子阿爾布巴迎接欽差直抵察木多，於二十四日一同起身進藏，六月二十二日抵藏，與達賴喇嘛降旨賞賜地方，又給與恩賞，達賴喇嘛甚是恭謹，歡悅感激。其貝子康濟鼐等以及闔藏噶隆人等俱各歡悅，跪領賞賜，俱踴躍感激。二十九日起身進後藏，七月初七日到後藏，班禪喇嘛接旨領賞，俱極敬謹，甚是感激我皇上高厚深恩，十二日自後藏起身，十九日回抵前藏。細看藏裡辦事諸人，康濟鼐公直不要錢，番民畏服，但恃功自大，是其所短。其阿爾布巴等待人和好，一味取悅同事，然皆性貪要錢，番民多不畏懼，察其情狀，阿爾布巴等與康濟鼐接見之時雖極謙謹，貌似相和，然未免與隆巴奈〔註450〕

〔註449〕即察木多，今西藏昌都縣。
〔註450〕即隆布鼐。

等諸人相聯氣，而康濟鼐則孑然孤立者也。再初到藏時達賴喇嘛之父索諾木達爾扎迎接趨蹌，甚是歡喜，要與康濟鼐一同赴京叩謝聖主，及至頒賞降旨之後彼即推病不出，亦不赴京，似有不愜意處。至康濟鼐進京之說，緣眾議往返路遠，萬一諄噶兒有信，一時照應不及，故不敢擅離，只得差人隨來。八月初三日自藏起身，十月十四日抵成都，十八日自成都起身，該參將遂前行先於十一月初六日抵西安，所有據稟西藏情節，合即恭摺奏聞，伏乞睿鑒，謹奏。

雍正四年十一月十二日具。

硃批：鄂齊、班第等亦將此情形大概奏聞，朕想西藏事只覺不甚妥協，索諾木達爾扎此人不好，況是喇嘛之父，他不肯享閑福，便難錯置矣，彼唐屋特〔註451〕人皆一氣，而皆貪婪，信不得。康濟鼐雖一片公忠，未免是外人孤立，今朕信用榮任，伊等未免心寒，去年阿爾卜巴、隆卜鼐〔註452〕等皆有字述己効力處與果郡王、阿拉什〔註453〕等，朕皆令作伊等話，皆教導去矣，若令人監住西藏，非善策，亦不能得其人，據情理亦當不得人，所以為西藏一事朕甚憂之。西藏甚要緊，想策妄若不肯歇仍在西藏著意，其他不能動，況又有羅卜藏丹盡在彼，阿爾卜巴等若少有或畏或疑或不遂意處，自然亦投尋此一著，此事當預為留心，如何令查木多等處就近設兵彈壓，或少有不虞，一呼即至，方可放心，不然恐一有事，若將一切險隘橋梁扼住，恐未必能如前出其不意也，今無事之時，當設如有事，預為籌畫可也，將卿意徐徐隨便奏來，可詳悉熟思奏聞，富寧安以深是朕旨，如何得以久安長治之策方好。

附修訂摺一件

同日又奏，又為奏聞事。

雍正四年十一月初六日差員參將王剛自西藏回抵西安，臣逐一細訊其到藏情形，據稟自四月初三日由打箭爐出口，至裡塘、巴塘一路，番民喇嘛聞得將伊地方收入內地，無不踴躍齊集，叩迎天使，感激皇恩。五月初四日至乍丫，十一日至叉木多，將兩處地方仍交大小胡爾兔圖管轄，俱甚頂戴聖恩，歡悅不盡。有達賴喇嘛聞得欽差進藏賞給地方，差貝子阿爾布巴迎接欽差直抵察木多，於二十四日一同起身進藏。六月二十二日抵藏，與達賴喇嘛降旨

〔註451〕常寫作唐古忒，唐古特，即西藏。
〔註452〕即隆布鼐。
〔註453〕《欽定八旗通志》卷三百二十一作滿洲正白旗都統拉錫。《欽定八旗通志》卷一百八十六有拉錫傳，曾與學士舒蘭往窮河源。

賞賜地方，又給與恩賞，達賴喇嘛甚是恭謹，歡悅感激，其貝子康濟鼐等以及闔藏噶隆人等俱各歡悅，跪領賞賜，踴躍感激。二十九日起身進後藏，七月初七日到後藏，班禪喇嘛接旨領賞，俱極敬謹，甚是感激我皇上高厚深恩。十二日自後藏起身，十九日回抵前藏，細看藏裡辦事諸人，康濟鼐公直不要錢，番民畏服，但恃功自大，是其所短。其阿爾布巴等待人和好，一味取悅同事，然皆性貪要錢，番民多不畏懼，察其情狀，阿爾布巴等與康濟鼐接見之時雖極謙謹，貌似相和，然未免與隆巴柰等諸人相聯氣，而康濟鼐則孑然孤立者也。再初到藏時達賴喇嘛之父索諾木達爾扎迎接趨蹌，甚是歡喜，要與康濟鼐一同赴京叩謝聖主，及至頒賞降旨之後彼即推病不出，亦不赴京，似有不愜意處。至康濟鼐進京之說，緣眾議往返路遠，萬一諄噶兒有信，一時照應不及，故不敢擅離，只得差人隨來。八月初三日自藏起身，十月十四日抵成都，十八日自成都起身，該參將遂前行先於十一月初六日抵西安，所有據稟西藏情節，合即恭摺奏聞，伏乞睿鑒，謹奏。

硃批：鄂齊、班第等亦將此情形大概奏聞，朕計慮西藏局勢只覺不甚妥協，總緣索諾木達爾札此人不善，況又是喇嘛之父，他不肯安閑享福，便難措置矣。彼唐古忒人皆屬一氣，咸貪財嗜利，心不可信。康濟鼐雖具一片公忠，究係外人，孤立無助，受朕榮寵信任，伊等未免中懷嫉忌，去年阿爾布巴、隆巴鼐等皆向果郡王暨阿拉什寄字敘述己之効力處，朕諭令果郡王、阿拉什作伊等語，隨皆開導之矣。今若遣官監住西藏，終非善策，且亦難得其人，所以為斯一事朕甚憂，總之藏地甚為緊要，策妄阿喇蒲坦〔註454〕設欲跳梁，諒仍從西藏著意，捨是無隙可來，況現有羅卜藏丹盡逃竄在彼，倘阿爾布巴等或有疑及稍不遂意，自必投托此路，念及此，不預為留心可乎。朕意或於叉木多等處地方就近設兵防禦，有警則一呼即至，方可放心，不然虜寇臨期，將一切橋梁險隘扼截，恐未必能如前出其不意而攻其不備也，茲於無事時正當籌畫，以作未雨綢繆之策，試抒卿意詳思熟計，隨便奏聞。適據富寧安亦深以朕旨為然，西藏必如何佈置，方獲久安長治，不敢有臨渴掘井之虞耶。

〔114〕川陝總督岳鍾琪奏陳拉蕩罕封號毋庸議摺（雍正四年十一月十二日）[2]-[8]-310

四川陝西總督臣岳鍾琪謹奏，為密奏事。

────────────────

〔註454〕《平定準噶爾方略》卷一頁一作策妄阿喇布坦。

　　竊臣前具奏拉蕩罕〔註455〕封號一事，於參將王剛進藏時臣密令與康濟鼐閒話之際，作己意探問去後，今據王剛稟稱，住藏之日與康濟鼐閒坐敘話，因說及拉蕩罕從前効力，並問其駐牧地方，康濟鼐即云其地方與西藏諄噶爾三搭界，但到藏有三月路程，與哈齊〔註456〕甚近，止隔六七日路，彼原係哈齊部落，每歲受哈齊數萬銀錢，彼亦極欲歸附天朝，但恐哈齊聞知，必加擾害，不復與銀錢過活，內地遙遠，照應不及，以此不敢來歸等語，據此則加以封號之處似毋庸更議者矣，理合具摺奏聞，伏乞睿鑒，謹奏。

　　雍正四年十一月十二具。

　　硃批：此事幸朕斟酌，實出朕一人之見也。

附修訂摺一件

　　同日又奏，為密奏事。

　　竊臣前具奏拉蕩罕封號一事，于參將王剛進藏時臣密令與康濟鼐閑話之際作己意探問去後，今據王剛稟稱，住藏之日與康濟鼐閑坐敘話，因說及拉蕩罕從前効力，並問其駐牧地方，康濟鼐即云其地方與西藏諄噶爾三搭界，但到藏有三月路程，與哈齊甚近，止隔六七日路，彼原係哈齊部落，每歲受哈齊數萬銀錢，彼亦極欲歸附天朝，但恐哈齊聞之必加擾害，不復與銀錢過活，內地遙遠照應不及，以此不敢來歸等語，據此則加以封號之處似毋庸更議者矣，理合具摺奏聞，伏乞睿鑒，謹奏。

　　硃批：此事幸朕斟酌不謬，實出朕意，並無他人見及于此。

〔115〕川陝總督岳鍾琪奏覆周瑛官聲操守摺（雍正四年十一月十二日）[2]-[8]-311

　　四川陝西總督臣岳鍾琪謹奏，為奏明事。

　　竊臣密詢王剛周瑛領兵駐藏聲名如何，據稱聞得康濟鼐說周瑛從前駐藏時聽信小人之言要錢，隨詢康濟鼐周瑛曾要過誰人之錢，彼又不肯明言等語。臣細思康濟鼐既有說周瑛要錢之語，彼雖不肯明言似非無據，周瑛受恩深重前駐剳西藏應宜持躬廉潔以示天朝體統，方不負委任之恩，今西藏辦事之人有此議論則外番之不信服可知矣（硃批：周瑛日前奏摺有偏袒阿爾布巴等之

〔註455〕　《欽定外藩蒙古回部王公表傳》卷九十一頁二十九作尼瑪納木扎勒，《拉達克王國史 950〜1842》頁一七二作尼瑪南傑，康熙三十三年至雍正七年在位。
〔註456〕　常寫作卡契，藏人將周邊回教徒均稱為卡契，這裡指克什米爾。

語，朕即有旨向怡親王言，觀周瑛受唐烏特〔註457〕人賄賂也，今果然如此景像，至操守二字只可就目下所見而言，如何能保其必也，此等皆罪則無處非罪也，大笑話），臣前奏周瑛操守亦好雖就伊提督任內而言，不能覺察駐藏行為，冒昧具奏之罪臣實難辭，伏乞聖恩寬宥。至四川提督員缺甚屬緊要，仰懇特揀賢能速賜補授，庶於地方營伍均有裨益矣，為此恭摺密奏，伏乞睿鑒，謹奏。

雍正四年十一月十二日具。

硃批：周瑛到來朕見面再定，川提朕實未有確知可用者，就卿之見奏一二來朕再斟酌，看石雲倬人好，但浙江戎政不可問，兵要他去整理，韓良輔好的，朕還要調用廣東，亦少好事些，与川省不宜，武官中你們到底聲氣通，所知較朕親切些，還怕卿不盡公忠之心麼，將可者只管奏來朕再酌定。

附修訂摺一件

同日又奏，為奏明事。

竊臣密詢王剛周瑛領兵駐藏聲名如何，據稱聞得康濟鼐說周瑛從前駐藏時聽信小人之言要錢，隨詢康濟鼐周瑛曾要過誰人之錢，彼又不肯明言等語。臣思康濟鼐既有說周瑛要錢之語彼雖不肯明言似非無據，周瑛受恩深重前駐劄西藏應宜持躬廉潔，以示天朝體統（硃批：周瑛日前奏摺有偏袒阿爾布巴等之語，朕于彼時即向怡親王降旨，觀周瑛景象必收受唐古忒輩之賄賂也，今果不然有此物議，大凡操守一節原只可就目前所見而言，何能保其終始不渝，若于此等處悉皆一罪則無處不可議罪矣，寧有是理），方不負委任之恩，今西藏辦事之人有此議論則外番之不信服可知矣，臣前奏周瑛操守亦好，雖就伊提督任內而言，不能覺察駐藏行為，冒昧具奏之罪臣實難辭，伏乞聖恩寬宥。至四川提督員缺甚屬緊要，仰懇特揀賢能速賜補授，庶於地方營伍均有裨益矣，為此恭摺密奏，伏乞睿鑒，謹奏。

硃批：周瑛到來朕面見後再為定奪，川提一缺朕實在無確知可用之人，就卿所見舉奏一二候朕斟酌，石雲倬才具頗好但浙江戎政廢弛至不可問，欲用伊去整理，韓良輔亦好朕欲調用廣東，且其人少覺有好事之疵，于川省不甚合宜，卿于武職中究竟聲氣相通，所知較朕親切，如有克勝斯任者一一據實奏來，朕自有鑒定。

〔註457〕即唐古特，西藏之意。

〔116〕雲南提督郝玉麟奏遵旨會勘酌分滇川地界情形摺（雍正四年十一月二十日）[2]-[8]-349

提督雲南等處地方總兵官署都督僉事紀錄一次臣郝玉麟謹奏，為奏聞事。

竊臣於雍正叁年遵奉俞旨會同四川提督臣周瑛查勘兩省相近地界，近川歸川近滇歸滇，臣等確查得阿墩子、奔子欄〔註458〕、其宗〔註459〕、喇普、為西等處貼近雲南，應歸雲南管轄，續經聯銜咨憑川陝督臣岳鍾琪雲貴督臣高其倬詳加確商定議具題。旋准川督臣岳鍾琪會稿，以阿墩子各地方實交錯中甸之腹裡，緊接滇管之汛防，總通於阿墩子，阿墩子迺中甸之門戶，自應以歸滇為便，會疏具題奉旨俞允，欽遵在案。臣思地方實近中甸，應歸雲南，但阿墩子奔子欄各地方原係巴塘營官所管，今巴塘歸川而阿墩子等處歸滇，雖均係天朝疆土，但巴塘營官所屬地方已分而為二，設營官失此土地，番民私心實有不願，臣與督臣楊名時鄂爾泰細為籌畫，曲體其情，務使番民悅服，永達久安，以仰副我皇上撫臨寧謐之至意，故於奉旨歸滇之後隨移咨川陝督撫二臣，以阿墩子各地方交錯界址必須分明，兩省委員確勘分定然後將每年額徵錢糧交割，庶便經收，至各地方原係巴塘營官所管，番目皆係該營官轉委，應令川員帶同巴塘營官前來劃清界址等因，移咨去後，不意有奔子欄喇嘛頭人名東珠扎什者忽生異諭，捏稱奔子欄各地方歸入中甸頭人項下管轄之語，查奔子欄與中甸素有嫌隙，該喇嘛借此煽惑番民，欲不歸滇，臣細察其頑梗之故，蓋因中甸歸順天朝之後，凡喇嘛有管理地方者前督臣高其倬悉為更移，止令焚修不令管理地方事務，該喇嘛素所諗知，恐歸滇之後不能管理地方，故因進藏之欽差合同巴塘營官前往控訴。臣准駐防察木多鶴麗鎮總兵官張耀祖來文，准欽差大人鄂齊、班第面言，我們到洛隆宗有巴塘喋巴、奔子欄喋巴差人到行營投遞訴詞，係不願分入雲南歸中甸營官管轄的訴詞，移咨川陝總督四川提督外，雲南省大人貴鎮可將我們文稿抄錄轉呈等因前來。臣細閱番詞總係不願歸入中甸管轄之語，殊不知督臣楊名時鄂爾泰與臣屢經商酌，竝無將奔子欄地方令中甸營官管轄，該喇嘛等捏此為詞，冀聳欽差之聽聞也。今於拾月內川省督撫提臣茲委建始縣知縣祖永繩，峩邊營遊擊徐天鳳，滇省會委原任劍川州知州楊正輔、曲尋鎮駐防阿墩子遊擊顧純祖齊至阿墩子，據知州楊正輔遊擊顧純祖驗報到臣。內稱阿墩子各處頭目，四川知縣

〔註458〕今雲南省德欽縣奔子欄鎮。
〔註459〕今雲南省維西縣塔城鎮其宗村。

祖永繩遊擊徐天鳳俱陸續調齊兩省文武會面割歸滇省地方，自阿墩子起直至
為西止，面訊歸滇地方頭人順服無詞，而奔子欄喇嘛東珠扎什煽惑番民數百，
口稱不願歸滇，委員曲為化導，竟不遵從，滇員復再三曉諭，竝無令中甸管
轄奔子欄各處地方之事，各處頭目皆無異詞，惟奔子欄喇嘛東珠扎什抗拗不
遵。臣思在滇在蜀莫非王土，如果歸併雲南地方或有不便，番民果有不利，
則阿墩子各處頭人亦不肯俯首聽從，況阿墩子在奔子欄以外，尚以地近雲南，
願入滇省，豈貼近雲南之奔子欄反不歸之滇省，則該喇嘛挾一己之私，挑唆
指使番民情形畢露。而巴塘營官更接川提臣周瑛拾月初肆日自成都發來番信
印牌，內開奔子欄事情早前這些細話我知道了，還沒有見萬歲爺吩咐下來，
又云你們不願歸雲南就具稟帖差人到成都府來，我替你們啟奏萬歲爺等語。
臣思分疆會勘係臣與提臣周瑛親定之事，奉旨歸滇已歷半載，提臣周瑛何以
忽給此牌，實所不解。而喇嘛東珠扎什正在頑梗，又得提臣之牌，挾此居奇，
逞其狡詐，益肆猖狂，并不聽川省委官約束，川員亦無可如何，今於拾壹月
拾柒日據知州楊正輔遊擊顧純祖報稱，准川省委員祖永繩徐天鳳公移，案照
割分疆界，遵奉部議例應自奔子欄、其宗、喇普、為西、阿墩子等處總造全冊
移交，查得為西錢糧附昌波上納，竝阿墩子總屬宗俄熱傲管轄，其宗、喇普
頭人已經行調未到，查該地方錢糧應總屬奔子欄熱傲管轄，今奔子欄熱傲東
珠扎什彝冊未投，以致其宗、喇普錢糧戶口數目載於奔子欄冊內，無從分晰，
難以移交，其自阿墩子直至為西地方蠻民貼服，已於拾月貳拾柒日公集呀基
拱面行交割，所有宗俄熱傲齎投割歸雲南彝冊譯出錢糧戶口數目，先為造冊
移交，以便接管，至昌波頭人女木瓜不便行調，取具宗俄熱傲結狀，亦必巴
塘大小營官竝巴塘女營官加具圖書始為確據，總俟到巴另文移交。奔子欄頭
人不投彝冊不聽勸諭不能交割，回川面稟上憲定奪等情到臣。伏查阿墩子、
為西各處既經川員交割滇省，自當接管經收，至奔子欄實係滇省形勝扼要，
自當歸之滇省，但喇嘛東珠札什若留之奔子欄，地方必不能安靜，臣據報即
飛咨督臣楊名時、鄂爾泰迅即移咨川省督撫提臣，即將喇嘛東珠札什撤調回
川，不令在奔子欄駐劄，則無知之民失其憑藉，自必相安無事，至各地方雖
已歸滇，而統屬不可無人，臣去歲奉旨查勘地界到巴塘時知管理各地方營官
原不止一人，今臣亦咨明督撫二臣，移咨川省將巴塘營官撥歸一人來滇管理
新歸滇省各地方，不特番民相安，巴塘營官又不失土地人民，即地方有犬牙
相錯隔越攙雜之處，該營官自能酌分，不致爭執矣，相應一併奏明，所有據

報分界情形，臣謹繕摺專差臣標千總朱傑出、家人楊芳聲齎馳奏聞，伏乞皇上睿鑒施行，謹具奏聞。

雍正四年十一月二十日

〔117〕川陝總督岳鍾琪奏報奔子勒番眾不願歸滇緣由摺（雍正四年十一月二十一日）[2]-[8]-364

陝西總督臣岳鍾琪謹奏，為奏聞事。

竊照打箭爐口外川滇接壤奉旨分定疆界，近川歸川，近滇歸滇，誠使地方各有專職而人民知所統屬也，今查巴塘舊屬之奔子勒〔註460〕離滇省中甸甚近，而離巴塘頗遠，是以四川提臣周瑛，雲南提臣郝玉麟會勘明白，定議將奔子勒歸入滇省，實屬妥協，業經臣會題仰蒙聖恩允准，欽遵在案。今年欽差出口奔子勒番眾忽稱不願歸滇，又於川滇員弁會分界址之際，復具番信，譯出亦有不願歸滇之語，節經欽差散秩大臣鄂齊，川撫臣法敏各移咨到臣。該臣伏思奔子勒地方附近中甸，必須歸於滇省方使番眾納糧當差諸事便易，若欲歸川省則反越滇省地界，孤懸在彼，未免混淆，但奔子勒番眾歸化未久，性尚愚蠢，或不知改歸滇省之處正為伊等永久利益起見，或從前查勘之時未經明白曉諭，致有疑慮，或係巴塘頭人暗中阻撓，唆使伊等仍請歸川以便管轄取利，種種情獘俱未可定，臣到成都，當即遴委幹員前赴奔子勒會同滇省員弁明白曉諭，使其知歸滇省實可諸事便易，自必歡忻踴躍，不致執迷矣，所有奔子勒番眾不願歸滇並臣准咨委員曉諭緣由，理合先行奏聞，伏乞睿鑒，為此謹具摺恭奏以聞。

雍正四年十一月二十一日

硃批：此事卿料理自是妥協者，知道了。

附修訂摺一件

同日又奏，為奏聞事。

竊照打箭爐口外川滇接壤奉旨分定疆界，近川歸川，近滇歸滇，誠使地方各有專職而人民知所統屬也。今查巴塘舊屬之奔子勒離滇省中甸甚近，而離巴塘頗遠，是以四川提臣周瑛雲南提臣郝玉麟會勘明白，定議將奔子勒歸入滇省，實屬妥協，業經臣會題仰蒙聖恩允准，欽遵在案。今年欽差出口奔子勒番眾忽稱不願歸滇，又于川滇員弁會分界址之際，復具番信，譯出亦有不願歸滇

〔註460〕常寫作奔子欄，今雲南省德欽縣奔子欄鎮。

之語，節經欽差散秩大臣鄂齊、川撫臣法敏各移咨到臣。該臣伏思奔子勒地方附近中甸，必須歸於滇省方使番眾納糧當差，諸事便易，若欲歸川省則反越滇省地界，孤懸在彼，未免混淆，但奔子勒番眾歸化未久，性尚愚蠢，或不知改歸滇省之處正為伊等永久利益起見，或從前查勘之時未經明白曉諭，致有疑慮，俱未可定，臣到成都當即遴委幹員前赴奔子勒會同滇省員弁明白曉諭，使其知歸滇省實可諸事便易，自必歡忻踴躍，不致執迷矣。所有奔子勒番眾不願歸滇並臣准咨委員曉諭緣由，理合先行奏聞，伏乞睿鑒，謹奏。

雍正四年十一月二十一日

硃批：此事卿料理自應妥協，知道了。

〔118〕川陝總督岳鍾琪奏報康濟鼐所陳準噶爾發兵情由摺（雍正四年十二月十九日）[2]-[8]-479

陝西總督臣岳鍾琪謹奏，為奏聞事。

竊臣於十二月初五日行至漢中府屬地方接康濟鼐蒙古字來文一角，隨即譯出內稱，駐劄阿里克地方噶布錫鼐〔註461〕於今年七月內接臘檔罕〔註462〕處信息，併土克城〔註463〕辦事人馬克拉木巴盆楚克拉布坦所送書信，俱於今年八月內到藏，云去年準噶爾往哈薩克出兵大敗，甚是恐懼，準噶爾向主子大兵處發兵一萬二千名，又向遮爾揹北邊白拉克布喀爾㹀子地方發兵四千名，此係問自色爾忒遮爾揹往喀齊買賣人之語，未知虛實，至藏裡九通準噶爾隘口卡路俱經加謹防範等語。臣思康濟鼐所得之信輾轉傳聞，且云去年之事似乎無稽，但康濟鼐既經具報臣何敢壅於上聞（硃批：番字留中），所有康濟鼐原文誠恐番譯舛錯，理合一併恭呈睿覽，仰祈垂鑒，為此謹具摺恭奏以聞。

雍正四年十二月十九日具。

硃批：事雖近乎無稽，據情似有之事，摠之與我們無干涉，即敵寇國朕再

〔註461〕即噶錫鼐，康濟鼐之兄。《欽定西域同文志》卷二十四頁十載，噶錫鼐策丹扎什，康臣鼐索特納木佳勒博之兄，康臣鼐索特納木佳勒博被害後以兵赴難，為魯木巴鼐扎什佳勒布所害，後追授頭等台吉，按噶錫鼐為策丹扎什所居室名，漢字相沿止稱噶錫鼐。

〔註462〕即拉達克汗，《欽定外藩蒙古回部王公表傳》卷九十一頁二十九作尼瑪納木扎勒，《拉達克王國史950～1842》頁一七二作尼瑪南傑，康熙三十三年至雍正七年在位。

〔註463〕似即日土，《欽定理藩院則例》（道光）卷六十二作茹拖宗，宗址在西藏日土縣日松鄉。《大清一統志》（嘉慶）卷五百四十七載名魯多克城。

不肯幸其災而樂其禍，朕心惟天鑒之，他若逆天上蒼自有處治他的道理，看準噶兒之人乃造孽之輩，將來必至一敗塗地而後已，斷非能昌盛之國土也。

附修訂摺一件

同日又奏，為奏聞事。

竊臣十二月初五日行至漢中府屬地方接康濟鼐蒙古字來文一角，隨即譯出內稱駐劄阿里克地方噶布錫鼐于今年七月內接膽檔罕處信息，併土克城辦事人馬克拉木巴盆楚克拉布坦所送書信，俱於今年八月內到藏，云去年準噶爾徃哈薩克出兵大敗，甚是恐懼，準噶爾向主子大兵處發兵一萬二千名，又向遮爾揹北邊白拉克布喀爾狆子地方發兵四千名，此係問自色爾忒遮爾揹徃喀齊買賣人之語，未知虛實，至藏裡凢通準噶爾隘口卡路俱經加謹防範等語。臣思康濟鼐之信輾轉傳聞，且云去年之事似乎無稽，但康濟鼐既經具報，臣何敢壅于上聞（硃批：原文留中），所有康濟鼐原文誠恐番譯舛錯，理合併恭呈睿覽，仰祈垂鑒，謹奏。

硃批：事雖近乎無稽，據情容或有之，朕之素心即便敵寇斷不肯幸其災而樂其禍，此衷惟天鑒之，彼若逆天背理自必遭罹殃咎，朕觀諄噶兒醜虜實乃造孽之徒，將來必至一敗塗地而後已，非能昌盛之國土耶。

〔119〕雲貴總督鄂爾泰奏陳宜將敦住扎什調回川省奔子欄等處歸滇管轄摺（雍正四年十二月二十一日）[2]-[8]-509

雲貴總督臣鄂爾泰謹奏，為奏聞事。

竊照阿墩子、奔子欄、其宗、喇普、為西等處緣貼近滇省，應歸滇省管轄，經雲南提臣郝玉麟、四川提臣周瑛會勘定擬，咨商川督臣岳鍾琪，前督臣高其倬詳議具題，業奉旨，依議，准部咨行，欽遵在案。臣准部咨，隨檄委中甸辦事原任劍川州知州楊正輔，駐防阿墩子曲尋鎮遊擊顧純祖，候同川省委員清勘界址，交割錢糧並移知川督撫臣去後，續據委員稟報略稱，阿墩子、其宗、喇普、為西等處頭人俱無異說，獨奔子欄素與中甸不和，恐歸滇之後，受中甸營官鈐制，而頭人敦住扎什者舊係巴塘所屬，號為小神翁，遂造浮言，譯出番信，稱不願歸滇，以蠱惑眾聽，並投訴各署等語。臣念受降外彝，原以示羈縻，既與中甸不和，自不應令中甸營官管轄，致生事端，但奔子欄既經歸滇，又不應仍令巴塘營官管轄以滋混亂，查巴塘原有三營官，若撥一員屬滇，奔子欄地方仍令照舊管轄，庶幾兩便，隨劄商提臣，移咨川省並檄知委

員，著令曉諭安慰去後。嗣又據委員詳報，鶴麗鎮臣張耀祖咨呈大略謂，川省委員遊擊徐天鳳，知縣祖永繩已到，正調齊阿墩子各處頭人會同勘界，割歸滇省，而敦住扎什獨不遵奉，復再三開示歸滇之後並不令中甸營官管轄，仍撥巴塘營官來滇管轄，伊始終抗拗，且率領數百人並馬匹器械集聚喇嘛寺，名為會議，勢甚梟張。而其宗、喇普等處又各具番信急欲歸滇，恐受敦住扎什之害，請兵防護，查四川提督給有番民信牌，有不願歸滇代為再奏之語，故敦住扎什恃以狂悖，欽差大人來時亦曾面言，巴塘營官差人到洛龍宗行營投遞番信，有不願歸雲南，受中甸營官管轄的話，我們已移咨川陝總督四川提督，你們可將文稿鈔呈雲南省大人，而川省委員見勢不能清交，已俱回省請示等語。而提臣郝玉麟咨劄同前事，並稱川提督咨文內明知昌波、奔子欄二處應歸滇省，而今進呈御覽之冊有造入川省巴塘項下，並未註明應割分滇省字樣，以親勘同議之事自相矛盾，甚不可解，據此，則前此之給牌情節顯然等語。臣接准川提臣周瑛咨，與郝玉麟咨劄無異，竊思奔子欄等處既皆內附，則歸滇歸川均屬一體，維聖主軫念邊方，原使各圖寧謐，而大臣仰體睿慮，詎敢作意區分，即番彝各懷己私，但知此疆彼界，在權衡應持大體，何得朝四暮三，乃爾持疑不定，至今交割未清，況或蜀或滇，豈可令頭人自主，而孰遠孰近又早為屬吏通知，惟上議既定，則下情自安，在滇省不必相強，而川省則宜早圖，臣意但將敦住扎什調回四川省城（硃批：朕亦如此諭矣），分撥巴塘營官一員屬滇，著管轄奔子欄等處，則交割等事立可清楚，業經移咨川省督提諸臣（硃批：是極當極，未曾想及此不即不離之料理），並詳劄懇致，俟咨覆到日自有妥議，緣欽差鄂奇等回京覆陳情事，恐縈聖懷，先此奏聞，臣爾泰謹奏。

雍正四年十二月二十一日

硃批：郝玉麟將此情由奏到，即詰問周瑛，但支吾亂道，毫無定見，平常人也，已諭岳鍾琪將敦住扎什調回川省，已議定之事豈可任其自主，雖如此諭去，恐非奔子欄部落之情願，或少生事端，今覽卿此奏，朕毫不繫念矣。

附修訂摺硃批一條

郝玉麟將此情由奏到，即詰問周瑛，但支吾亂道，毫無定見，平常人也，已諭岳鍾琪將敦住扎什調回川來，已議定之事豈可任其自主，雖如此諭去，恐非奔子欄部落之情願，而少生小事，今覽卿此奏朕毫不繫念矣。

〔120〕川陝總督岳鍾琪奏遵旨酌議於西藏革達裡塘設兵應援事宜摺（雍正四年十二月三十日）[2]-[8]-553

陝西總督臣岳鍾琪謹奏，為遵旨敬陳管見，仰祈聖鑒採擇事。

竊臣具奏西藏情形一摺奉到硃批諭旨，欲謀久安長治之策，於查木多等處設兵聲援，令臣悉心酌議具奏，欽此。仰見聖謨廣運，無遠弗周，臣雖愚陋，敢不敬抒一得，以冀上備采擇。臣查西藏之噴多〔註464〕、樣八井〔註465〕二處隘口，本屬險要可守，若策妄阿喇布坦來窺西藏，在索諾木達爾札與阿爾布巴等果能協同康濟鼐併力一心，將噴多、樣八井二處領兵嚴守，誠以逸待勞不戰而勝之策。但恐如聖心所料，索諾木達爾札因與羅卜藏丹盡有翁壻之情，內外勾連，棄隘不守，實屬可慮，然西藏雖人心不和，今尚凜奉天威，未有顯著不和之迹，此時未雨綢繆，一面防範一面固結，誠莫如聖諭設兵彈壓之睿算也。臣細加籌畫，謹酌議設兵之處為我皇上陳之。夫設兵原為應援起見，本與暫駐者不同，兵少則不足以振軍威，兵多則必須地方寬廣，糧草便易始克有濟，今查木多雖離藏稍近，但地既窄狹，更無馬草，難以安設大兵，其乍丫、巴塘二處情形亦屬相同，故從前於查木多、乍丫、巴塘各駐兵數百名，原因護送糧運暫為駐防，今欲駐剳大兵，惟裡塘、革達〔註466〕二處可以安設，其進藏舊路，向由巴塘、乍丫至查木多，每日俱行大站，不下月餘，程途殊屬遙遠，兼以歷年軍務，沿途烏喇亦甚缺少，遇有行走，恐致遲誤機宜，若自革達、裡塘俱由霍耳走春科〔註467〕一路至查木多，不過半月可到，較之巴塘、乍丫一路實近十餘日，且春科一路道路平坦，水草俱好，又係新撫之南稱巴卡等二十二處，番民聯絡居住，人煙稠密，糧運頗便，臣愚以為莫若仍在革達設總兵一員，安馬步兵三千名，分隸三營，再於裡塘設副將一員，安馬步兵二千名，分隸二營，以上鎮協共五營，將弁照例額設，再於革達、裡塘適中之處俄洛地方設參將一員守備一員千把總各一員，安馬步兵五百名，相為犄角，所有協營官兵統歸革達鎮管轄。至鴉隴江上中下三渡，只在鎮標委千把總三員各帶兵一百名分守彈壓。其查木多則撥鎮標兵一千名，令裡塘副將、俄洛參將遞年輪流統領駐防。又於春科地方則撥裡塘協兵五百名，令鎮協五營遊擊遞年輪流統領駐防，此二

〔註464〕《大清一統志》（嘉慶）卷五百四十七載名蓬多城，在喇薩東北一百七十里。今西藏林周縣旁多鄉。
〔註465〕《欽定理藩院則例》（道光）卷六十二作羊八井宗，今西藏當雄縣羊八井鎮。
〔註466〕即泰寧寺（惠遠廟）所在地之藏名，今四川省道孚縣協德鄉。
〔註467〕清代為春科安撫司，今四川省石渠縣正科鄉。

處駐防之兵俱請照哈密駐防之例，每年更番迭戌，給與口糧錢糧，萬一西藏
有信，則查木多、春科官兵已共有一千五百名，一面前赴救援，一面飛報革
達鎮，該總兵即統領所屬官兵隨後兼程接應，實屬便捷，以上鎮協標營，通
共設兵五千五百名，應於四川通省兵馬內抽調，先行更番迭戌之法，徐為召
募常住之謀，庶新設之營伍足額甚速，而錢糧不致驟增，似亦深有裨益。至
自打箭爐到藏一路，臣已行文康濟鼐及各處胡圖克兔、喋巴等，各派所部番
民安設塘站，俟革達等處設兵之日將查木多以內道路再就近各撥營兵安設馬
塘，至查木多到藏塘站仍令西藏所屬番民安設，以備傳遞，方使西藏信息可
以不時相通，但革達等處新設之兵既為應援而設，則諸項俱宜預辦，至於馱
載馬匹尤關緊要，寧使備而弗用，庶不致臨事周章，倘蒙允照臣議，容將城
垣營房馬匹糧草等項作何預為料理之處，另行詳議奏聞。

再西藏如設監守之員，原屬有益，但得人甚難，誠如聖明所諭，臣愚以為
每年或一次或二次，容臣差親信員弁假公事為名，到藏探視人情，密為察訪，
一以使康濟鼐情意浹洽，勉勵忠誠，以圖報効國恩，一以使索諾木達爾札等知
川省已有防備，自必畏懼革心，恪恭守法，即或有勾連瞻顧之處，亦不無稍露
圭角，差員到彼一知確實，我兵即可預防矣，且策妄阿喇布坦豈無耳目，一聞
天朝兵威遠屆，操全勝之勢，以待其自取滅亡，諒彼斷不敢再萌窺藏之念，自
此邊陲寧謐，誠可上慰聖主久安長治之懷矣，但臣知識短淺，仰蒙垂問，用敢
冒昧陳奏，關係重大，誠恐所見未協，是否可採，伏乞睿鑒。

再查餘樹、納克樹並南稱巴卡二十二部落番民查明編設，應歸何處緣由，
現准部咨，令臣會同副都統臣達鼐定議具奏，今春科一路既議設兵，則餘樹、
納克樹及南稱巴卡等處自應俱歸川省內地管轄，方為合宜，容臣會同副都統臣
達鼐另奏請旨，合併聲明，為此謹遵旨具摺密奏以聞。

雍正四年十二月三十日具。

硃批：所議甚屬周到詳悉，但朕前諭問此事時原出一己偶耳之見，後鄂齊
等到，朕已將西藏事宜令議政當加妥議，旋廷議差京中大臣官員二人，今你將
陝省武弁中出一人同往住藏監察議覆，朕准行矣，但此所遣之人尚未得人。此
奏到，朕與怡親王商酌，王奏言前歲王見你時曾備細問過西藏情形，王言卿曾
言可保無事，即有事兩路進取甚易之語，今奉旨著將駐兵彈壓，他敢不將駐防
事宜籌畫奏聞，若如此，事固出萬全，但恐國家經費施與無用，亦恐唐古特因
此而生疑畏奏，朕當再斟問與卿，今又遣官住藏，若或可不用此一舉，省許多

事，言卿若以為西藏事屬可疑，必當用此一著，皇上再發廷議云云。朕深是王之奏，因特諭問卿，汝可詳悉再加通盤籌畫，權變輕重，得確見合宜之論時奏聞，朕再斟酌，此事原所關甚巨，當詳細謀出萬全而行者，此數摺又皆係燈下隨手塗畫者，書畢，朕自看亦不禁發笑。

附修訂摺一件

同日又奏，為遵旨敬陳管見，仰祈聖鑒採擇事。

竊臣具奏西藏情形一摺奉到硃批諭旨，欲謀久安長治之策，於叉木多等處設兵聲援，令臣悉心酌議具奏，欽此。臣查西藏之噴多、樣八井二處隘口，本屬險要可守，若策妄阿喇布坦來窺西藏，在索諾木達爾札與阿爾布巴等果能協同康濟鼐併力一心，將噴多、樣八井二處領兵嚴守，誠以逸待勞不戰而勝之策，但恐如聖心所料，索諾木達爾札因與羅卜藏丹盡有翁壻之情，內外勾連，棄隘不守，實屬可慮。然西藏雖人心不和，今尚凜奉天威，未有顯著不知〔註468〕之迹，此時未雨綢繆，一面防範一面固結，誠莫如聖諭設兵彈壓之睿算也，臣細加籌畫，謹酌議設兵之處為我皇上陳之。夫設兵原為應援起見，本與暫駐者不同，兵少則不足以振軍威，兵多則必須地方寬廣，糧草便易始克有濟，今叉木多雖離藏稍近，但地既窄狹，更無馬草，難以安設大兵，其乍丫、巴塘二處情形亦屬相同，如欲駐劄大兵，惟裡塘、革達二處可以安設，其進藏舊路向由巴塘、乍丫至叉木多，每日俱行大站，不下月餘，程途殊屬遙遠，兼以歷年軍務，沿途烏喇亦甚缺少，遇有行走，恐致遲誤機宜，若自革達、裡塘俱由霍耳走春科一路至叉木多，不過半月可到，較之巴塘、乍丫一路實近十餘日，且春科一路道路平坦，水草俱好，又係新撫之南稱巴卡等二十二處，番民聯絡居住，人煙稠密，糧運頗便，臣愚以為莫若仍在革達設總兵一員，安馬步兵三千名，分隸三營，再於裡塘設副將一員，安馬步兵二千名，分隸二營，以上鎮協共五營，將弁照例額設。再於革達、裡塘適中之處俄洛地方設參將一員守備一員千把總各一員，安馬步兵五百名，相為犄角，所有協營官兵統歸革達鎮管轄。至鴉隴江上中下三渡，只在鎮標委千把總三員各帶兵一百名分守彈壓。其叉木多則撥鎮標兵一千名，令裡塘副將、俄洛參將遞年輪流統領駐防。又於春科地方則撥裡塘協兵五百名，令鎮協五營遊擊遞年輪流統領駐防，此二處駐防之兵俱請照哈密駐防之例，每年更番迭戍，

〔註468〕原文作不知，今改為不和。

給與口糧錢糧，萬一西藏有信，則又木多、春科官兵已共有一千五百名，一面前赴救援，一面飛報革達鎮，該總兵即統領所屬官兵隨後兼程接應，實屬便捷，以上鎮協標營通共設兵五千五百名，應於四川通省兵馬內抽調，先行更番迭戍之法，徐為召募常住之謀，庶新設之營伍足額甚速，而錢糧不致驟增，似亦深有裨益。至自打箭爐到藏一路，臣已行文康濟鼐及各處胡圖克兔、喋巴等，各派所部番民安設塘站，俟革達等處設兵之日將又木多以內道路再就近各撥營兵安設馬塘，至又木多到藏塘站仍令西藏所屬番民安設，以備傳遞，方使西藏信息可以不時相通，但革達等處新設之兵既為應援而設，則諸項俱宜預辦，庶不致臨事周章，倘蒙允照臣議，容將城垣營房馬匹糧草等項作何預為料理之處，另行詳議奏聞。

再西藏如設監守之員，原屬有益，但得人甚難，誠如聖明所諭，臣愚以為每年或一次或二次，容臣差親信員弁假公事為名，到藏探視人情，密為察訪，一以使康濟鼐情意浹洽，勉勵忠誠，以圖報効國恩，一以使索諾木達爾札等知川省已有防備，自必畏懼革心，恪恭守法，即或有勾連瞻顧之處，亦不無稍露圭角，差員到彼一知確實，我兵即可預防矣。且策妄阿喇布坦豈無耳目，一聞天朝兵威遠屆，操全勝之勢，以待其自取滅亡，諒彼斷不敢再萌窺藏之念，自此邊陲寧謐，誠可上慰聖主久安長治之懷矣，但臣知識短淺，仰蒙垂問，用敢冒昧陳奏，事關重大，誠恐所見未協，是否可採，伏乞睿鑒，謹奏。

硃批：覽所議甚屬周詳，但朕從前之諭，係出於一時偶爾之見，續因鄂齊自藏來京，朕將西藏事宜隨交議政王大臣等會議，後據議覆，應簡命大臣帶京官一員，令卿再於陝省選派武弁一員，同往住藏監察等語，朕依議允行矣，惟所遣之人尚未簡定。今閱此奏，朕與怡親王商酌，據王奏稱，前歲面晤卿時備細詢問過藏內情形，卿言可保無事，設或有事兩路進取亦屬甚易，曾記向日語如是，茲諒因接奉駐兵彈壓之旨，所以復將預防機宜措畫奏聞耳，若照此奏而行，固出萬全，第國家經費不貲，未免徒置閑地，且恐唐古特彝人因是倘生疑畏之心，亦未可定，皇上試再行批詢，止遣官住藏或不煩斯舉，豈不省卻許多經營，如以為西藏事屬可疑，必煩用此一著，然後再發廷臣確議施行，似屬妥協云云。朕深以王奏為是，因而復有此問，卿可再加通盤籌計，審其利害，權其輕重，確得合宜之策具奏以聞，候朕更為斟酌，此事所關甚鉅，原當熟慮深謀，期於萬無一失而後施措者。